5일 완성 토익스피킹 만능템플릿 콤보북
Copyright ⓒ 2023 All rights reserved by (주)티처케이

초판 1판 1쇄 발행 2023. 12. 01
저자 정하진
펴낸곳 (주)티처케이
출판 총괄 이예빈
편집 총괄 이수진
디자인 심혜영
홈페이지 https://www.teacherk.kr
주소 서울특별시 강남구 테헤란로 6길 33 와이엔케이빌딩 2층

도서문의 안내
전화 070-8856-0487
팩스 0504-842-0487
이메일 teacherk@teacherk.kr

5일 완성
토익스피킹
만능템플릿
콤보북

IM-AH

제인토스
Study With Teacher

CONTENTS :

INTRODUCTION	토익스피킹 기본 정보	006
	책의 구성 및 특징	010
	학습플랜	013

Questions 1-2	유형 파악	016
Read a text aloud	답변 전략	018
지문 읽기	만능 읽기 스킬	020
	빈출 유형 연습	028
	실전 테스트	038

Questions 3-4	유형 파악	050
Describe a picture	답변 전략	052
사진 묘사하기	만능 템플릿	056
	빈출 유형 연습	061
	실전 테스트	070

Questions 5-7	유형 파악	092
Respond to questions	답변 전략	094
질문에 답하기	만능 템플릿	100
	빈출 유형 연습	112
	실전 테스트	116

Questions 8-10
Respond to questions using information provided
제공된 정보를 사용하여 질문에 답하기

유형 파악	138
답변 전략	140
만능 템플릿	142
빈출 유형 연습	147
실전 테스트	180

Question 11
Express an opinion
의견 말하기

유형 파악	202
답변 전략	204
만능 템플릿	207
빈출 유형 연습	212
실전 테스트	214

모의고사
ACTUAL TEST

기출유형 모의고사 01	226
기출유형 모의고사 02	238
기출유형 모의고사 03	250

부록
빈출 유형 템플릿 요약본

이용 가이드	262
Questions 5-7	264
Question 11	272

토익스피킹 기본 정보

1 시험의 개요

- 업무환경에서의 영어 말하기 능력을 평가하는 시험입니다.
- 미국 ETS에서 개발하고 한국 토익위원회가 주관하는 국제공인 시험입니다.
- 컴퓨터 상에서 음성 녹음을 하는 Computer-based test (CBT)방식입니다.

2 시험의 구성

문항 번호	문제 유형	준비 시간	답변 시간	평가 기준	점수
1-2	지문 읽기	각 45초	각 45초	발음, 억양, 강세	3점
3-4	사진 묘사하기	각 45초	각 30초	(위 항목 포함) 문법, 어휘, 일관성	3점
5-7	질문에 답하기	각 3초	15 / 15 / 30초	(위 항목 포함) 내용 관련성, 완성도	3점
8-10	제공된 정보를 사용해 질문에 답하기	표 읽기 45초 각 3초	15 / 15 / 30초	위의 모든 항목	3점
11	의견 말하기	45초	60초	위의 모든 항목	5점

* 문항별 준비시간과 답변 시간은 상이합니다.
* 점수는 200점 만점으로 환산되어 표기됩니다.
* 10번의 경우 질문이 2회 안내됩니다.

3 시험의 진행

- 시험 진행 시간: 11 - 13분
- 입실 - 퇴실 소요시간: 약 45분
- 시험 시간: 주말 10:30, 11:30, 15:30
  (* 신입사원 공채기간, 휴일 등 평일에 열리기도 함)

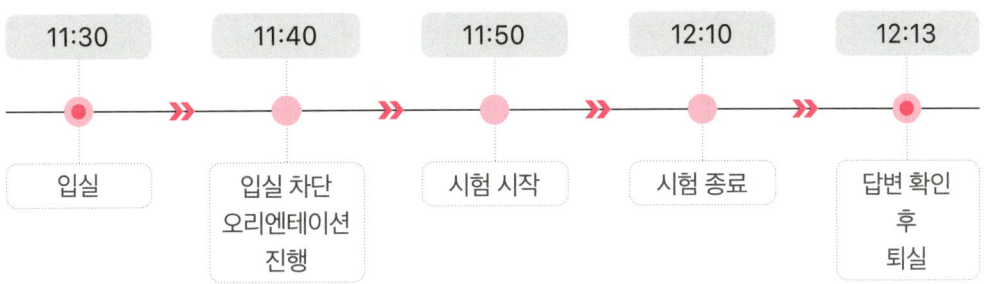

4 점수별 등급

등급	점수
Advanced High	200
Advanced Mid	180 ~ 190
Advanced Low	160 ~ 170
Intermediate High	140 ~ 150
Intermediate Mid 3	130
Intermediate Mid 2	120
Intermediate Mid 1	110
Intermediate Low	90 ~ 100
Novice High	60 ~ 80
Novice Mid / Low	0 ~ 50

토익스피킹 기본 정보

5 토익스피킹 시험 채점 방식

응시자 답변	IBT 시스템	ETS 채점	환산 과정	성적 발표
	응시자의 답변 녹음파일 ETS 본사로 전송됨	채점 당일 Calibration Test를 통과한 채점관이 답변 채점	환산 과정을 거쳐 최종 성적 산출	

* Calibration Test란?
정확한 평가를 위해 ETS 전문 rater(채점관)가 채점 당일 날 반드시 통과해야 하는 시험이며, 시험 개발자들이 채점한 답변들을 다시 채점하는 시험입니다. 시험 개발자와 일정수준 동일한 채점을 해야만 채점관으로 참여할 수 있습니다.

6 시험 관련 사항

시험 접수	공식 홈페이지 (www.toeicswt.co.kr)와 어플리케이션을 통해 접수가 가능합니다.
시험 응시료	84,000원 (VAT 10% 포함) 결제수단: 신용카드, 계좌이체, 휴대폰 결제
입실 안내	입실시간은 약 9분 동안 진행됩니다. ■ 시험 시간 09:30 ■ 입실 시간 09:30~09:39 ■ 입실 금지 시각 09:40 ※ 입실 금지 시각 이후에는 시험 응시, 연기, 환불이 불가합니다.
입실 준비물	규정 신분증 (주민등록증, 운전면허증, 여권, 공무원증 등)
성적 확인	홈페이지에 안내된 성적 발표일에 확인 가능합니다.
성적표 수령 / 재발급	· 접수 시 신청한 수령 방법에 따라 성적표 1매를 무료 발급받을 수 있습니다. 추가 발급은 유료입니다. · 성적 조회 및 성적표 재발급은 성적 유효기간 내에 신청 가능합니다.
성적 유효 기간	시험 시행일로부터 2년

※ 위 사항은 변동될 수 있으니 공식 홈페이지를 참고해 주세요.

책의 구성 및 특징

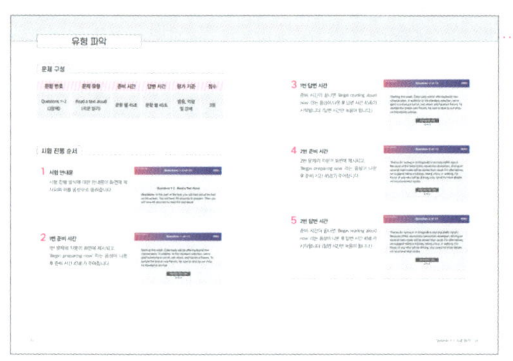

● 유형 파악

학습 시작 전 문제별 구성, 시험 진행 순서 및 특성을 파악합니다.

답변 전략 ●

파트별 학습포인트와 고득점 답변 전략 노하우를 학습합니다.

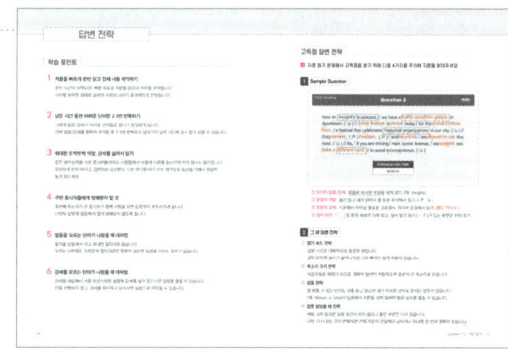

● 만능 템플릿

다양한 문제에 적용할 수 있는 문항별 필수 템플릿을 학습합니다.

빈출 유형 연습

시험에 자주 출제되는 문제 유형을 파악하고
학습한 템플릿을 활용해 답변을 연습합니다.

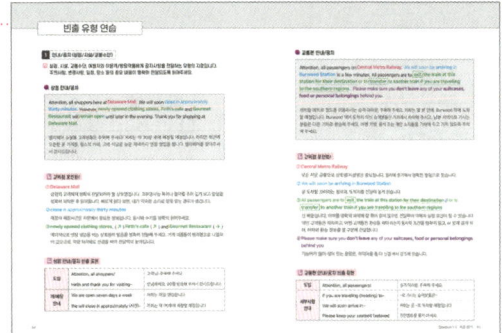

실전 테스트

앞서 학습한 내용 바탕으로 실전과 유사한
빈출유형 문제를 풀어봅니다.

기출유형 모의고사

최신 출제경향을 완벽하게 반영한 모의고사
3회분을 통해 실전 감각을 극대화합니다.

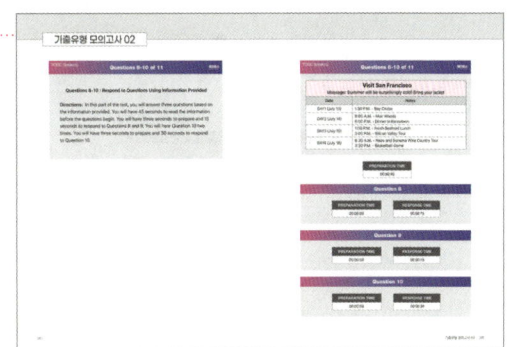

책의 구성 및 특징

부록

 Q7, 11 템플릿 모음집
토익스피킹 등급을 결정짓는
7, 11번의 템플릿 모음집입니다.
해당 템플릿으로 답변 아이디어를
집중 학습할 수 있습니다.

 음원 다운로드
핵심 내용이 수록된 자료로
언제 어디서나 효율성 높은 학습이
가능합니다.

● **모의고사 동영상 제공 (3회분)**
실제 시험과 유사한 모의고사로
개별실력 점검 및 파악이 가능합니다.

● **모범답변 해설강의 제공 (3회분)**
해설강의 문제풀이를 통해
제인쌤의 노하우를 알려드립니다.

학습 플랜

5일 완성 학습 플랜

> 단기간 집중학습을 통해, 5일 만에 끝내고 싶은 수험생을 위한 학습 플랜입니다.

Day 1	Day 2	Day 3	Day 4	Day 5
지문 읽기 (Q1~2) 이론 및 실전 테스트 사진 묘사하기 (Q3~4) 이론 및 실전 테스트	질문에 답하기 (Q5~7) 이론 및 실전 테스트	표 보고 질문에 답하기 (Q8-10) 이론 및 실전 테스트	의견 말하기 (Q11) 이론 및 실전 테스트	실전 모의고사 1-3

10일 완성 학습 플랜

> 2주간의 단계별 학습을 통해, 10일 만에 끝내고 싶은 수험생을 위한 학습 플랜입니다.

Day 1	Day 2	Day 3	Day 4	Day 5
지문 읽기 (Q1~2) 이론 및 실전 테스트	사진 묘사하기 (Q3~4) 이론	사진 묘사하기 (Q3~4) 실전 테스트	질문에 답하기 (Q5~7) 이론	질문에 답하기 (Q5~7) 실전 테스트

Day 6	Day 7	Day 8	Day 9	Day 10
표 보고 질문에 답하기 (Q8-10) 이론 및 실전 테스트	의견 말하기 (Q11) 이론	의견 말하기 (Q11) 실전 테스트	의견 말하기 (Q11) 실전 테스트	실전 모의고사 1-3

※ 본 커리큘럼대로 학습을 진행하기 어려우신 경우, 학습 일정을 재조정하신 후 학습을 시작해 주세요.

Questions 1-2

지문 읽기
Read a text aloud

- 유형 파악
- 답변 전략
- 만능 읽기 스킬
- 빈출 유형 연습
- 실전 테스트

유형 파악

문제 구성

문항 번호	문제 유형	준비 시간	답변 시간	평가 기준	점수
Questions 1~2 (2문제)	Read a text aloud (지문 읽기)	문항별 45초	문항별 45초	발음, 억양 및 강세	3점

시험 진행 순서

1 시험 안내문

시험 진행 방식에 대한 안내문이 화면에 제시되며 이를 음성으로 들려줍니다.

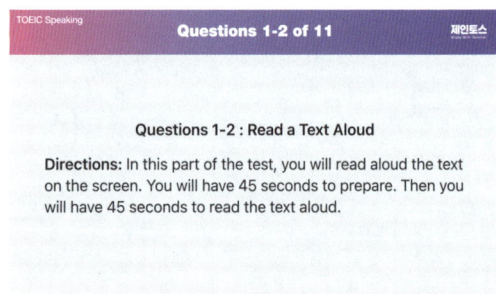

2 1번 준비 시간

1번 문제의 지문이 화면에 제시되고, 'Begin preparing now' 라는 음성이 나온 후 준비 시간 45초가 주어집니다.

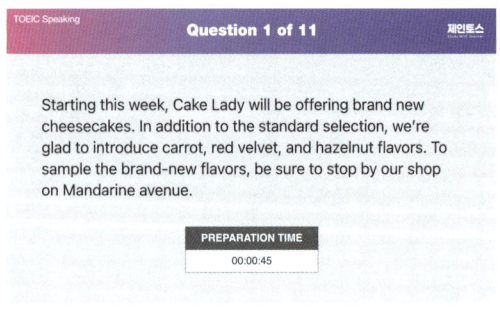

3 1번 답변 시간

준비 시간이 끝나면 'Begin reading aloud now' 라는 음성이 나온 후 답변 시간 45초가 시작됩니다. (답변 시간만 녹음이 됩니다.)

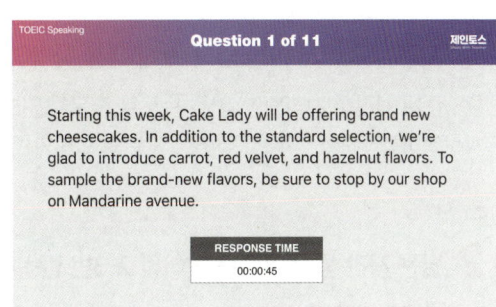

4 2번 준비 시간

2번 문제의 지문이 화면에 제시되고, 'Begin preparing now' 라는 음성이 나온 후 준비 시간 45초가 주어집니다.

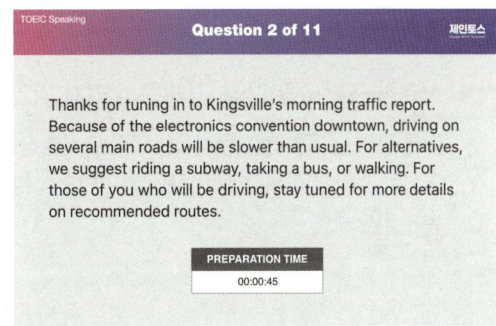

5 2번 답변 시간

준비 시간이 끝나면 'Begin reading aloud now' 라는 음성이 나온 후 답변 시간 45초가 시작됩니다. (답변 시간만 녹음이 됩니다.)

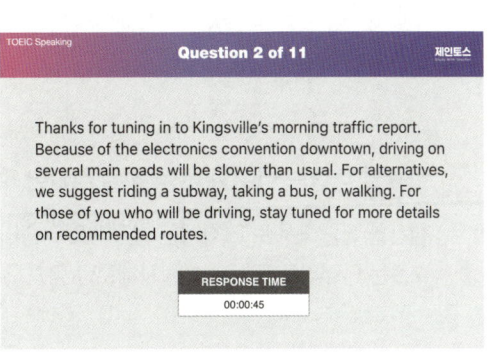

답변 전략

학습 포인트

1 지문을 빠르게 한번 읽고 전체 내용 파악하기

준비 시간이 시작되면, 빠른 속도로 지문을 읽으며 의미를 파악합니다.
의미를 파악한 상태로 읽어야 지문의 의미가 효과적으로 전달됩니다.

2 남은 시간 동안 어려운 단어만 2-3번 반복하기

나에게 발음/강세가 어려운 단어들은 읽다가 멈칫하게 됩니다.
이때 발음/강세를 명확히 파악한 후 2-3번 반복하고 넘어가야 답변 시간에 실수 없이 읽을 수 있습니다.

3 최대한 또박또박 억양, 강세를 살려서 읽기

같은 영어실력을 갖춘 응시자들이라도 시험장에서 어떻게 지문을 읽는지에 따라 점수는 달라집니다.
무심하게 읽지 마시고, 답변하는 순간만은 '나는 아나운서다' 라는 생각으로 최선을 다해서 전달력 높게 읽으세요.

4 주변 응시자들에게 방해받지 말 것

주변에 목소리가 큰 응시자가 함께 시험을 보면 집중력이 흐트러지게 됩니다.
나만의 답변에 집중해서 절대 방해받지 않도록 합니다.

5 발음을 모르는 단어가 나왔을 때 대처법

철자를 집중해서 보고 최대한 철자대로 읽습니다.
모르는 단어라도 또박또박 철자대로만 명확히 읽으면 실점을 피하는 경우가 많습니다.

6 강세를 모르는 단어가 나왔을 때 대처법

강세를 대입해서 가장 자연스러운 음절에 강세를 넣어 읽으시면 실점을 줄일 수 있습니다.
이를 진행하지 않고, 강세를 무시하고 읽으시면 실점으로 이어질 수 있습니다.

고득점 답변 전략

☑ 지문 읽기 문제에서 고득점을 받기 위해 다음 4가지를 주의해 지문을 읽어주세요.

1 Sample Question

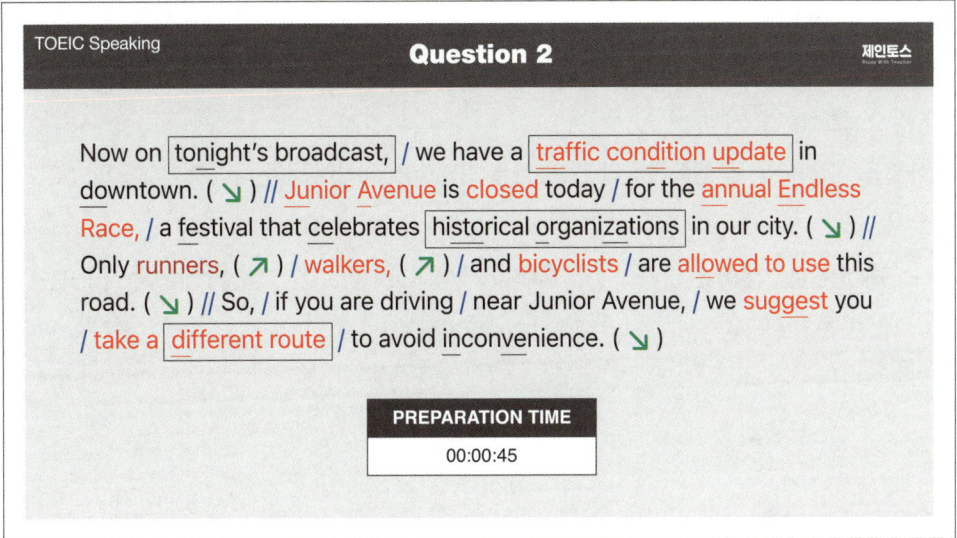

① **단어의 발음/강세**: 밑줄로 표시된 부분을 세게 읽기. (예: to<u>ni</u>ght)
② **문장의 억양**: 올려 읽고 내려 읽어야 할 부분 파악해서 읽기. (↗, ↘)
③ **문장의 강세**: 지문에서 의미상 중요한 고유명사, 의미어 강조해서 읽기. (빨간 텍스트)
④ **끊어 읽기**: ☐로 묶인 부분은 이어 읽고, 끊어 읽기 표시 (/, //)가 있는 부분은 쉬어 읽기.

2 그 외 답변 전략

① **읽기 속도 전략**
답변 시간은 대체적으로 충분한 편입니다.
급히 읽으면 실수가 늘어나므로 너무 빠르지 않게 차분히 읽습니다.

② **목소리 크기 전략**
녹음파일로 채점이 되므로, 명확히 답변이 전달되도록 충분히 큰 목소리로 읽습니다.

③ **집중 전략**
잘 읽을 수 있는 단어도 대충 보고 읽으면 내가 익숙한 단어로 읽히는 경우가 있습니다.
(예: Vinson vs. Vision) 집중해서 지문을 보며 읽어야 발음 실수를 줄일 수 있습니다.

④ **잘못 읽었을 때 전략**
바로 고쳐 읽으면 실점 요인이 되지 않으니 틀린 부분만 다시 읽습니다.
다만, 다시 읽는 것이 반복되면 전체 지문의 전달력이 낮아지니 최대한 한 번에 명확히 읽습니다.

만능 읽기 스킬

발음

☑ 지문 읽기에서 실수하기 쉬운 발음입니다. 잘 구분해서 읽기 연습을 반복해 주세요.

자음 [r] vs [l]

> [r] 발음: 혀끝을 안쪽으로 말되, 입천장에 혀가 닿지 않은 상태로 한글 '으' 소리를 약하게 낸 후 나머지 철자를 읽으세요.

> [l] 발음: 혀끝을 입천장 앞쪽에 갖다 댄 뒤, 한글 '으' 소리를 약하게 낸 후 나머지 철자를 읽으세요.

Right vs. Light	Really vs. Lily	Fruit vs. Flute
옳은 / 빛	실제로 / 백합	과일 / 플루트

자음 [p] vs [f]

> [p] 발음: 입술을 닫은 채 공기를 모았다가 한 번에 내뱉으며 파열음을 만들어 낸 후 나머지 철자를 읽으세요.

> [f] 발음: 윗니를 아랫입술 위에 살짝 올리고 그 사이로 바람을 밀어낸 후 나머지 철자를 읽으세요.

Pine vs. Fine	Pour vs. Four	Pace vs. Face
소나무 / 좋은	붓다 / 4, 넷	속도 / 얼굴

자음 [b] vs [v]

> **[b] 발음**: 입술을 닫은 채 공기를 모았다가 한 번에 내뱉으며 파열음을 만들되 목소리 울림이 들어가야 합니다.

> **[v] 발음**: 윗니를 아랫입술 위에 살짝 올리고 그 사이로 바람을 밀어내되 목소리 울림이 들어가야 합니다.

Boat vs. Vote	Bill vs. Village	Best vs. Vest
보트 / 투표	청구서 / 마을	최고의 / 조끼

자음 [θ] vs [s]

> **[θ] 발음**: 혀를 이빨 사이에 두고 바람을 밀어낸 후 나머지 철자를 읽으세요.

> **[s] 발음**: 혀끝을 윗니 뒤쪽에 두고 바람을 밀어낸 후 나머지 철자를 읽으세요.

Thick vs. Sick	Thought vs. Sought	Thank vs. Sank
두꺼운 / 아픈	생각 / 찾았다	감사하다 / 가라앉았다

자음 [z] vs [j]

> **[z] 발음**: 혀끝을 윗니 뒤쪽에 두고 바람을 밀어내되 목소리 울림이 들어가야 합니다.

> **[j] 발음**: 혀의 중간 부분이 입천장에 닿았다 떼어내며 발음하되 목소리 울림이 들어가야 합니다.

Zoo vs. Juice	Zero vs. Jealous	Zone vs. John
동물원 / 주스	0, 영 / 질투하는	지역 / 존 (사람이름)

만능 읽기 스킬

억양

☑ 문장부호에 따른 억양처리를 잘 지켜서 지문을 읽어주세요.

1 문장부호에 따른 억양처리

> 마침표 (.): 억양을 정확히 내려줍니다. (↘)
> 쉼표 (,): 억양을 올리거나 유지합니다. (↗ , →)
> 물음표 (?): 의문사가 없는 의문문에서는 끝을 올려줍니다. (↗) [예: Are you happy? ↗]
> 의문사가 있는 의문문에서는 끝을 내려줍니다. (↘) [예: How are you? ↘]

Are you tired of trying to remove difficult stains from carpets, (↗) furniture, (↗) and countertops? (↗) Absolute Cleaning Plan, (→) the most powerful and effective cleaning product on the market, (→) will eliminate your problem. (↘)

카펫, 가구, 조리대의 힘든 얼룩을 제거하는 데 지치셨나요? 시중에서 가장 강력하고 효과적인 청소 제품인 앱솔루트 클리닝 플랜이 당신의 문제를 해결해 드릴 겁니다.

---

2 A, B and (or) C 형태의 병치구조 억양처리

> A와 B는 억양을 올리거나 유지해 읽습니다.
> C에서 문장이 계속되면 억양을 유지하고, 문장이 끝나면 문장부호에 맞게 처리하세요.

For checking deposit accounts (↗), international transfers (↗), or home utility payment data (→), press "two."

예금계좌 조회, 해외송금, 가정 수도/전기세 결제정보는 2번을 눌러주세요.

강세

☑ 자주 출제되며 강세 실수를 하기 쉬운 단어들을 모아 놨으니 반복해서 연습해 주세요.

1 단어의 음절 강세

No.	단어	뜻	발음기호
1	Accessories	장신구	[əkˈsesəriz]
2	Achievement	성취	[əˈtʃiːvmənt]
3	Acquainted	알고 있는	[əˈkweɪntɪd]
4	Advantage	이점	[ədˈvæntɪdʒ]
5	Affordable	가격이 알맞은	[əˈfɔːrdəbl]
6	Alternative	대안	[ɔːlˈtɜːrnətɪv]
7	Ancient	고대의	[ˈeɪnʃənt]
8	Appropriate	적절한	[əˈproʊprieɪt]
9	Atmosphere	대기, 장소, 분위기	[ˈætməsfɪr]
10	Available	이용할 수 있는	[əˈveɪləbl]
11	Buffet	뷔페	[bəˈfeɪ]
12	Bulldozer	불도저	[ˈbʊldoʊzə(r)]
13	Complimentary	칭찬하는, 무료의	[ˈkɑːmplɪmentri]
14	Congestion	혼잡	[kənˈdʒestʃən]
15	Construction	건설	[kənˈstrʌkʃn]
16	Contribute	기부하다	[kənˈtrɪbjuːt]
17	Differentiate	구별하다, 구분 짓다	[ˌdɪfəˈrenʃieɪt]
18	Efficient	효율적인	[ɪˈfɪʃnt]
19	Encourage	격려하다	[ɪnˈkɜːrɪdʒ]
20	Energetic	활동적인	[ˈenərˈdʒetɪk]
21	Environmental	환경의	[ɪnˌvaɪrənˈmentl]
22	Equipment	장비	[ɪˈkwɪpmənt]
23	Frequently	자주	[ˈfriːkwəntli]
24	Flourishing	번영하는, 무성한	[fləˈriʃɪn]
25	Further	더 이상의, 추가의	[ˈfɜːrðə(r)]

만능 읽기 스킬

No.	단어	뜻	발음기호
26	Gratifying	기쁜, 흐뭇한	[ˈgrætɪfaɪɪŋ]
27	Influence	영향	[ˈɪnfluəns]
28	Informative	유익한	[ɪnˈfɔːrmətɪv]
29	Ingredient	재료	[ɪnˈgriːdiənt]
30	Inquiry	연구, 조사, 질문	[inkwáiəri] [ínkwəri]
31	Inspiration	영감	[ˌɪnspəˈreɪʃn]
32	Lightweight	가벼운, 경량의	[ˈlaɪtweɪt]
33	Literary	문학의	[ˈlɪtəreri]
34	Portrait	초상화	[ˈpɔːrtrət]
35	Preferable	더 나은, 선호되는	[ˈprefrəbl]
36	Purchase	구입, 구매	[ˈpɜːrtʃəs]
37	Questionnaire	설문지	[ˌkwestʃəˈner]
38	Referral	소개, 위탁	[rɪˈfɜːrəl]
39	Relatively	상대적으로	[ˈrelətɪvli]
40	Representative	대표, 대표하는	[ˌreprɪˈzentətɪv]
41	Rummage	뒤지다	[ˈrʌmɪdʒ]
42	Sculpture	조각품	[ˈskʌlptʃə(r)]
43	Significantly	상당히	[sɪgˈnɪfɪkəntli]
44	Specifically	구체적으로	[spəˈsɪfɪkli]
45	Status	신분, 지위	[ˈsteɪtəs] [ˈstætəs]
46	Strategy	계획, 전략	[ˈstrætədʒi]
47	Thicken	걸쭉해지다	[ˈθɪkən]
48	Trustworthy	신뢰할 수 있는	[ˈtrʌstwɜːrði]
49	Valuable	소중한, 귀중한	[ˈvæljuəbl]
50	Variety	다양성	[vəˈraɪəti]

2 문장 내 단어의 강세

> 고유명사 및 문장에서 중요한 의미를 가진 단어들을 강하게 천천히 읽고,
> 상대적으로 의미를 적게 전달하는 단어들을 약하게 읽어서 전체 문장의 강약을 만들어 읽습니다.

If you want to speak with one of our customer service representatives, please press zero.

고객 서비스 담당자와 통화를 원하시면 0번을 누르십시오.

만능 읽기 스킬

끊어 읽기

✅ 지문의 의미 전달력을 높이기 위해, 아래 내용을 참고하여 지문을 의미 단위로 묶어서 끊어 읽어 주세요.

1 접속사 앞에서 끊어 읽기

[예: and, but, or]

① We will explore the public garden / and a local restaurant.
우리는 공공 정원과 지역 식당을 탐방할 것입니다.

② Please leave the room / after we give you the announcement.
안내 방송이 끝나면 방을 나가 주시기를 바랍니다.

2 관계사 앞에서 끊어 읽기

[예: which, that, what]

① I told him / that he didn't have to attend the meeting.
저는 그에게 그가 회의에 참석할 필요가 없다고 말했습니다.

② Lauren asked me / what I wanted to have for dinner.
로렌은 저에게 저녁으로 무엇을 먹고 싶은지 물었습니다.

③ This is the Central Hall, / which was built 30 years ago.
이것은 30년 전에 지어진 센트럴 홀입니다.

3 분사구문 앞에서 끊어 읽기

[예: 과거분사 -ed 형태, 현재분사 -ing 형태]

① There are two women / talking to each other.
　두 여자가 서로 이야기하고 있습니다.

② This is a book / written by Brian Dillan.
　이것은 브라이언 딜런이 쓴 책입니다.

4 세 단어 이상인 주어 뒤에 끊어 읽기

① Working in the foreign country for a long time / is challenging.
　외국에서 오래 일하는 것은 어렵습니다.

② The guest speaker for our show tonight / is Rose Kelley.
　오늘 밤 저희 쇼의 초청 연사는 로즈 켈리입니다.

빈출 유형 연습

1 안내/공지 (상점/시설/교통수단)

☑ 상점, 시설, 교통수단, 여행지의 이용객/방문객들에게 공지사항을 전달하는 유형의 지문입니다. 주의사항, 변경사항, 일정, 장소 등의 중요 내용이 명확히 전달되도록 읽어주세요.

🟣 상점 안내/공지

> Attention, all shoppers here at **Delaware Mall**. We will soon **close** in approximately **thirty minutes**. However, **newly opened clothing stores, Firth's café, and Gourmet Restaurant** will **remain open** until later in the evening. Thank you for shopping at **Delaware Mall**.
>
> 델라웨어 쇼핑몰 고객분들은 주목해 주세요! 저희는 약 30분 후에 폐장할 예정입니다. 하지만 최근에 오픈한 옷 가게들, 펄스의 카페, 고메 식당은 늦은 저녁까지 연장 영업을 합니다. 델라웨어를 찾아주셔서 감사드립니다.

📖 고득점 포인트!

① Delaware Mall
상점의 고객에게 명확히 전달되어야 할 상호명입니다. 고유명사는 특히나 철자를 주의 깊게 보고 발음을 정확히 파악한 후 읽어줍니다. 빠르게 읽다 보면, 내가 익숙한 소리로 잘못 읽는 경우가 생깁니다.

② close in approximately thirty minutes
매장의 폐장시간은 지문에서 중요한 정보입니다. 동사와 수치를 정확히 읽어주세요.

③ newly opened clothing stores, (↗) Firth's café, (↗) and Gourmet Restaurant (→)
예외적으로 연장 영업을 하는 상호명의 발음을 명확히 전달해 주세요. 가게 이름들이 병치형으로 나열되어 있으므로, 억양 처리에도 신경을 써야 전달력이 높아집니다.

📖 상점 안내/공지 빈출 표현

도입	Attention, all shoppers!	고객님! 주목해 주세요.
	Hello and thank you for visiting~	안녕하세요, OO를 방문해 주셔서 감사드립니다.
개/폐장 안내	We are open seven days a week	저희는 매일 영업합니다.
	We will close in approximately (시간)~	저희는 약 OO후에 폐장할 예정입니다.

🔍 교통편 안내/공지

> Attention, all passengers on **Central Metro Railway.** We will soon be **arriving** in **Burwood Station** in a few minutes. All passengers are to `exit` the train at this station **for their destination** or to `transfer` **to another train if you are travelling to the southern regions.** Please make sure you **don't leave** any of your **suitcases, food or personal belongings** behind you.
>
> 센트럴 메트로 철도를 이용하시는 승객 여러분, 주목해 주세요. 저희는 몇 분 안에, Burwood 역에 도착할 예정입니다. Burwood 역이 도착지 이신 승객분들은 기차에서 하차해 주시고, 남부 지역으로 가시는 분들은 다른 기차로 환승해 주세요. 여행 가방, 음식 또는 개인 소지품을 기차에 두고 가지 않도록 주의해 주세요.

📖 고득점 포인트!

① **Central Metro Railway**
　모든 지문 공통으로 상호명/시설명은 중요합니다. 철자에 준거해서 명확한 발음으로 읽습니다.

② **We will soon be arriving in Burwood Station**
　곧 도착할 것이라는 정보와, 도착지를 전달력 높게 읽습니다.

③ All passengers are to `exit` **the train at this station for their destination** // or to `transfer` **to another train if you are travelling to the southern regions**
　긴 복문입니다. 의미를 명확히 파악해 잘 묶어 읽지 않으면, 전달력이 약해져 실점 요인이 될 수 있습니다. 어떤 고객들은 하차하고, 어떤 고객들은 환승을 해야 하는지 동사와 조건을 명확히 읽고, or 앞에 길게 쉬어, 하차와 환승 정보를 잘 구분해 전달합니다.

④ Please make sure you **don't leave** any of your **suitcases, food or personal belongings behind you**
　기능어가 많이 섞여 있는 문장은, 의미어를 좀 더 신경 써서 강조해 읽습니다.

📖 교통편 안내/공지 빈출 표현

도입	Attention, all passengers!	승객 여러분, 주목해 주세요.
세부사항 안내	If you are traveling (heading) to~	~로 가시는 승객분들은~
	We will soon arrive in~	저희는 곧 ~로 도착할 예정입니다.
	Please keep your seatbelt fastened	안전벨트를 풀지 마세요.

빈출 유형 연습

2 소개 (행사/방송)

☑ 행사나 방송에서 진행자를 소개하거나, 진행 내용에 대한 설명을 하는 지문입니다. 프로그램명, 행사명, 진행자 이름 등의 고유 명사를 명확히 읽고, 주로 다루는 내용을 강조해서 전체 소개문의 전달력을 높여줍니다.

● 행사 소개문

> Thank you for attending our annual lecture at **Will's Private Library.** We are honored that **Chandler Moore,** the author of the award-winning book Mountain Climbing, **is** here to speak to us today. In his talk, he will discuss his choices on plots and character development in the book.
>
> 윌리스 사설 도서관의 연례 강의에 참석해 주셔서 감사합니다. Mountain Climbing 이란 책으로 수상을 하신 Chandler Moore 작가님께서 오늘 저희에게 강의해 주시는 점 기쁘게 생각합니다. Chandler 작가님은 본인의 책 구성 선택과 등장인물 개발에 대해 강의하실 예정입니다.

📖 고득점 포인트!

① **Will's Private Library**
고유명사가 잘 전달되도록 철자에 준거해서 명확한 발음으로 읽어줍니다.

② We are honored that **Chandler Moore,** / the author of the award-winning book Mountain Climbing, / **is** here to speak to us today
소개 지문에서 매우 자주 등장하는 복문 구조입니다. 주어 동사 사이에 삽입 어구가 Chandler Moore 라는 작가에 대한 부연 설명을 해주고 있습니다.

삽입 어구 앞, 뒤로 명확히 끊어 읽어야 부연 설명의 의미가 명확히 전달됩니다.

또한, Climbing 뒤에 문장이 계속 이어지므로 억양을 내리지 말고 유지해 읽습니다.

③ In his talk, he will discuss his choices on plots and character development in the book
강연에서 다룰 주된 내용이므로, 의미어를 강조하며 명확히 읽습니다.

📖 상점 안내/공지 빈출 표현

도입	Welcome, all attendees!	참석자 여러분, 환영합니다.
	We appreciate your attendance at~	~에 참석해 주셔서 감사드립니다.
소개	I would like to begin with introducing	~를 소개하며 시작하겠습니다.
	We are honored that	~하게 되어 기쁩니다.
	Let's welcome 00 to the stage	무대에 오르는 00를 환영해 주세요.

빈출 유형 연습

3 광고

☑ 라디오, TV 등의 매체를 통해 제품이나 서비스를 광고하는 지문입니다. 제품명, 업체명 등의 고유 명사와 제품/서비스의 특징 및 장점이 명확히 전달되도록 읽어줍니다. 할인 이벤트, 무료 선물 등 고객에게 주어지는 혜택 정보 역시 강조해서 읽어야 효과적입니다.

🔍 **서비스 광고**

Is it time to send your car to the garage for service? **Reaves Car Repair** will help you with **engine, tires**, and **brakes** on your cars. All our **mechanics** are **highly trained** with **many years of experiences,** so we will **diagnose** the **problems exactly** and **solve all** of your car's **problems** for you. We are open **seven days a week** from **10 am** to **10 pm.** Why wait? Call us now to book an appointment today.

고객님의 차를 정비소에 맡기실 시기인가요? 리비스 정비소가 고객님 차량의 엔진, 타이어, 브레이크를 관리해 드리겠습니다. 수년간의 경력과 기술력을 겸비한 저희 정비공들이 고객님 차량의 문제를 정확히 진단하고 모든 관련 문제를 해결해 드릴 것입니다. 저희는 매일 오전 10시부터 저녁 10시까지 영업하고 있습니다. 더 이상 망설이지 마시고, 오늘 바로 예약전화 주세요.

📖 **고득점 포인트!**

① **Reaves Car Repair** will help you with **engine, tires,** and **brakes** on your cars
   업체명과 제공하는 주요 서비스가 효과적으로 전달되도록 명확한 발음으로 강조하며 읽습니다.

② All our **mechanics** are **highly trained** with **many years of experiences,** so we will **diagnose** the **problems exactly** and **solve all** of your car's **problems** for you
   업체 직원들과 서비스의 특징과 장점을 전달하는 문장입니다. 광고의 주된 내용이므로, 특/장점이 명시되는 단어들을 강조해 읽습니다.

③ We are open **seven days a week** from **10 am** to **10 pm**
   영업 요일과 시간을 또박또박 읽어야 주요 정보가 잘 전달됩니다.

📖 광고문 빈출 표현

도입	Are you looking for~	~를 찾고 계신가요?
	Is it time to~	~하실 시기인가요?
세부사항 안내	For more information, please visit our Web site.	추가 정보를 원하신다면 저희 웹사이트를 방문해 주세요.
	Whatever you are looking for, you will find it at~	무엇을 필요하시던 ~에서 찾으실 수 있습니다.
	Don't hesitate to call us to~	망설이지 말고 전화 주세요.
	Don't miss an opportunity to~	~할 기회를 놓치지 마세요.

빈출 유형 연습

4 뉴스

☑ 미디어를 통해 교통정보나 일기예보를 전달하는 지문입니다. 교통정보에서는 공사 관련 정보, 우회 도로 정보가 주요 정보로 자주 출제됩니다. 일기예보에서는 지역 고유명사, 온도, 날씨 표현 어휘를 명확히 읽어주세요.

● **교통뉴스**

> Now on tonight's broadcast, we have a traffic condition update in downtown. **Junior Avenue** is **closed today** for the annual Endless Race, a festival held by cultural organizations in our city. Only **runners, walkers,** and **bicyclists** are allowed to use this road. So, if you are driving near Junior Avenue, we suggest you take a different route to avoid inconvenience.
>
> 오늘 밤 방송에서는 시내의 교통상황을 전달해 드리겠습니다. 저희 도시의 문화기관에서 주최하는 연례행사 '끝없는 달리기' 진행으로 인해 주니어 에비뉴는 오늘 통행이 금지될 예정입니다. 경주를 하시는 분들, 보행자, 자전거 이용자들만 이 도로를 사용할 수 있습니다. 그러니 오늘 주니어 에비뉴 근처를 운전하시는 분들께서는 불편을 피하기 위해서 다른 도로를 이용하시길 바랍니다.

📖 **고득점 포인트!**

① **Junior Avenue** is **closed today** for the annual Endless Race, a festival held by cultural organizations in our city

통행이 금지되는 도로명과 행사명이 명시되는 고유명사를 명확히 읽어주세요. 또한, 문장이 끝나기 전에 억양이 내려가지 않도록 주의해 읽어야 합니다.

② Only **runners, walkers,** and **bicyclists** are allowed to use this road

병치형 구조 (A, B and C)에서 지켜야 할 억양 규칙에 맞춰, 주요 정보를 또박또박 읽습니다.

📖 뉴스 교통정보/일기예보 빈출 표현

도입	Now, an update on traffic condition of~	~의 교통상황을 전해드리겠습니다.
	Now, for the weather report.	다음은 일기예보입니다.
	Welcome back to 00 news!	00 뉴스 다시 시작하겠습니다.
세부사항 안내	Please take an alternate (different) route~	우회도로 (다른 도로)를 이용하세요.
	Heavy traffic is expected on~	~에서 심한 교통체증이 예상됩니다.
날씨 표현 어휘	temperature	기온
	humidity	습도
	pleasant condition	좋은 날씨
	rain shower	소나기
	breeze	산들바람

빈출 유형 연습

5 자동 응답 메시지

☑ 상점, 시설 등에 전화했을 때 고객에게 서비스를 안내하는 자동응답 메시지 내용입니다. 유형의 특성상 빈출 표현이 지문마다 많이 겹치므로, 빈출 표현을 미리 연습해 두세요.

● **출판업체 자동응답 메시지**

> Hello, you've reached **Kitera Book Company!** If you want to **speak with our business relations** department, **press 'one'. Please press 'two'** for any specific questions about **shipping, refunds, and bill payment.** For all other inquiries, stay on the line. **A customer service representative** will be with you as soon as possible.
>
> 안녕하세요, 키테라 출판사입니다. 저희 사업부와 통화를 원하시면 1번을 눌러주세요. 배송, 환불, 결제 관련 문의를 원하시면 2번을 눌러주세요. 그 외 다른 문의 사항이 있으시면 끊지 말고 기다려 주세요. 저희 상담직원을 곧 연결해 드리겠습니다.

📖 **고득점 포인트!**

① Hello, you've reached **Kitera Book Company!**
   업체명이 정확히 전달되도록 고유명사를 철자에 준거해 또박또박 읽습니다.

② If you want to **speak with our business relations** department, **press 'one'. Please press 'two'** for any specific questions about **shipping, refunds,** and **bill payment**
   해당 서비스와 눌러야 하는 번호를 정확히 읽어야, 주요 정보를 효과적으로 전달할 수 있습니다.

③ **A customer service representative** will be with you as soon as possible
   자동응답 메시지에서 자주 등장하는 상담직원(a customer service representative)이라는 긴 구입니다. 끊기지 않도록 자연스럽게 읽어줍니다.

📖 자동응답 메시지 빈출 표현

도입	Hello, you've reached~	안녕하세요, ~(업체명)입니다.
	Thank you for calling~	~에 전화 주셔서 감사합니다.
세부사항 안내	If you want to speak with our customer service representative	저희 상담직원과 통화를 원하시면
	Please press one	1번을 눌러주세요.
	Stay on the line	전화를 끊지 말고 기다려 주세요.

실전 테스트

✅ 준비 시간, 답변 시간에 맞춰 다음 지문들을 읽어보세요. (준비 시간 45초, 답변 시간 45초)

SET 1

TOEIC Speaking — Question 1 of 11

This weekend only, Carla's Pick Luggage is having a grand opening sale. We are offering an excellent selection of suitcases, travel bags, and briefcases for up to twenty percent off. If you join our customer rewards program, you can get even more discounts. Don't miss this event.

PREPARATION TIME	RESPONSE TIME
00:00:45	00:00:45

TOEIC Speaking — Question 2 of 11

Before officially opening Dewberry Museum's sculpture garden, I would like to express my gratitude to everyone who contributed to the renovations. Our exceptional construction workers, designers, and landscapers have done a fantastic job. Without their efforts, we wouldn't have the beautiful exhibit we have today. Now, I warmly welcome visitors to explore the garden.

PREPARATION TIME	RESPONSE TIME
00:00:45	00:00:45

SET 2

TOEIC Speaking — Question 1 of 11

Welcome to the International Writers Association Conference. Our next speaker is Bartolomeo King. You may already know him as the award-winning author of 'Frantic Moon.' Bartolomeo possesses a remarkable talent for creating thrilling plots, vivid settings, and unique characters. Today, he will share his insights on finding inspiration for writing.

PREPARATION TIME	RESPONSE TIME
00:00:45	00:00:45

TOEIC Speaking — Question 2 of 11

Do you love hiking and outdoor activities? If you are seeking an incredible vacation, we invite you to book a tour with Outdoor Adventures. With our experienced tour guides, you can engage in an exploration of the renowned William Forest. During the tour, you will witness mountains, waterfalls, and other breathtaking landscapes. For further details, please visit our website to view the tour dates and discover our special offers.

PREPARATION TIME	RESPONSE TIME
00:00:45	00:00:45

실전 테스트

SET 3

TOEIC Speaking — Question 1 of 11

Welcome to this video guide for your new portable video game player. In this video, we will demonstrate the various features of your device and provide answers to frequently asked questions. If you require further assistance, please visit our website, where you can also purchase accessories.

PREPARATION TIME	RESPONSE TIME
00:00:45	00:00:45

TOEIC Speaking — Question 2 of 11

Attention, Express Downtown passengers. Due to technical difficulties with the train ahead of us, we are unable to proceed to the next station. Please be advised that there will be a delay of up to an hour and a half. You have the option to disembark here to receive a refund, transfer to another train, or remain on board.

PREPARATION TIME	RESPONSE TIME
00:00:45	00:00:45

SET 4

Question 1 of 11

You have reached Orange Valley Home Company. To inquire about the status of your order, please press 'one'. If you have questions regarding our return policy, please press 'two'. For any other inquiries, suggestions, or complaints, please stay on the line, and our representative will assist you shortly.

PREPARATION TIME	RESPONSE TIME
00:00:45	00:00:45

Question 2 of 11

Thank you for watching Greenville News on Channel Three. This afternoon, the Central Museum announced the winner of the annual art competition, Ms. Jessica Lee. Through the use of simple tools, patience, and artistic skill, she transformed a piece of wood into remarkable furniture. These exquisite pieces will be exhibited until February.

PREPARATION TIME	RESPONSE TIME
00:00:45	00:00:45

SET 5

TOEIC Speaking — Question 1 of 11

Attention, passengers. The buses scheduled for the afternoon trips to Williamstown at two o'clock, and three thirty have been canceled. To receive a refund, please proceed to the ticket window. All other buses are scheduled to depart on time. As always, we appreciate your choice of our transportation service.

PREPARATION TIME	RESPONSE TIME
00:00:45	00:00:45

TOEIC Speaking — Question 2 of 11

Stock up on all the sports equipment you'll need this season at Michelle's Discount Sports. For a limited time, swimsuits, baseball bats, soccer balls, and tennis rackets are twenty percent off. Take advantage of these great discounts before the sale ends.

PREPARATION TIME	RESPONSE TIME
00:00:45	00:00:45

SET 6

Question 1 of 11

Hello, and thank you for calling Madison Communications. We offer the best internet, cable, and telephone services in the area. If you need technical support, please press one. For information about our plan options, please press two. Otherwise, please hold, and a customer service representative will assist you shortly.

PREPARATION TIME	RESPONSE TIME
00:00:45	00:00:45

Question 2 of 11

Thanks for attending the Central Journalism Awards Banquet. We will honor outstanding reporting in print, online, and radio journalism. It appears that we have a large crowd tonight, so I anticipate an exciting evening. However, before we begin, I would like to express my gratitude to all the organizations that sponsored this event.

PREPARATION TIME	RESPONSE TIME
00:00:45	00:00:45

실전 테스트

SET 7

TOEIC Speaking — Question 1 of 11

Good evening, Farmer's Grocery shoppers! If you are ready to make a purchase, please bring your items to the front of the store now. You can conveniently pay for your groceries at the automated checkout counter, express lane, or Customer Service center. Thank you for shopping at Farmer's Grocery store.

PREPARATION TIME	RESPONSE TIME
00:00:45	00:00:45

TOEIC Speaking — Question 2 of 11

Welcome to the winter press conference of Dandyman Retail Group. Today, we are excited to announce the launch of our new brand, Forwell Uniforms. This clothing line offers uniforms for workers in various industries including healthcare, manufacturing, and more. Moreover, Forwell Uniforms can handle both small and large shipments to accommodate customers' specific design requests.

PREPARATION TIME	RESPONSE TIME
00:00:45	00:00:45

SET 8

Question 1 of 11

Attention, all passengers. We have safely landed at Yorktown International Airport. Please ensure that your seat belts are fastened, phones are turned off, and seats are in the upright position until we have come to a complete stop. Once we have arrived, a flight attendant will be available to assist you with disembarking the plane. Thank you for choosing to travel with us today, and welcome to Yorktown.

PREPARATION TIME	RESPONSE TIME
00:00:45	00:00:45

Question 2 of 11

Our next guest for tonight's show is Julia Kang, who is renowned for her impressive performances in numerous movies and television shows. Apart from her acting career, she has also made significant contributions as a writer, director, and producer over the years. During the show, she will share her exciting career history in detail. Now, let's give a warm welcome to Julia Kang to the stage.

PREPARATION TIME	RESPONSE TIME
00:00:45	00:00:45

실전 테스트

SET 9

TOEIC Speaking — Question 1 of 11

Before we commence the meeting, I have an important announcement regarding the upcoming team-building activity scheduled from March third to July Twentieth. Starting from next Saturday, our team will explore the visitor center, museum, and nature trails at the Westside Mountain Reserve. We'll meet at the office building at 9 A.M. If you are interested in participating in hiking during the trip, please remember to wear comfortable shoes.

PREPARATION TIME	RESPONSE TIME
00:00:45	00:00:45

TOEIC Speaking — Question 2 of 11

In local news, a new temporary exhibit will open at the Sailor Museum starting next Wednesday. The exhibit showcases a wide array of tools that have been used throughout history for ocean navigation. Furthermore, there will be demonstrations on how the compass, satellites, and the radar are utilized to track ocean routes.

PREPARATION TIME	RESPONSE TIME
00:00:45	00:00:45

SET 10

TOEIC Speaking Question 1 of 11

Join us in celebrating summer at Downtown Exchange, the largest farmer's market in Bristol City. Every Wednesday, you can find a variety of freshest vegetables, meats, and cheeses from local vendors. Additionally, we will be conducting cooking classes at seven and nine P.M. For more information, please visit our website.

PREPARATION TIME	RESPONSE TIME
00:00:45	00:00:45

TOEIC Speaking Question 2 of 11

Welcome back to the local news. We have exciting news from the Saint Jones Academic Museum. They have recently announced a new series of educational workshops suitable for young children, teens, and adults. These workshops will be held during regular museum hours and are free of charge. However, the museum kindly requests that participants register in advance.

PREPARATION TIME	RESPONSE TIME
00:00:45	00:00:45

Questions 3-4

사진 묘사
Describe a picture

- 유형 파악
- 답변 전략
- 만능 템플릿
- 빈출 유형 연습
- 실전 테스트

유형 파악

문제 구성

문항 번호	문제 유형	준비 시간	답변 시간	평가 기준	점수
Questions 3~4 (2문제)	Describe a picture (사진 묘사하기)	문항별 45초	문항별 30초	발음, 억양 및 강세, 문법, 어휘, 일관성	3점

시험 진행 순서

1 시험 안내문

시험 진행 방식에 대한 안내문이 화면에 제시되며 이를 음성으로 들려줍니다.

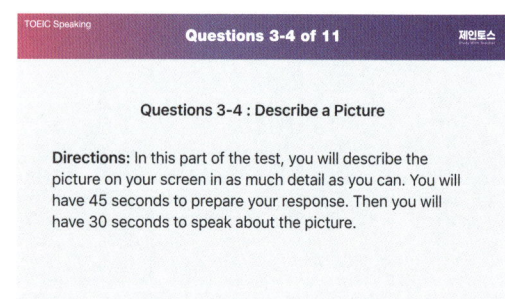

2 3번 준비 시간

화면에 묘사할 사진이 제시되고, 'Begin preparing now' 라는 음성이 나온 후, 45초의 준비 시간이 주어집니다.

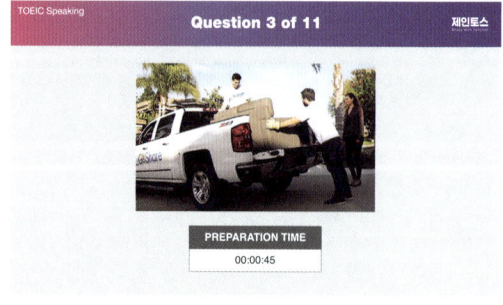

3 3번 답변 시간

준비 시간이 끝나면 'Begin speaking now' 라는 음성과 함께 30초의 답변 시간이 주어집니다. Beep 소리 후에 답변을 시작합니다.

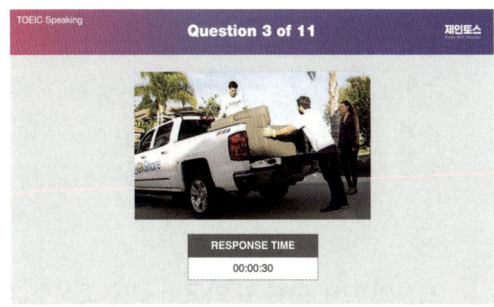

4 4번 준비 시간

화면에 묘사할 사진이 제시되고, 'Begin preparing now' 라는 음성이 나온 후, 45초의 준비 시간이 주어집니다.

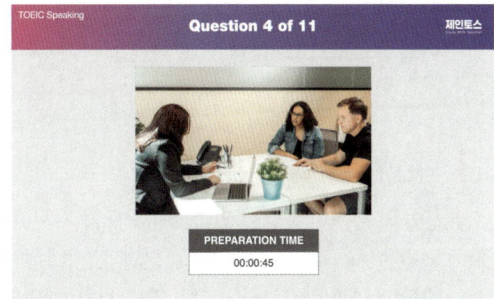

5 4번 답변 시간

준비 시간이 끝나면 'Begin speaking now' 라는 음성과 함께 30초의 답변 시간이 주어집니다. Beep 소리 후에 답변을 시작합니다.

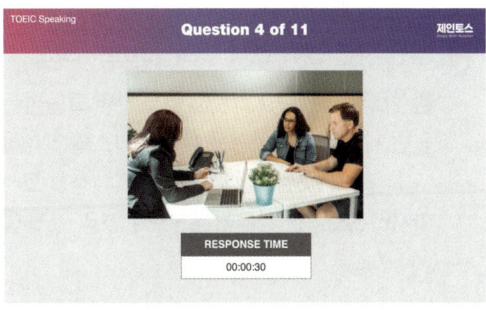

답변 전략

학습 포인트

1 준비 시간에 반드시 묘사 순서 잡기

준비 시간이 시작되면, 묘사할 순서를 정한 후 키워드만 필기합니다.
순서가 정해지지 않은 상태에서 답변하게 되면 조리 없는 답변이 되므로,
준비 시간에 '장소 - 중심 대상 - 세부대상 - 마무리' 구조에 맞춰 묘사 순서를 정해주세요.

2 사진의 전체 상황 및 인물의 행동 중심으로 묘사하기

사진 묘사의 만점 기준은 '사진의 전체 내용을 효과적으로 묘사하며, 적절한 세부 사항을 포함한다.' 입니다.
사진의 전체 내용은 대부분 사진 속 상황이나 인물들의 중심 행동입니다.
이를 중심으로 묘사하시면 고득점 달성에 유리합니다.

3 외관 위주의 묘사 지양하기

인물의 외관이 특별한 의미나 중요도를 가지고 있지 않는 한,
외관은(옷, 머리 스타일 등) 사진의 중심 내용이 되지 않습니다.
중요한 외관은 묘사하되, 외관만 묘사하는 답변은 저점을 받게 되니 지양하도록 합니다.

4 답변 시간 관리 전략 "5초 - 20초 - 5초"

완성도가 높은 구조화된 답변을 하면 고득점 달성에 유리합니다.
답변 시작 후 5초 동안은 사진의 장소를 말씀하시고,
그 후 20초 동안 중심 내용과 세부 내용을 묘사한 후,
마지막 5초 동안 마무리 문장으로 조리 있게 답변을 끝냅니다.

고득점 답변 전략

1 45초 준비 시간 전략

☑ 묘사 순서를 잡고 키워드를 필기합니다. 전체 답변을 조리 있게 구성하기 위해 템플릿을 활용해 답변을 준비합니다.

💬 사진 묘사 만능 템플릿

> 문제에서 제시된 사진의 [장소 > 중심 대상 > 세부 내용 (주변 대상, 배경 등) > 상황, 분위기] 순서로 답변을 구성합니다.

장소	This picture was taken at / in / on 장소	~에서 찍힌 사진입니다.
	This is a picture of 장소	~에서 찍힌 사진입니다.
	This picture was taken indoors / outdoors.	실내에서/실외에서 찍힌 사진입니다.
중심 대상	What I notice first is 중심대상	가장 눈에 띄는 것은 ~입니다.
	What I can see first is 중심대상	첫 번째로 보이는 것은 ~입니다.
	Firstly, I can see 중심대상	첫 번째로 ~가 보입니다.
세부 내용	In the background, I can see many things such as 인물 / 사물.	사진 후방에 ~와 같은 많은 것들이 보입니다.
	In the background, there is / are 인물 / 사물.	사진 후방에 ~ 가 있습니다.
상황, 분위기	Overall, it seems 형용사.	전반적으로 ~해 보입니다.
	Overall, it seems like 주어 + 동사.	전반적으로 (인물)이 (행동)을 하는 것 같아 보입니다.
	Generally, it's a common scene of 장소.	전반적으로 ~에서 흔히 볼 수 있는 장면입니다.

💡 TIP!

① 사진이 찍힌 장소 정보가 적을 경우에는 I think~ 로 시작하거나 실내/외에서 찍혔다고 묘사하세요.

② 중심 대상 묘사를 구체화할 때는 외관보다는 중요도가 높은 행동을 먼저 묘사하세요.

③ 템플릿은 나에게 편한 문장으로 한 개만 골라 반복 사용하시는 것이 효율적입니다.

답변 전략

2 30초 준비 시간 전략

☑ 필기한 키워드를 중심으로, 만능 템플릿에 맞춰 준비한 답변을 묘사합니다. 사진을 보며 묘사하되, 답변 순서가 잘 생각이 안 나는 경우, 필기한 노트를 보고 답변을 이어갑니다.

Sample Question

핵심 어휘

장소	street	길
중심 대상	two women	두 여자
	walking together	함께 걷고 있는
	carrying a bicycle	자전거를 끌고 가고 있는
	holding a shopping bag	쇼핑백을 들고 있는
	wearing winter clothes	겨울옷을 입고 있는
세부 내용	an old building made of bricks	벽돌로 만들어진 오래된 빌딩
상황, 분위기	peaceful	평온한

📖 템플릿에 넣어 답변 완성하기

장소	This picture was taken on the street.	이 사진은 길에서 찍혔습니다.
중심 대상	What I notice first is two women walking together.	맨 처음에 보이는 것은 함께 걷고 있는 두 여자입니다.
	The woman on the left is carrying a bicycle and the other woman is holding a shopping bag.	왼쪽에 있는 여자는 자전거를 끌고 가고 있고, 다른 여자는 쇼핑백을 들고 있습니다.
	They are wearing winter clothes such as jumpers and mufflers.	그들은 점퍼와 목도리 같은 겨울옷을 입고 있습니다.
세부 내용	In the background, there is an old building made of bricks.	후방에 오래된 벽돌 빌딩이 보입니다.
상황, 분위기	Overall, it seems peaceful.	전반적으로 평온한 느낌입니다.

만능 템플릿

1 위치 템플릿

> In the foreground — 전방에
> In the background — 후방에
> In the center (middle) — 가운데에
> On the right — 오른쪽에
> On the left — 왼쪽에
> Next to 명사 — ~옆에
> Behind 명사 — ~뒤에
> In front of 명사 — ~앞에
> In the distance — 저 멀리

2 외관 템플릿

[1] 머리 스타일

He / she has   long / short / curly / straight / blond / brown / grey hair.

그 / 그녀는   머리가 깁니다 / 짧습니다 / 곱슬입니다 / 직모입니다 / 금발입니다 / 갈색입니다 / 흰머리입니다.

[2] 복장 1

He / she is wearing   formal / casual / heavy / light / traditional / working clothes.

그 / 그녀는   정장을 / 캐주얼 복장을 / 두꺼운 옷을 / 얇은 옷을 / 전통 복장을 / 작업복을 입었습니다.

[3] 복장 2

He / she is wearing   a business suit / swimsuit / uniform / dress.

그 / 그녀는   정장을 / 수영복을 / 유니폼(교복)을 / 원피스를 입었습니다.

3 분위기 템플릿

[Overall, it seems + 분위기 템플릿]

- peaceful — 평온한
- calm — 고요한
- busy — 바쁜
- serious — 진지한
- relaxing — 편안한
- crowded — 붐비는
- neat — 깔끔한 / 정돈된

4 행동 템플릿

[인물 + is / are + 행동 템플릿]

[1] 공원 (park)

clapping for the performance	공연에 박수 치고 있는
having a good time	좋은 시간을 보내고 있는
performing on the stage	무대 위에서 공연하고 있는
posing for a picture	사진의 포즈를 취하고 있는
riding a bicycle	자전거를 타고 있는
sitting on the bench	벤치에 앉아 있는
taking a picture	사진을 찍고 있는
taking a rest	휴식을 취하고 있는
walking a dog	개를 산책시키고 있는
water is spraying out of the fountain	물이 분수대에서 뿜어져 나오고 있다

만능 템플릿

[2] 식당/상점/시장 (restaurant, store, marketplace)

arranging some items	물건을 정리하고 있는
choosing some items	물건을 고르고 있는
having a meal	식사를 하고 있는
looking around the store	가게를 둘러보고 있는
making an order	주문을 하고 있는
paying at the counter	카운터에서 계산하고 있는
picking up some items	물건을 집고 있는
preparing for a meal	식사 준비를 하고 있는
pushing a shopping cart	쇼핑 카트를 밀고 있는
receiving a card	카드를 받고 있는
selling some fruit	과일을 팔고 있는
serving food to the customers	손님에게 음식을 서빙하고 있는
taking an order	주문을 받고 있는
vacuuming the floor	청소기로 바닥을 청소하고 있는

[3] 거리 (street)

asking for a direction	길을 묻고 있는
carrying a bicycle	자전거를 끌고 가고 있는
cars are parked along the street	차들이 길 따라 주차되어 있다
cleaning the street with a broom	빗자루로 길을 청소하고 있는
crossing the street	길을 건너고 있는
getting on (off) the bus	버스를 타고 (내리고) 있는
giving a direction	길을 알려주고 있는
hanging around	돌아다니고 있는
mopping the floor	대걸레로 바닥을 청소하고 있는
pushing (pulling) a cart	수레를 밀고 (끌고) 있는
waiting in line	줄 서서 기다리고 있는
walking up (down) the stairs	계단을 올라 (내려) 가고 있는

[4] 해변가 (beach)

getting a tan	선탠을 하고 있는
lying on the sunbed	선베드에 누워있는
playing in the water	물놀이를 하고 있는
riding a boat	보트를 타고 있는
sitting under the beach umbrella	비치파라솔 아래에 누워있는
swimming at the beach	바닷가에서 수영하고 있는

만능 템플릿

[5] 사무실, 교실 (office, classroom)

facing each other	얼굴을 마주 보고 있는
giving a presentation	발표를 하고 있는
having a conversation	대화를 하고 있는
having a meeting (video conference)	회의를 (화상회의를) 하고 있는
holding documents	서류를 들고 있는
making a photocopy	복사를 하고 있는
paying attention to the presenter	발표자에게 집중하고 있는
raising a hand and asking a question	손을 들고 질문하고 있는
running a class	수업을 진행하고 있는
taking a class	수업을 듣고 있는
talking on the phone	전화 통화를 하고 있는
texting on the phone	휴대폰으로 문자를 보내고 있는
typing on the keyboard	키보드에 타자를 치고 있는
working on a computer	컴퓨터로 일하고 있는
writing something down	뭔가를 적고 있는

빈출 유형 연습

소수 인물 중심 사진

1 특징

① 2-5명 정도의 인물들이 등장하며, 각 인물의 행동 및 외관이 대부분 명확히 보입니다.
② 고득점 달성을 위해, 각 인물의 행동 및 전체 상황을 명확히 전달해야 합니다.

2 핵심 전략

① 각 인물의 행동을 명확히 묘사합니다.
② 사진 속 전체 상황을 정확히 묘사합니다.

빈출 유형 연습

🔍 **Sample Question**

📖 **Sample Answer**

장소	**This picture was taken** at the beach.	이 사진은 해변에서 찍혔습니다.
중심 대상	**What I notice first is** three men riding a bicycle.	가장 먼저 눈에 띄는 것은 자전거를 타고 있는 세 남자입니다.
	They are wearing sportswear and helmets.	그들은 운동복을 입었고 헬멧을 쓰고 있습니다.
	The man on the right is pointing at something and the others are looking in the same direction.	오른쪽에 있는 남자는 무언가를 가리키고 있으며, 다른 사람들은 같은 방향을 보고 있습니다.
세부 내용	**In the background,** there is a beautiful beach.	배경에는 아름다운 해변이 있습니다.
상황	**Overall, it seems like** they are having a good time.	전반적으로, 그들은 좋은 시간을 보내고 있는 것 같습니다.

Practice

☑ 핵심 표현 위주로 답변을 템플릿에 넣어 연습해 보세요.

장소	**This picture was taken** at the beach.
중심 대상	**What I notice first is** three men 자전거를 타고 있는.
	They are 운동복을 입고 있는 and helmets.
	The man on the right is 뭔가를 가리키고 있는 and the others are looking in the 같은 방향.
세부 내용	**In the background,** there is a beautiful beach.
상황	**Overall, it seems like** they are 좋은 시간을 보내고 있는.

빈출 유형 연습

다수 인물 중심 사진

1 특징

① 각 인물의 행동을 모두 묘사할 수 없는, 다수의 사람들이 찍힌 사진입니다.
② 눈에 띄는 특징을 가진 내용은 개별 묘사하고, 공통점이 있는 내용은 묶어서 묘사합니다.

2 핵심 전략

① 눈에 띄는 인물이나 사물은 개별 묘사합니다.
② 공통점을 가진 내용은 묶어서(Grouping) 한 번에 묘사합니다.

🔍 Sample Question

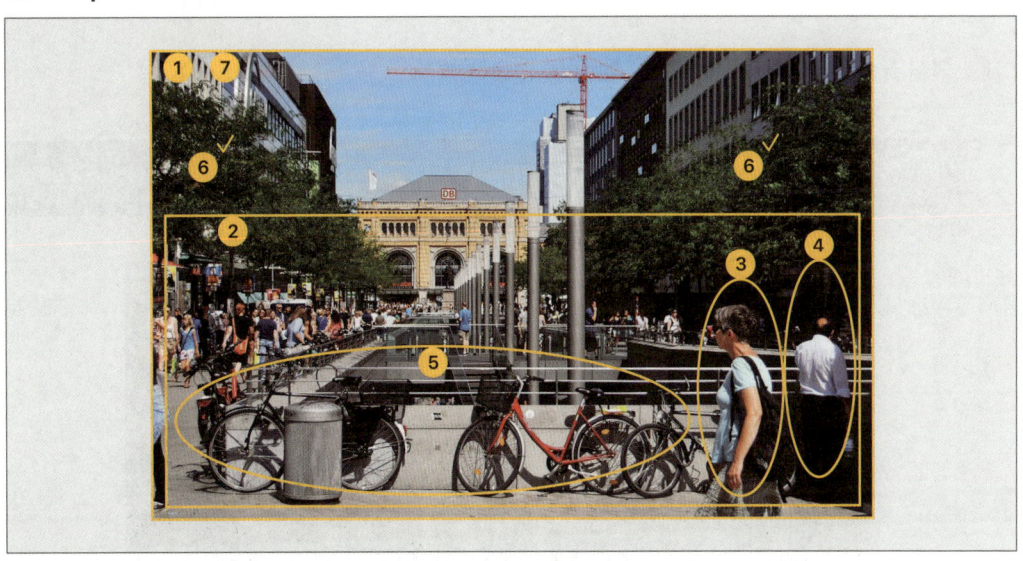

📖 Sample Answer

장소	**This picture was taken** at the square.	이 사진은 광장에서 찍혔습니다.
중심 대상	**What I notice first is** many people.	가장 먼저 눈에 띄는 것은 많은 사람들입니다.
	In the foreground, a woman is walking while carrying a backpack.	전방에는 한 여성이 배낭을 메고 걷고 있습니다.
	Behind her, a man is standing at the rail while holding a bottle.	그녀의 뒤에는 한 남자가 병을 들고 난간에 서 있습니다.
	Next to him, there are some bicycles.	그의 옆에는 자전거가 몇 대 있습니다.
세부 내용	**On each side,** I can see a lot of people, trees, and buildings.	양쪽에 많은 사람들, 나무들, 그리고 건물들을 볼 수 있습니다.
상황	**Overall, it seems** crowded.	전체적으로 붐비는 것 같습니다.

빈출 유형 연습

Practice

☑ 핵심 표현 위주로 답변을 템플릿에 넣어 연습해 보세요.

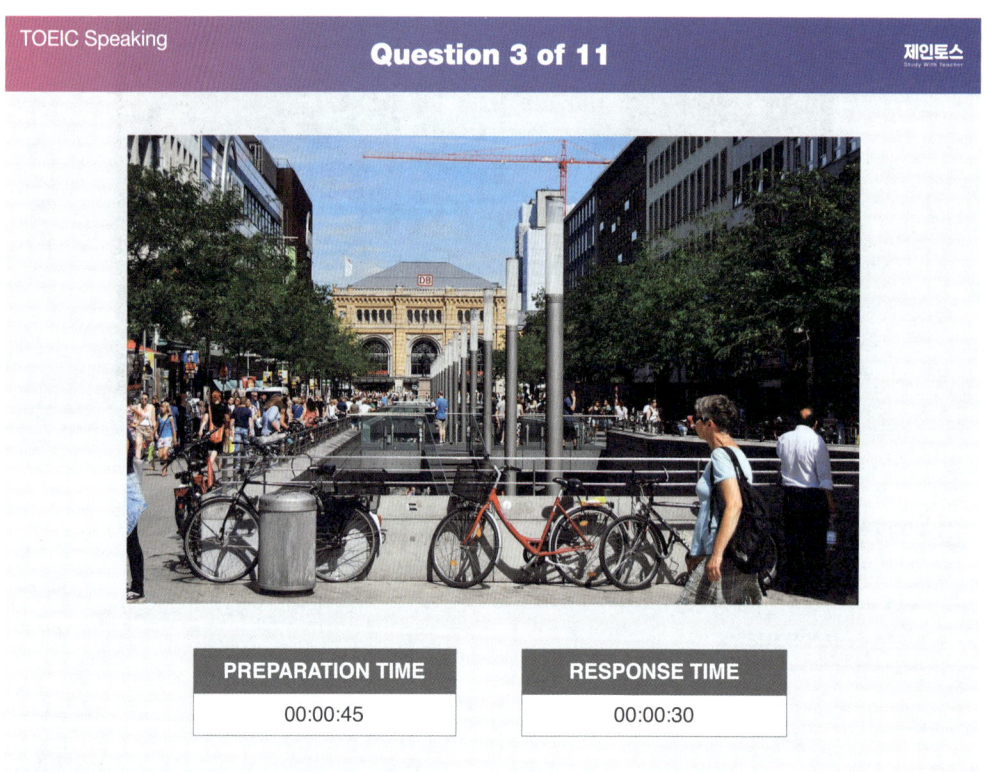

장소	**This picture was taken** at the square.
중심 대상	**What I notice first is** 많은 사람들.
	In the foreground, a woman is walking while 배낭을 메고.
	Behind her, a man is 난간에 서 있는 while holding a bottle.
	Next to him, there are 자전거 몇 대.
세부 내용	**On each side,** I can see a lot of people, trees, and buildings.
상황	**Overall, it seems** 붐비는.

배경 중심 사진

1 특징

① 인물이 아닌 배경이나 사물이 중심 대상인 사진입니다.
② 사진의 전체적인 배치/구조를 파악하고, 보이는 대상들을 크게 묶어서 묘사해야 효율적입니다.

2 핵심 전략

① 큰 구도로 사진의 구획을 나눕니다.
② 묘사할 대상들을 크게 묶어서 묘사합니다.

빈출 유형 연습

Sample Question

Sample Answer

장소	This picture was taken at the river.	이 사진은 강에서 찍혔습니다.
중심 대상	What I notice first is many boats along the riverside.	가장 먼저 눈에 띄는 것은 강변에 있는 많은 보트들입니다.
	On each side, there are many trees in a line.	양쪽에는 많은 나무들이 일렬로 있습니다.
	On the left, some cars are parked, and there are buildings made of bricks.	왼쪽에는, 몇몇 차들이 주차되어 있고, 벽돌로 지어진 건물들이 있습니다.
주변 대상	Also, I can see some clouds in the sky.	또한, 하늘에 구름이 보입니다.
분위기	Overall, it seems peaceful.	전반적으로 평온해 보입니다.

Practice

☑ 핵심 표현 위주로 답변을 템플릿에 넣어 연습해 보세요.

장소	**This picture was taken** at the river.
중심 대상	**What I notice first is** 많은 보트들 along the riverside.
	On each side, there are 많은 나무들 in a line.
	On the left, some cars are 주차된, and there are buildings 벽돌로 지어진.
주변 대상	**Also,** I can see some clouds in the sky.
분위기	**Overall, it seems** 평온한.

실전 테스트

☑ 준비 시간, 답변 시간에 맞춰 다음 사진들을 묘사해 보세요. (준비 시간 45초, 답변 시간 30초)

SET 1

장소	
중심 대상	
주변 대상	
분위기	

장소	
중심 대상	
주변 대상	
분위기	

실전 테스트

SET 2

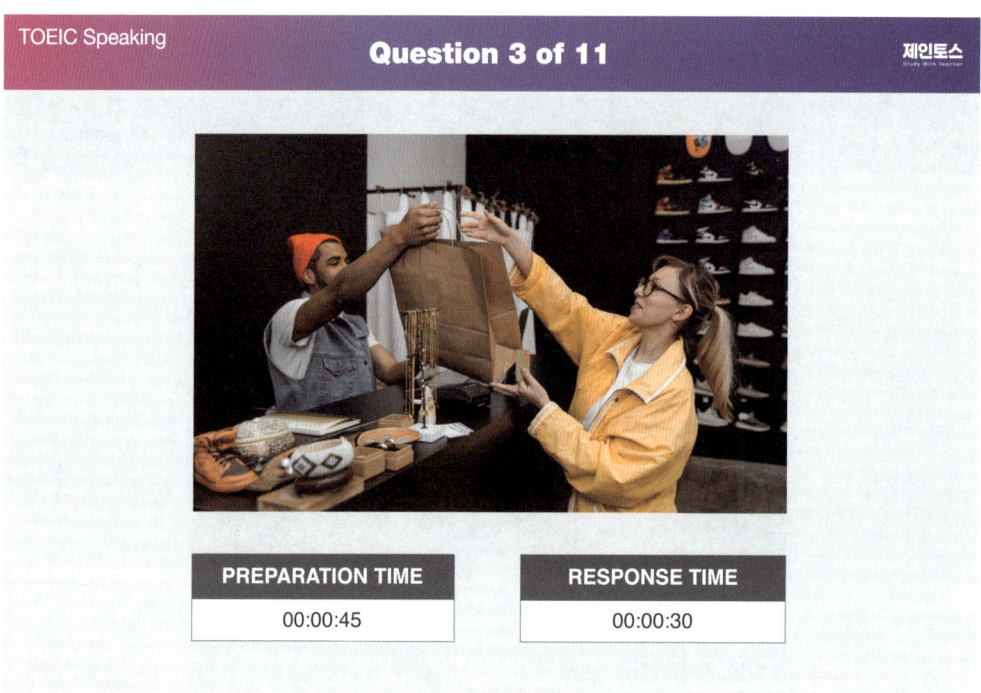

장소	
중심 대상	
주변 대상	
분위기	

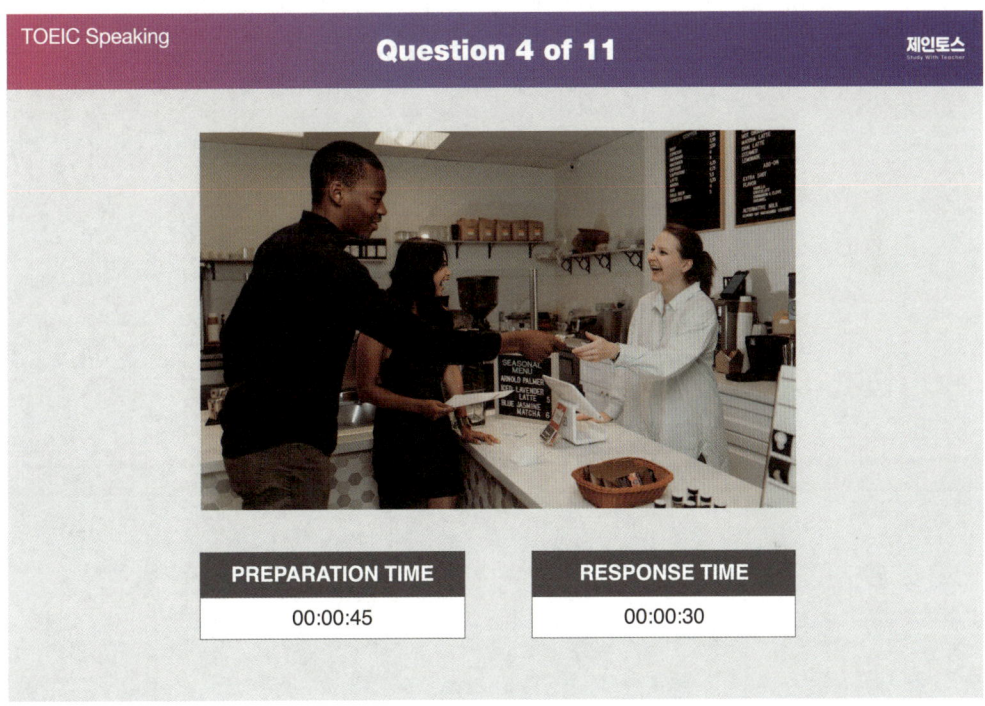

장소	
중심 대상	
주변 대상	
분위기	

실전 테스트

SET 3

TOEIC Speaking — Question 3 of 11

PREPARATION TIME 00:00:45
RESPONSE TIME 00:00:30

장소	
중심 대상	
주변 대상	
분위기	

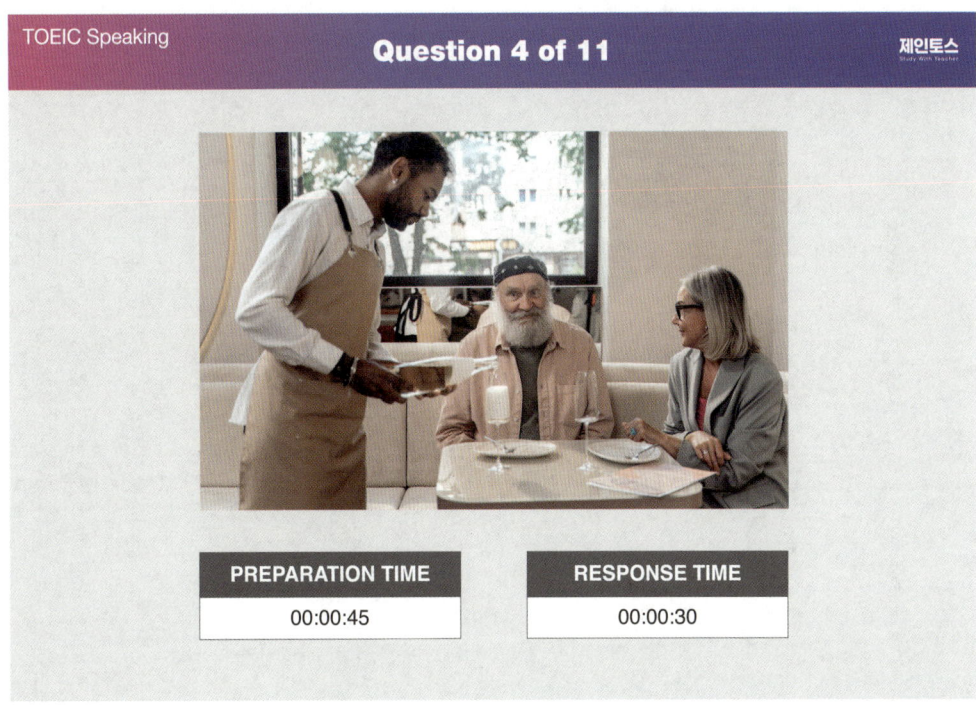

장소	
중심 대상	
주변 대상	
분위기	

실전 테스트

SET 4

장소	
중심 대상	
주변 대상	
분위기	

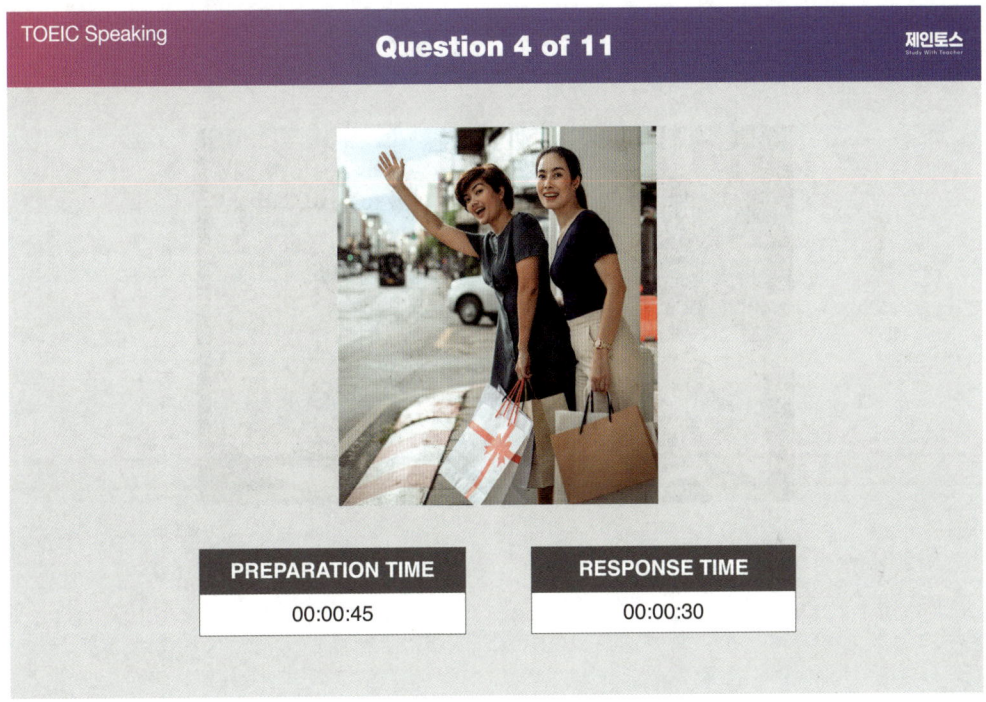

장소	
중심 대상	
주변 대상	
분위기	

실전 테스트

SET 5

장소	
중심 대상	
주변 대상	
분위기	

장소	
중심 대상	
주변 대상	
분위기	

실전 테스트

SET 6

장소	
중심 대상	
주변 대상	
분위기	

장소	
중심 대상	
주변 대상	
분위기	

실전 테스트

SET 7

TOEIC Speaking Question 3 of 11

PREPARATION TIME 00:00:45

RESPONSE TIME 00:00:30

장소	
중심 대상	
주변 대상	
분위기	

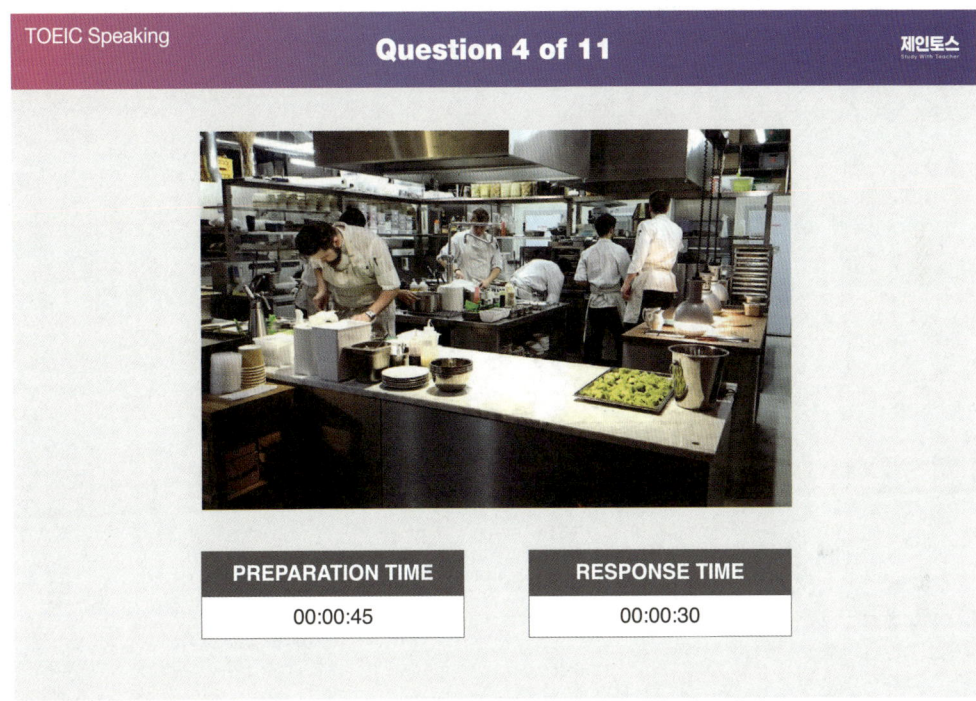

장소	
중심 대상	
주변 대상	
분위기	

실전 테스트

SET 8

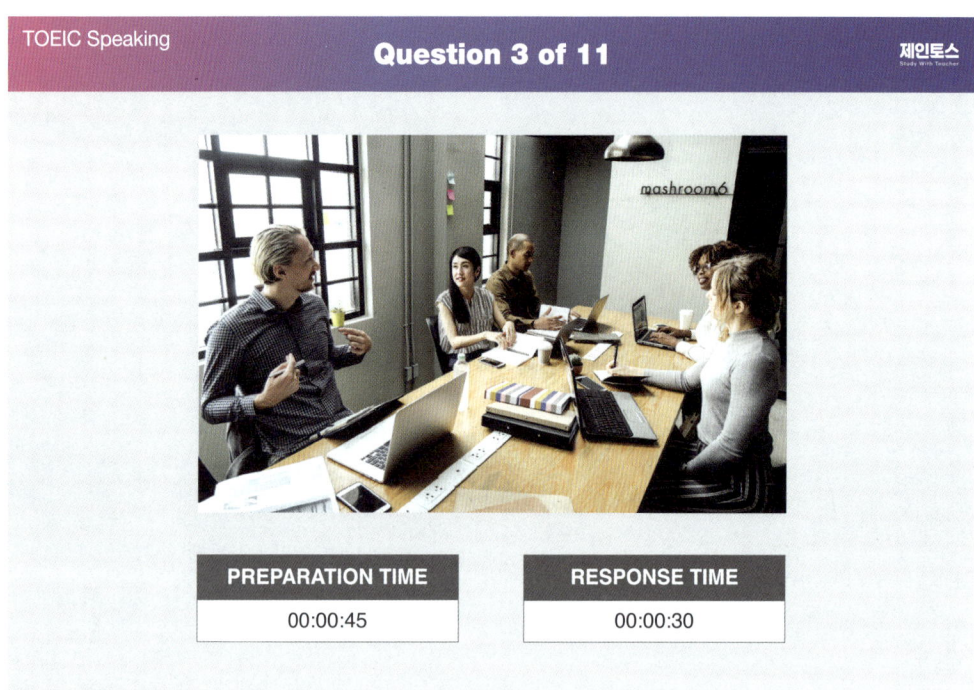

장소	
중심 대상	
주변 대상	
분위기	

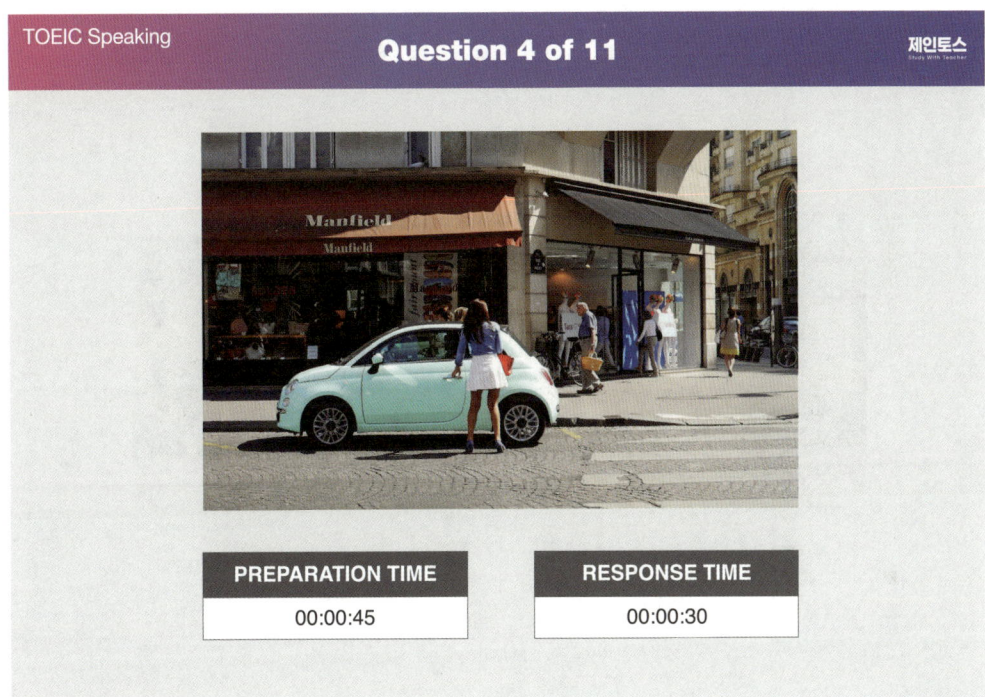

장소	
중심 대상	
주변 대상	
분위기	

실전 테스트

SET 9

TOEIC Speaking Question 3 of 11

PREPARATION TIME 00:00:45

RESPONSE TIME 00:00:30

장소	
중심 대상	
주변 대상	
분위기	

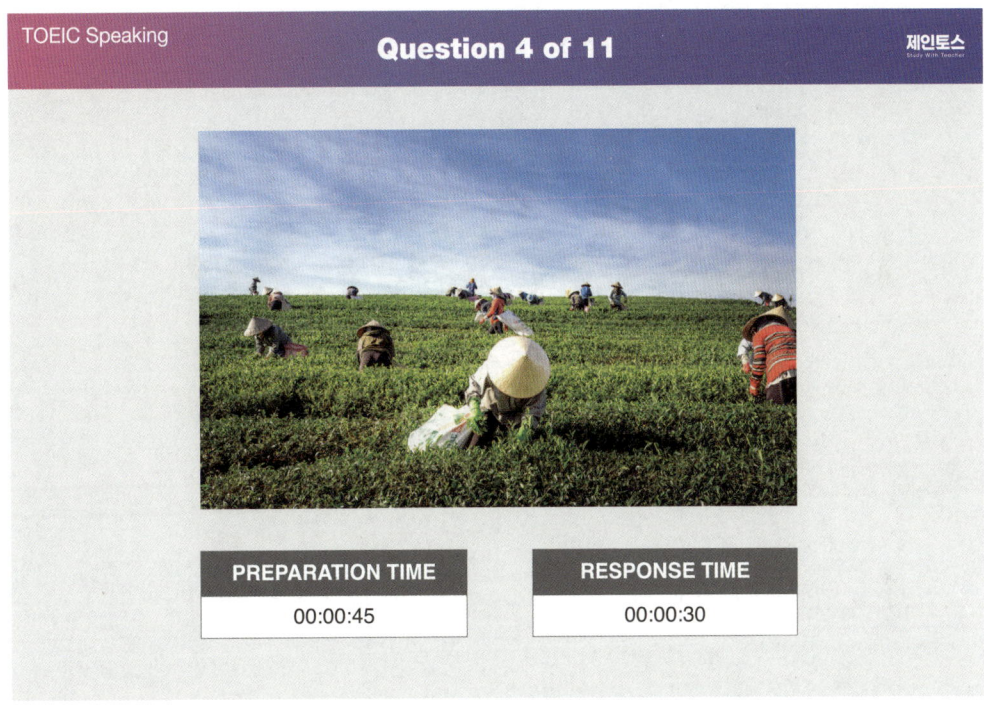

장소	
중심 대상	
주변 대상	
분위기	

실전 테스트

SET 10

TOEIC Speaking　　　Question 3 of 11

PREPARATION TIME
00:00:45

RESPONSE TIME
00:00:30

장소	
중심 대상	
주변 대상	
분위기	

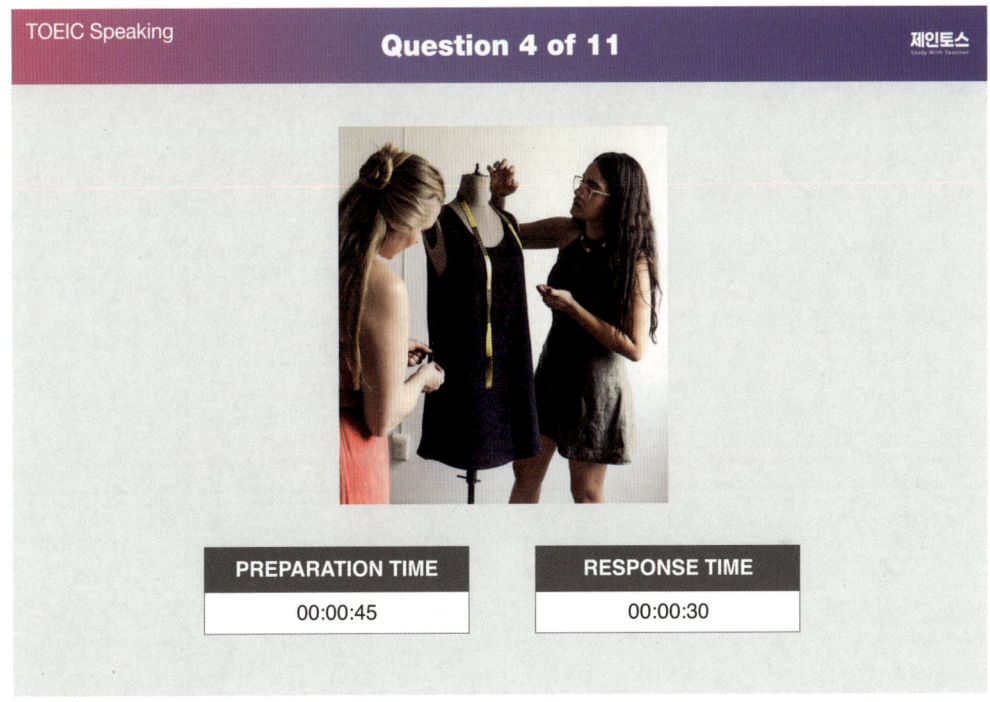

장소	
중심 대상	
주변 대상	
분위기	

Questions 5-7

질문에 답하기
Respond to Questions

- 유형 파악
- 답변 전략
- 만능 템플릿
- 빈출 유형 연습
- 실전 테스트

유형 파악

문제 구성

문항 번호	문제 유형	준비 시간	답변 시간	평가 기준	점수
Questions 5~7 (3문제)	Respond to questions (질문에 답하기)	문항별 3초	5번: 15초, 6번: 15초, 7번: 30초	발음, 억양 및 강세, 문법, 어휘, 일관성, 내용의 관련성, 내용의 완성도	3점

시험 진행 순서

1 시험 안내문

시험 진행 방식에 대한 안내문이 화면에 제시되며 이를 음성으로 들려줍니다.

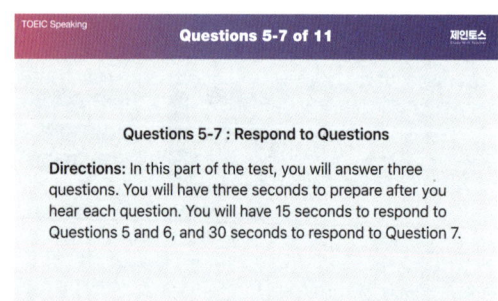

2 상황 설명

안내문이 사라진 후, 화면 상단에 현재 상황을 안내하는 내용이 등장합니다.

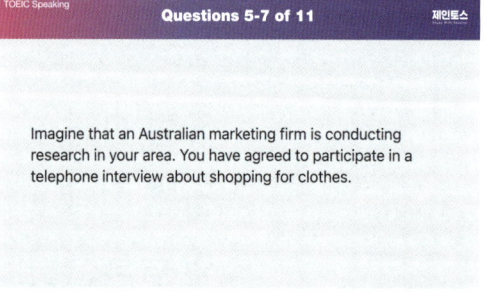

3 5번 문제

상황 설명 이후 5번 문제가 화면에 음성과 함께 제시되며, 3초의 준비 시간 이후 15초의 답변 시간이 주어집니다.

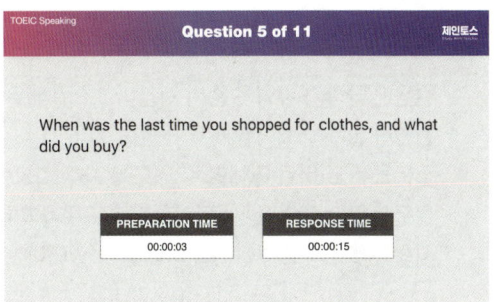

4 6번 문제

5번 답변 시간이 끝나면, 6번 문제가 같은 방식으로 제시되고, 3초의 준비 시간 이후 15초의 답변 시간이 주어집니다.

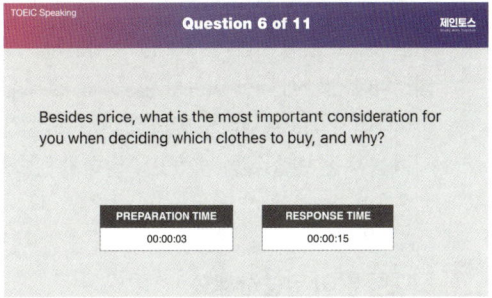

5 7번 문제

6번 답변 시간이 끝나면, 7번 문제가 같은 방식으로 제시되고, 3초의 준비 시간 이후 30초의 답변 시간이 주어집니다.

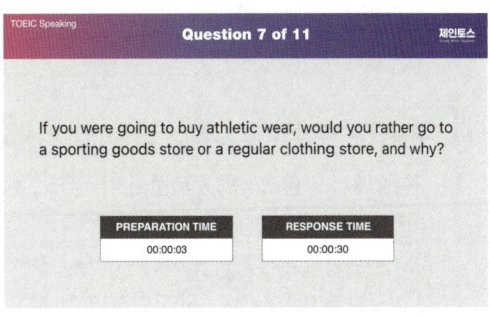

답변 전략

학습 포인트

1 질문의 문장 구조 및 구문을 미리 익혀 두어야 합니다.

질문에 답하기 유형은 준비 시간이 3초로 매우 짧기 때문에,
천천히 질문을 해석할 여유가 없습니다.
질문을 듣고 바로 이해할 수 있도록 자주 나오는
질문의 문장 구조 및 자주 사용되는 구문을 미리 학습하여,
시험장에서 빠르게 질문을 이해할 수 있어야 합니다.

2 빈출 주제 및 유형별 아이디어를 미리 준비해 가야 합니다.

마찬가지로 준비 시간이 거의 없기 때문에,
의견이나 선택에 대한 이유를 질문하는 경우 답변 아이디어를 바로 떠올리기 어렵습니다.
아이디어가 떠오르더라도 연습 없이는 조리 있게 답변하기가 쉽지 않으므로,
시험 응시 전 빈출 유형 템플릿을 말하기 연습을 통해 익숙하게 만들어 주세요.

3 최대한 많이 말씀하세요.

구체적이며 적절한 세부 사항이 포함된 답변은 고득점을 받는 데 유리합니다.
주어진 답변 시간 내에 최선을 다해서 답변을 꽉 채워서 발화해 주세요.

4 무응답은 0점입니다. 절대 포기하지 마세요.

시험장에서 당황스러운 문제를 만나더라도, 관련된 답변을 최대한 발화하세요.
부분 점수를 받을 수 있습니다.
하지만 포기하고 무응답을 하시는 경우 0점을 받게 되고,
큰 실점으로 이어지니 이 점 유의하세요.

고득점 답변 전략

1 5, 6번 고득점 전략

[유형 1] 한 개의 의문사로 질문하는 유형

> 의문사에 대한 답변만으로는 답변이 짧게 구성됩니다.
> 의문사에 답변하신 후, 관련 있는 내용을 추가로 더해주세요.

Q What do you do for living?

　당신의 직업은 무엇입니까?

A I am an office worker. + I work for a marketing company, and it's been 5 years.
　　　↳ 의문사에 대한 답변　　　　　　　　　　↳ 추가 문장
　저는 회사원입니다. 저는 마케팅 회사에서 근무하며, 근무한 지는 5년 되었습니다.

[유형 2] 두 개의 의문사로 질문하는 유형

> 답변 시간 내에 의문사에 대한 답변만 명확히 하시더라도 충분히 좋은 점수를 받으실 수 있습니다.

Q ❶How often do you stream a movie? ❷What kind of streaming service do you usually use?

　당신은 얼마나 자주 영화를 스트리밍 하시나요? 보통 어떤 종류의 스트리밍 서비스를 이용하십니까?

A I stream a movie once or twice a week, and I usually use Netflix.
　　　↳ ❶ 첫 번째 의문사에 대한 답변　　　　　↳ ❷ 두 번째 의문사에 대한 답변
　저는 일주일에 한두 번 영화를 스트리밍하며, 보통 넷플릭스를 사용합니다.

답변 전략

[유형 3] 마지막에 이유를 질문하는 유형

> 한 개의 질문에 이유를 추가로 묻는 유형입니다.
> 첫 질문에 답변한 후, 답변 시간 내에 이유를 완성해 답변해 주세요.

Q ❶ Do you like to go to an amusement park? ❷ Why or why not?

당신은 놀이공원에 가는 것을 좋아하나요? 왜 그렇습니까?

A Yes, I like to go to an amusement park
  ↳ ❶ 첫 번째 의문사에 대한 답변

because I love rides and the atmosphere of the amusement park.
  ↳ ❷ 두 번째 의문사에 대한 답변

네, 저는 놀이공원에 가는 것을 좋아합니다. 왜냐하면 저는 놀이기구와 놀이공원의 분위기를 매우 좋아하기 때문입니다.

2 7번 고득점 전략

[유형 1] 선택, 의견, 선호도를 묻는 유형

① 질문 구조를 활용하여 입장문을 만듭니다.
② 그 후, 입장에 대한 이유를 두 가지 제시합니다.
③ 마무리 문장으로 답변을 완성합니다. (마무리 문장은 생략 가능합니다.)

Q When getting a job, which of the following is **the most important consideration** for you?

- Distance from your home
- High salary
- Flexible schedule

직업을 구할 때, 다음 중 당신에게 가장 중요한 고려사항은 무엇입니까?

- 집과의 거리
- 높은 급여
- 유동적인 스케줄

A ❶ When getting a job, the most important consideration is **flexible schedule**, and here is why. ↳ 입장문

❷ **First, it's convenient because** I can work and rest whenever I want. ↳ 첫 번째 이유

❷ **Second, it's nice because** I can spend more time on my personal commitments such as housework, exercise, or self-development. ↳ 두 번째 이유

❸ **This is why.** ↳ 마무리 문장

직업을 구할 때 가장 중요한 고려사항은 유동적인 스케줄이며, 이유는 이것입니다.

첫째, 편리합니다. 왜냐하면 저는 제가 원할 때 언제든 일하고 쉴 수 있기 때문입니다.

둘째, 좋습니다. 왜냐하면 저는 집안일, 운동, 자기계발 등과 같은 개인 업무에 더 많은 시간을 쓸 수 있기 때문입니다.

이것이 이유입니다.

답변 전략

[유형 2] 장단점을 묻는 유형

① There are some advantages / disadvantages of~
구문을 활용하여 장점 또는 단점이 존재함을 명시합니다.
② 그 후, 장점 또는 단점 두 가지 제시합니다.
③ **마무리 문장으로 답변을 완성합니다. (마무리 문장은 생략 가능합니다.)**

Q What are the advantages of taking a class online?

온라인으로 수업을 듣는 것의 장점은 무엇입니까?

A ❶ There are some advantages of taking a class online.
    ↳ 입장문

❷ First, it's convenient because I don't need to go out to take a class.
    ↳ 첫 번째 이유

❷ Second, it's nice because I can take a class whenever I want.
This will save my time, and increase the learning effects.
    ↳ 두 번째 이유

❸ This is why.
    ↳ 마무리 문장

온라인으로 수업을 듣는 것의 장점은 몇 가지가 있습니다.

첫째, 편리합니다. 왜냐하면 저는 수업을 듣기 위해 밖에 나갈 필요가 없기 때문입니다.

둘째, 좋습니다. 왜냐하면 저는 제가 수업을 듣고 싶을 때 언제든지 들을 수 있기 때문입니다. 이는 제 시간을 아껴주고, 학습효과를 높여 줄 것입니다.

이것이 이유입니다.

답변을 쉽게 채워내는 형용사 템플릿

> 입장문은 질문의 구조를 활용해 상대적으로 쉽게 만들 수 있지만, 이유나 장단점은 아이디어를 중심으로 답변을 만들어 내기가 쉽지 않습니다.

> 아래와 같이 **형용사 템플릿**을 사용해보세요.
> 아주 쉽게 답변을 구체적으로 만들 수 있으며, 긴 pause (멈칫거림, 답변 멈춤)을 피할 수 있습니다.
> (형용사 템플릿과 주제별 만능 템플릿은 다음 단원에서 학습하게 됩니다.)

형용사 템플릿

Q7 Do you prefer traveling abroad or traveling inside your country, and why?

입장문	I prefer traveling abroad, and here is why.
형용사 템플릿	First, it's nice
부연 설명	because I can experience different cultures and life styles while traveling.
형용사 템플릿	Second, it's exciting
부연 설명	because I can try various local foods and meet foreigners.
마무리	This is why.

만능 템플릿

의문사별 만능 템플릿

1 When 템플릿

☑ 특정 상황에 대한 시간대를 질문합니다. 질문에 적절한 시간대를 답변해 주세요.

Yesterday	어제
Last month	지난달에
On weekends	주말에

Q **When was the last time** you visited a museum?
마지막으로 박물관에 방문하신 적은 언제인가요?

A The last time I visited a museum was **yesterday.**
제가 박물관에 마지막으로 간 건 어제입니다.

Q **When did you last** visit a shoe store?
마지막으로 신발가게에 방문하신 것은 언제인가요?

A I last visited a shoe store **last month.**
제가 마지막으로 신발가게에 간 것은 지난달입니다.

Q **When** do you usually go grocery shopping?
당신은 보통 식료품 쇼핑은 언제 하시나요?

A I usually go grocery shopping **on weekends.**
저는 보통 식료품 쇼핑을 주말에 합니다.

2 Where 템플릿

☑ 장소 또는 구입처를 자주 묻습니다. 전치사와 함께 연습해 두면 답변하기가 수월합니다.

| On the Internet | 인터넷에서 |
| In Seoul | 서울에 |

Q **Where** do you usually buy clothes?
당신은 보통 옷을 어디에서 구입하시나요?

A I usually buy clothes **on the Internet.**
저는 보통 옷을 인터넷에서 구입합니다.

Q **Where** is your workplace or school located?
당신의 직장 또는 학교는 어디에 위치해 있나요?

A My workplace is located **in Seoul.**
저의 직장은 서울에 위치해 있습니다.

만능 템플릿

3 Who 템플릿

☑ 특정 행동을 누구와 함께하는지를 묻습니다. 아래 템플릿을 사용해서 신속하게 답변하세요.

| With my friends | 친구와 함께 |
| With my family | 가족과 함께 |

Q Who do you usually exercise with?

당신은 보통 누구와 운동을 하시나요?

A I usually exercise with my friends.

저는 보통 친구들과 운동을 합니다.

Q Who do you usually travel with?

당신은 보통 누구와 여행을 하시나요?

A I usually travel with my family.

저는 보통 가족들과 여행을 합니다.

4 What 템플릿

☑ 선호도, 습관 등 다양한 내용을 질문합니다. 최대한 본인이 익숙한 어휘를 활용해서 답변하세요.

| K-pop | 케이팝 |
| Chocolate flavor | 초콜릿 맛 |

Q **What** is your favorite music genre?
당신이 가장 좋아하는 음악 장르는 무엇인가요?

A My favorite music genre is **K-pop.**
제가 가장 좋아하는 음악 장르는 케이팝입니다.

Q **What** kind of candy do you usually eat?
당신은 보통 어떤 종류의 사탕을 드시나요?

A I usually eat **chocolate flavor** candy.
저는 보통 초콜릿 맛 사탕을 먹습니다.

만능 템플릿

5 How 템플릿

☑ 형용사와 결합해 빈도, 기간, 방법 등을 질문합니다.
   의문사 유형별 답변을 최대한 익혀 자연스럽게 답변하세요.

Once a week	일주일에 한 번
Very frequently every day	매일 매우 자주
An hour	한 시간
5 minutes away	5분 거리의

Q **How often** do you exercise?

당신은 얼마나 자주 운동을 하시나요?

A I exercise about **once a week.**

저는 일주일에 한 번 정도 운동을 합니다

Q **How often** do you use your smartphone?

당신은 얼마나 자주 휴대폰을 사용하시나요?

A I use it **very frequently every day.**

저는 매일 매우 자주 휴대폰을 사용합니다.

Q **How long does** it take to get to your work or school from your home?

당신의 집에서부터 당신의 직장 또는 학교까지 가는 데 얼마나 걸리나요?

A It takes about **an hour** to get to my work from my home.

저의 집에서 직장까지 가는 데에 한 시간 정도 걸립니다.

Q **How far** is the nearest convenience store from your home?

당신의 집에서 가장 가까운 편의점은 얼마나 떨어져 있나요?

A It's **5 minutes away** from my home.

가장 가까운 편의점은 저의 집에서 5분 거리입니다.

만능 템플릿

6 Why 템플릿

[1] 형용사 템플릿

☑ 이유에 대한 답변 시, 도입부에 사용하시면 이유 설명을 시작하고, 다음 아이디어를 연계하실 수 있습니다.

① 좋고 만족스러워요.

| It's nice. | 좋습니다. |
| It's satisfying. | 만족스럽습니다. |

② 신나고 즐거워요.

| It's exciting. | 신이 납니다. |
| It's fun. | 재미있습니다. |

③ 즐겁고 편안해요.

| It's enjoyable. | 즐겁습니다. |
| It's relaxing. | 편안합니다. |

④ 편리하고 효율적이에요.

| It's convenient. | 편리합니다. |
| It's efficient. | 효율적입니다. |

⑤ 믿을 수 있어요.

| It's reliable. | 신뢰할 수 있습니다. |
| It's trustworthy. | 믿을 수 있습니다. |

● 형용사 템플릿 적용 예시

Q Do you prefer to exercise alone or with friends?

당신은 혼자서 운동하는 것과 친구와 운동하는 것 중 무엇을 선호하나요?

A I prefer to exercise with friends because **it's enjoyable**.
　　　　　　　　　　　　　　　　　　　　└ 형용사 템플릿

Doing something with friends is always fun.

저는 친구와 운동하는 것을 선호합니다. 왜냐하면 즐겁기 때문입니다. 친구와 뭔가를 같이 하는 것은 항상 재미있습니다.

Q Would you be willing to pay for a streaming service?

당신은 스트리밍 서비스에 비용을 지불할 의향이 있으십니까?

A Yes, I would because **it's nice**. There is a lot of content I can choose from.
　　　　　　　　　└ 형용사 템플릿

So, **it's satisfying**.
　　└ 형용사 템플릿

네, 그렇습니다. 왜냐하면 좋기 때문인데요. 제가 선택할 수 있는 콘텐츠가 많아서 만족스럽습니다.

만능 템플릿

[2] Q6,7 만능 템플릿

☑ 여러 문제의 답변에 적용할 수 있는 만능 템플릿입니다. 여러 번 소리 내서 읽어주세요.

① 편한 시간에 템플릿

I can communicate **at my convenience**.   저는 제가 편한 시간에 소통할 수 있어요.

② 퇴근 후 템플릿

I can enjoy my **after-work life**.   저는 퇴근 후 시간을 즐길 수 있어요.

③ 일탈 템플릿

I can **escape from the pressure** of daily life.   저는 일상생활의 압박으로부터 벗어날 수 있어요.

④ 아껴 템플릿

I can **save money and time**.   저는 돈과 시간을 아낄 수 있어요.

⑤ 믿어 템플릿

I can **trust their opinions**.   저는 그들의 의견을 믿을 수 있어요.

⑥ 안 해도 돼 템플릿

I don't need to **do it by myself**.   제가 스스로 그것을 할 필요가 없어요.

⑦ 해피 템플릿

I would be **happy with that**.   저는 그것에 만족할 것입니다.

⑧ 빡시게 템플릿

I would **work and live harder**.   저는 더 열심히 살고 일할 것입니다.

⑨ 프리 템플릿

It's a **stress-free** activity.   스트레스 없는 활동입니다.

⑩ 힘든 템플릿

> It's **quite a work**.

꽤 힘든 일입니다.

⑪ 노 혼란 템플릿

> There is **no confusion**.

혼란이 없습니다.

🍇 Q6, 7 만능 템플릿 적용 예시

Q Do you prefer having a face-to-face meeting or communicating via email?

당신은 대면 회의와 이메일 소통 중 무엇을 선호하시나요?

A 　　　　　　　　　　　　　　형용사 템플릿 ↰　　　↱ 편한 시간에 템플릿
I prefer communicating via email it's convenient. I can communicate at my convenience.

저는 이메일 소통을 선호합니다. 왜냐하면 편리하기 때문입니다. 저는 제가 편한 시간에 소통할 수 있어요.

Q Do you think the best way to relieve work-related stress is to go on vacation?

업무 스트레스를 해소하는 최고의 방법은 휴가를 가는 것이라고 생각하십니까?

A 　　　　　　　　　　形용사 템플릿 ↰　　　　　↱ 일탈 템플릿
Yes, I do because it's nice and enjoyable. I can escape from the pressure of daily life while traveling.

네, 왜냐하면 휴가는 좋고 즐겁기 때문입니다. 저는 여행하는 동안에 일상생활의 압박으로부터 벗어날 수 있어요.

만능 템플릿

[3] Q7 빈출 주제별 만능 템플릿

☑ 시험에 자주 출제된 문제들의 답변에 사용할 수 있는 만능 템플릿입니다.
충분한 말하기 연습을 통해 익혀주세요.

① **가이드 템플릿** (가이드 투어의 장점)

Tour guides know where to go and what to see.	투어 가이드들은 어디를 가고 무엇을 봐야 하는지 압니다.
They usually give a ride.	그들은 보통 차를 태워 줍니다.

② **다양해 템플릿** (구입 시, 다양한 제품 구비가 중요한 이유)

There are many options to choose from.	선택의 폭이 넓습니다.
It's more likely that they offer what I want.	제가 원하는 걸 제공할 확률이 높습니다.

③ **고객리뷰 템플릿** (구입 시, 고객리뷰가 중요한 이유)

Customers frankly talk about the pros and cons.	고객들은 장단점에 대해 솔직하게 얘기합니다.
Those reviews are based on their actual experience.	그 리뷰들은 그들의 실제 경험에 의거합니다.

④ **문자 템플릿** (문자 메시지의 장점)

I can text anytime, anywhere.	저는 언제 어디서든 문자를 보낼 수 있습니다.
I can multitask while texting, such as working, studying and many others.	저는 문자를 보내면서 일, 공부, 그리고 다른 많은 것들과 함께 멀티태스킹을 할 수 있습니다.

⑤ **친구 집 템플릿** (호텔 대신 친구 또는 친척 집에 묵는 것의 장점)

I can spend quality time with my close people.	저는 친한 사람들과 좋은 시간을 보낼 수 있습니다.
I don't need to pay for the hotel room.	저는 호텔 숙박비를 낼 필요가 없습니다.

⑥ **브랜드 템플릿** 〔물건 구입 시, 브랜드의 중요성〕

A well-known brand is more likely to sell high-quality products.	잘 알려진 브랜드는 좋은 품질의 제품을 판매할 가능성이 높습니다.
Good brands usually provide customer support when needed.	좋은 브랜드는 보통 필요할 때 고객 지원을 제공합니다.

⑦ **우리 동네 템플릿** 〔우리 동네의 장점〕

There are many amenities such as shopping malls, theaters, and many others.	그곳에는 쇼핑몰, 극장, 그리고 다른 많은 편의 시설이 있습니다.
They have a good transportation system.	그곳엔 좋은 교통 시스템이 있습니다.

⑧ **외식 템플릿** 〔외식의 장점〕

I don't need to cook or clean up after eating.	저는 요리를 하거나 먹고 나서 치울 필요가 없습니다.
I can eat delicious food made by professional chefs.	저는 전문 요리사가 만든 맛있는 음식을 먹을 수 있습니다.

⑨ **기술지원 템플릿** 〔전자기기 구입 시, 기술지원의 중요성〕

A good technical support team will deal with technical difficulties quickly.	실력 있는 기술지원팀이 기술적인 문제를 신속히 처리해 줄 겁니다.
I need experts to handle software programs and technical updates.	저는 소프트웨어 프로그램이나 기술적인 업데이트를 처리해 줄 전문가들이 필요합니다.

⑩ **도시 템플릿** 〔도시에서 일하는 것의 장점〕

The atmosphere of the city is cheering.	도시의 분위기는 활기찹니다.
There are many entertainments, such as sport events, clubs, and many others.	그곳에는 스포츠 이벤트, 클럽, 그리고 다른 많은 즐길 거리들이 있습니다.

* 추가 템플릿 모음집이 부록에 수록되어 있으니 학습에 활용하세요.

빈출 유형 연습

☑ 다음 빈출 유형 문제에 질문에 답하기 템플릿을 적용해서 답변을 연습해 보세요.

1

TOEIC Speaking   **Questions 5-7**   제인토스

Imagine a marketing firm is conducting research about your town. You have agreed to participate in a telephone interview about it.

Q5

Q How long does it take to get to your work or school from your home?

당신의 집에서 직장이나 학교까지 가는 데 얼마나 걸리나요?

A It takes ___한 시간 정도___ to get to my work. I usually take a subway because it's always on time.

제 직장에 가는 데는 한 시간 정도 걸립니다. 저는 보통 전철을 탑니다. 왜냐하면 항상 정시에 오니까요.

Q6 [우리 동네 템플릿] 활용

Q What is your favorite place to visit in your area? Why do you like that place?

당신의 동네에서 가장 좋아하는 곳은 어디입니까? 그곳을 왜 좋아하나요?

A I love the City department store in my town because **there are many amenities, such as ___쇼핑몰___ , theaters, and many others.**

저는 우리 동네의 씨티 백화점을 정말 좋아합니다. 왜냐하면 그곳에는 쇼핑몰, 극장, 그리고 다른 많은 편의시설이 있습니다.

Q7 　편의시설, 교통 시스템 템플릿　활용

Q Are you willing to move to another town within the next year? Why?

당신은 향후 1년 안에 다른 동네로 이사 가실 의향이 있으십니까? 이유는 무엇입니까?

A No, I am not going to leave this town for a long time, and here is why.

First, it's 〔만족스러운〕 because there are many 〔편의시설〕 such as shopping malls, theaters, and many others.

Second, it's 〔좋은〕 because they have a good 〔교통 시스템〕.

So, it's easy to get around.

This is why.

아뇨, 저는 오랫동안 이 동네를 떠나지 않을 것이며, 이것이 이유입니다.

첫째, 이곳은 만족스럽습니다. 왜냐하면 이곳에는 쇼핑몰, 극장, 그리고 다른 많은 편의시설이 있기 때문입니다.

둘째, 이곳은 좋습니다. 왜냐하면 이 동네는 좋은 교통 시스템을 가지고 있기 때문입니다.

그래서 돌아다니기가 편합니다.

이게 이유입니다.

📖 **Answer**

Q5	about an hour
Q6	shopping malls
Q7	satisfying, amenities, nice, transportation system

빈출 유형 연습

2

TOEIC Speaking — Questions 5-7 — 제인토스

Imagine a marketing firm is conducting research about having a party. You have agreed to participate in a telephone interview about it.

Q5

Q When was the last time you attended a party? Where was it held?

마지막으로 파티에 참석하신 것은 언제입니까? 그 파티는 어디에서 열렸나요?

A The last time I attended a party was [지난달], and it was held at my friend's place. It was [재미있는] and [신나는].

제가 마지막으로 파티에 참석한 것은 지난달이며, 그 파티는 친구 집에서 열렸습니다. 그 파티는 재미있고 신났습니다.

Q6 `일탈, 프리 템플릿` 활용

Q How often do you attend a party? And do you enjoy it?

얼마나 자주 파티에 참석하시나요? 파티에 참석하시는 것을 즐기시나요?

A I attend a party quite often and I love it because **it's a** [스트레스가 없는] **activity. Also, I can escape from the** [압박] **of daily life**.

저는 꽤 자주 파티에 참석하며, 파티 가는 것을 매우 좋아합니다. 왜냐하면 스트레스가 없는 활동이기 때문입니다. 또한, 저는 일상생활의 압박으로부터 벗어날 수 있습니다.

Q7 　외식 템플릿 활용

Q If you were to hold a party, would you hold it at home or in a public place, and why?

만약 당신이 파티를 연다면, 파티를 집에서 여실 건가요? 아니면 밖에서 여실 건가요? 이유는 무엇인가요?

A In that case, I would hold a party in a public place, and here is why. First, it's convenient because **I don't need to cook or** [치우다] **after eating**. Second, it's nice because my guests and **I can eat** [맛있는 음식] **made by professional chefs**. This is why.

그 상황이라면, 저는 파티를 밖에서 열 것이며, 이유는 이것입니다.

첫째, 편리합니다. 왜냐하면 저는 요리를 하거나 먹고 나서 치울 필요가 없기 때문입니다.

둘째, 좋습니다. 왜냐하면 저와 저의 손님들은 전문 요리사가 만든 맛있는 음식을 먹을 수 있기 때문입니다.

이것이 이유입니다.

Answer

Q5	last month, fun, exciting
Q6	stress-free, pressure
Q7	clean up, delicious food

실전 테스트

✅ 준비 시간, 답변 시간에 맞춰 각 질문에 답변해 보세요.

SET 1

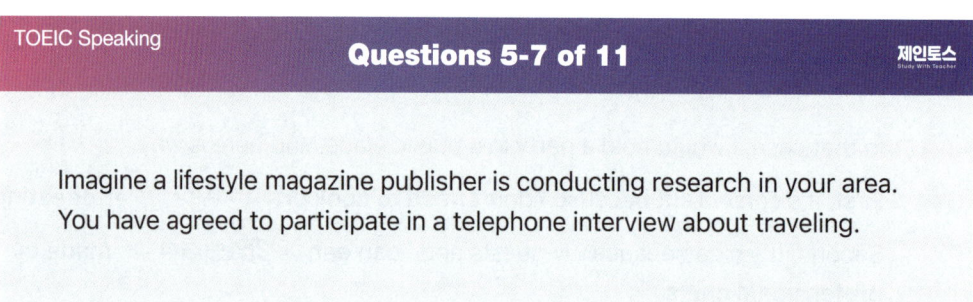

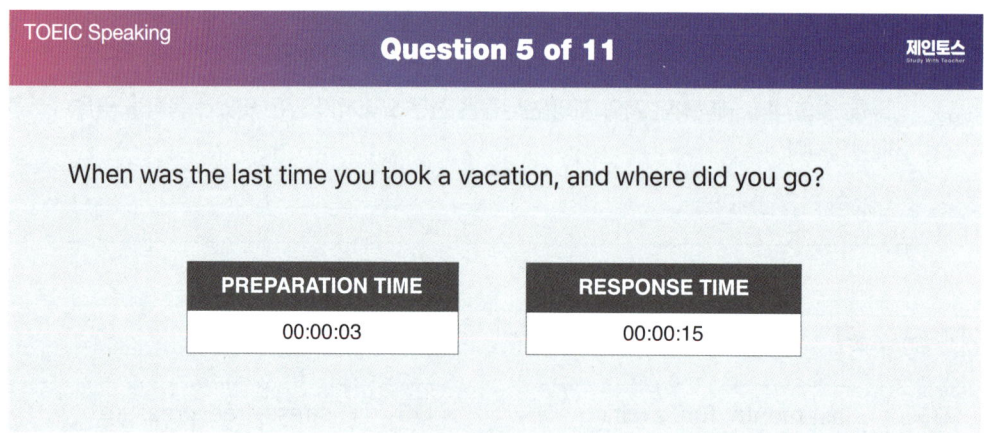

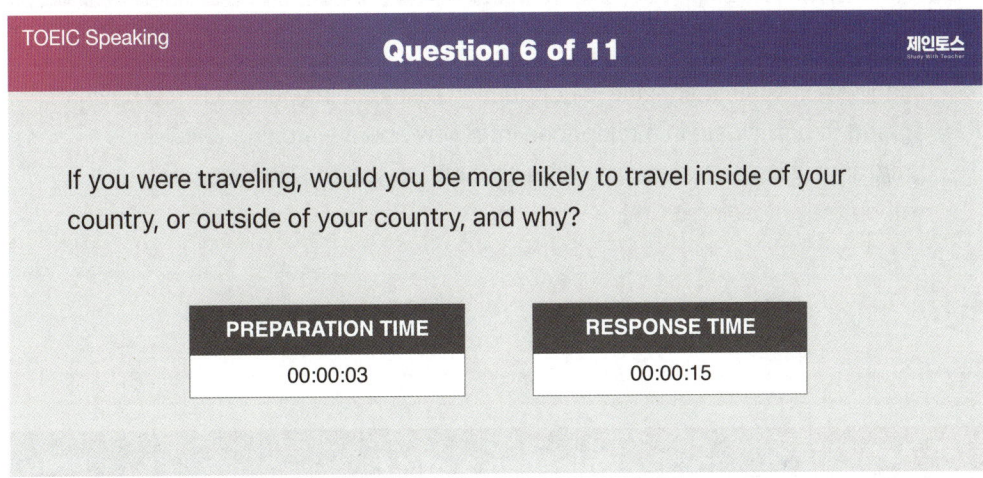

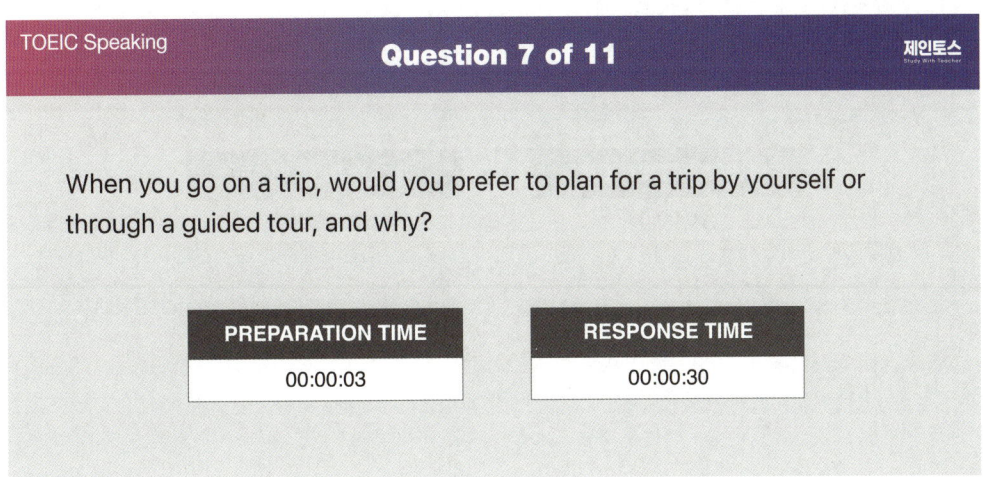

실전 테스트

SET 2

TOEIC Speaking — Questions 5-7 of 11

Imagine a lifestyle magazine is conducting research in your area. You have agreed to participate in a telephone interview about watching television programs using a streaming service that allows you to watch content without downloading it first.

TOEIC Speaking — Question 5 of 11

How often do you watch TV at home? How much time do you spend watching TV?

PREPARATION TIME	RESPONSE TIME
00:00:03	00:00:15

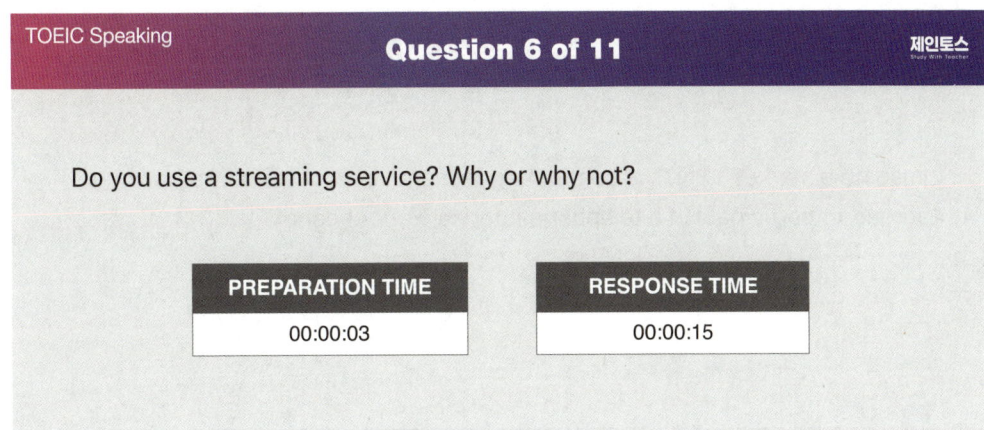

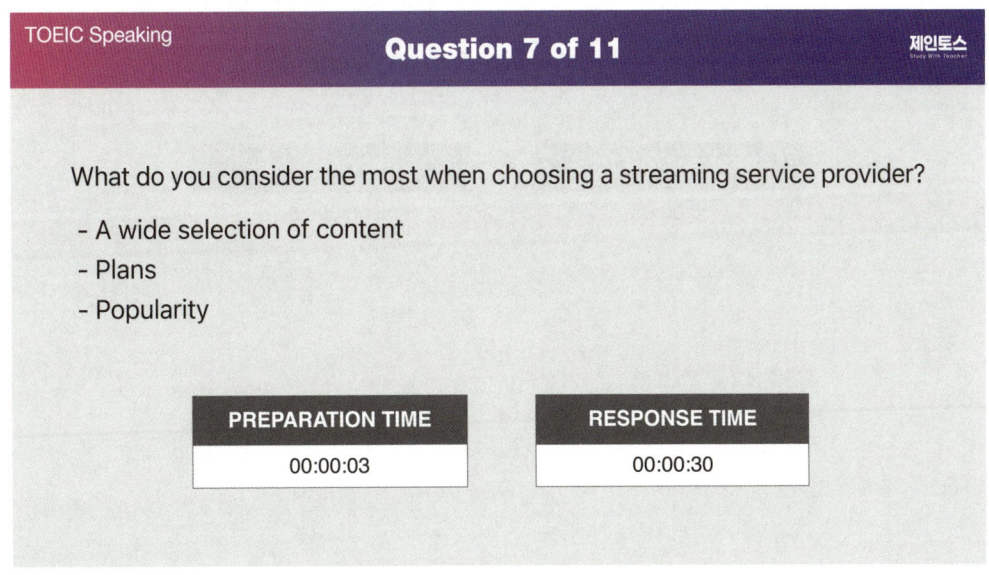

실전 테스트

SET 3

TOEIC Speaking — Questions 5-7 of 11

Imagine a marketing firm is conducting research in your area. You have agreed to participate in a telephone interview about candy.

TOEIC Speaking — Question 5 of 11

What is your favorite type of candy, and why do you like it?

PREPARATION TIME	RESPONSE TIME
00:00:03	00:00:15

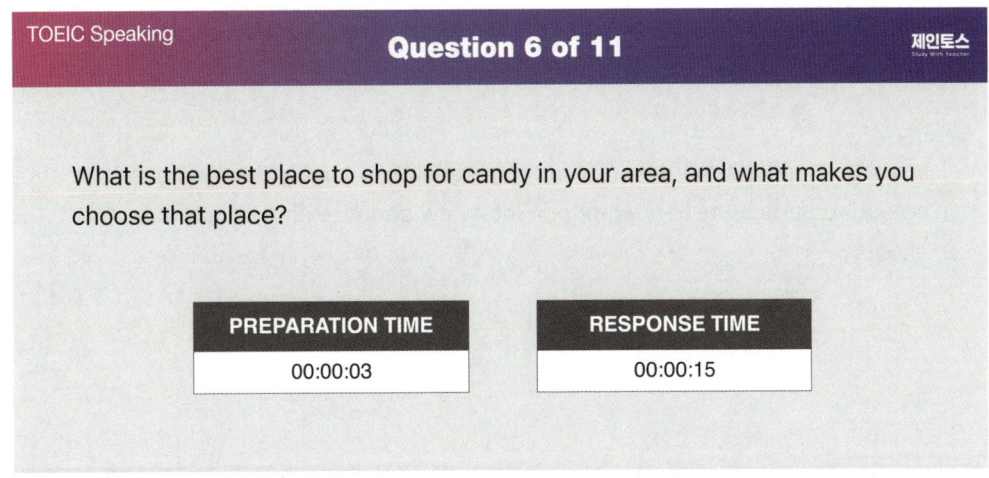

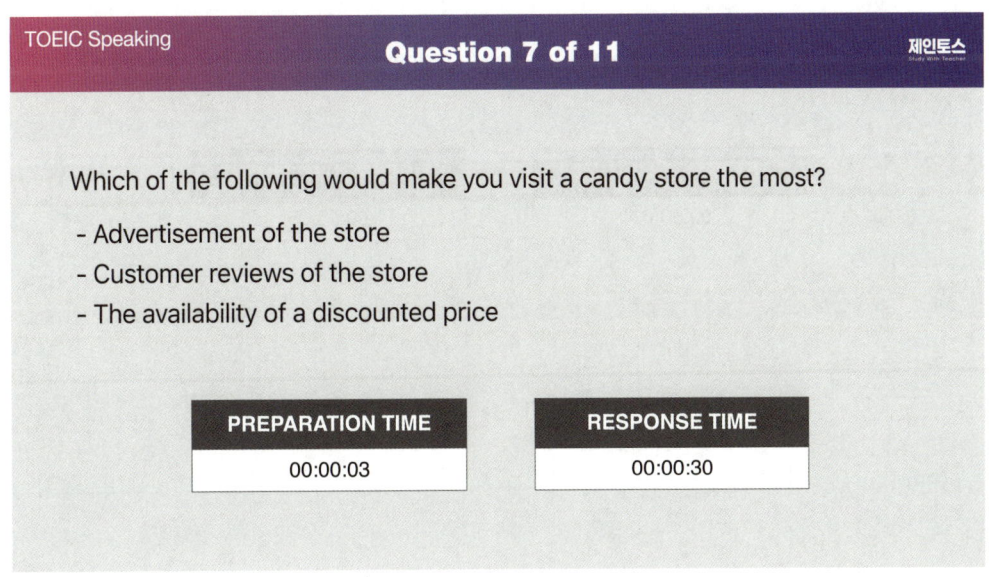

실전 테스트

SET 4

TOEIC Speaking — Questions 5-7 of 11

Imagine a marketing firm is conducting research in your area. You have agreed to participate in a telephone interview about texting on a mobile phone.

TOEIC Speaking — Question 5 of 11

How often do you receive text messages, and where are they usually from?

PREPARATION TIME	RESPONSE TIME
00:00:03	00:00:15

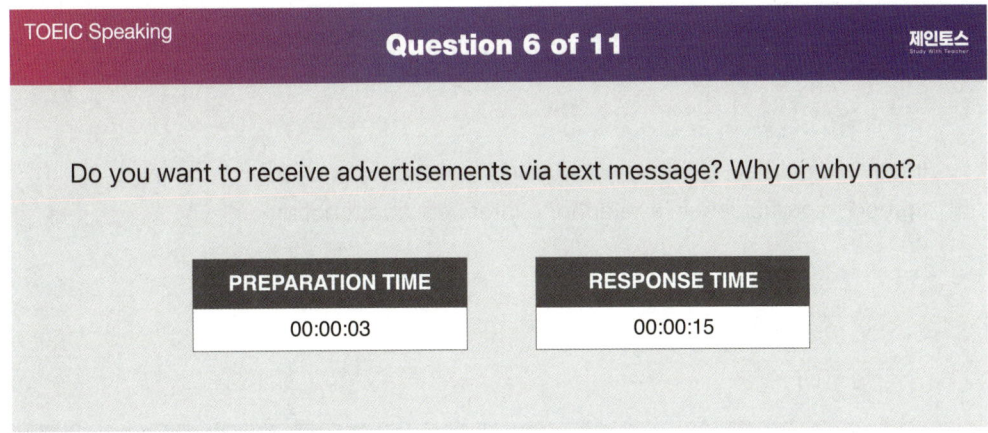

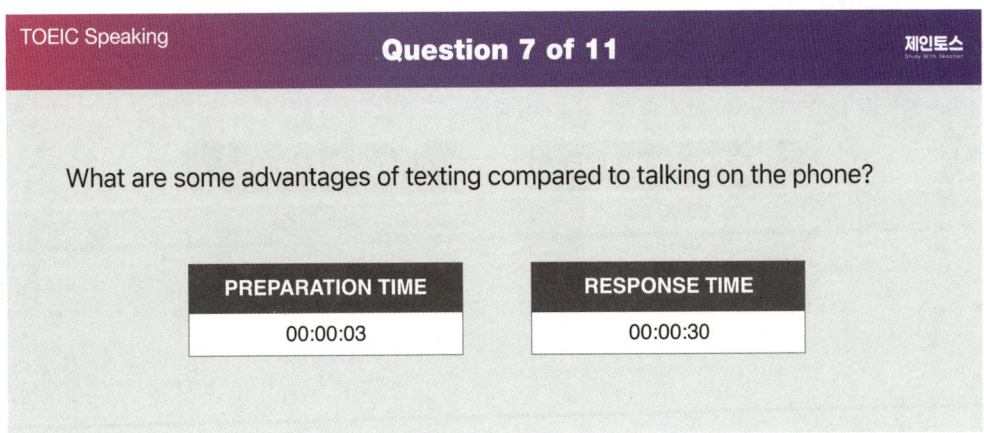

실전 테스트

SET 5

TOEIC Speaking — Questions 5-7 of 11

Imagine a marketing firm is conducting research in your area. You have agreed to participate in a telephone interview about hotels.

TOEIC Speaking — Question 5 of 11

In the past year, how many times did you stay at a hotel?

PREPARATION TIME	RESPONSE TIME
00:00:03	00:00:15

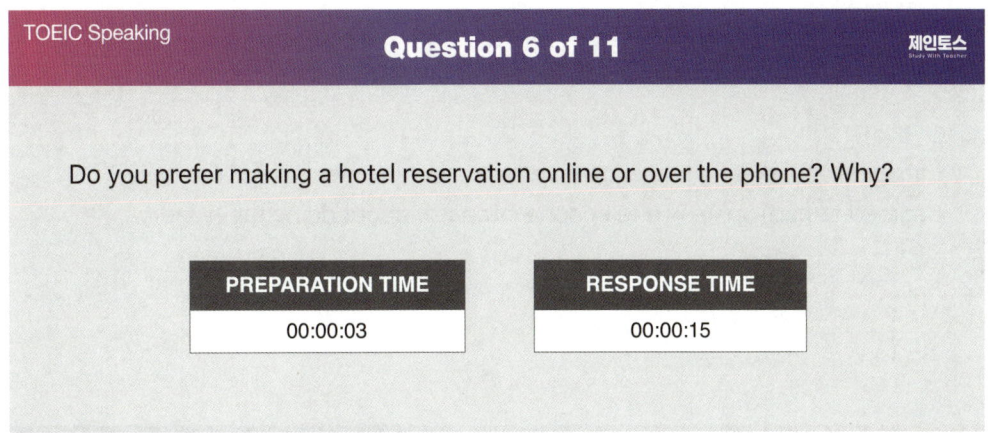

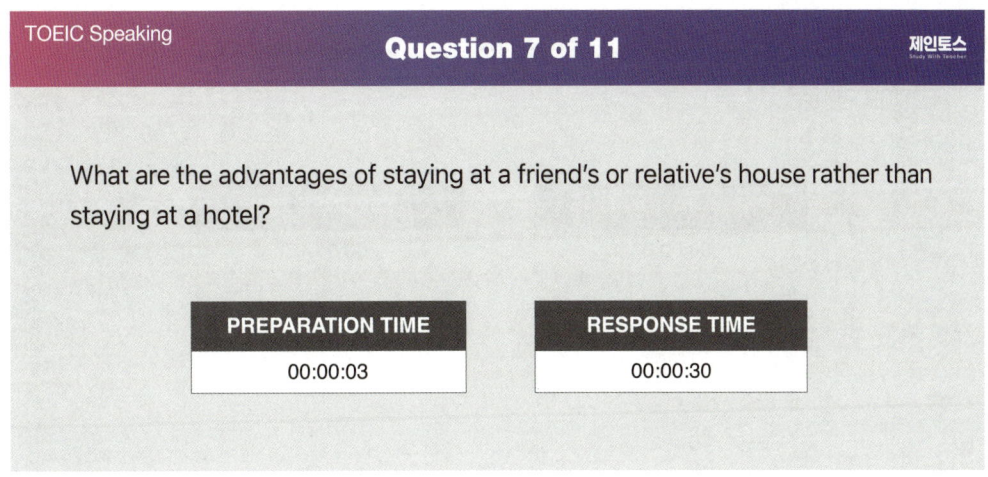

실전 테스트

SET 6

TOEIC Speaking — Questions 5-7 of 11

Imagine a marketing firm is conducting research in your area. You have agreed to participate in a telephone interview about doing the laundry.

TOEIC Speaking — Question 5 of 11

Who usually does the laundry in your house, and how often is the laundry being done?

PREPARATION TIME	RESPONSE TIME
00:00:03	00:00:15

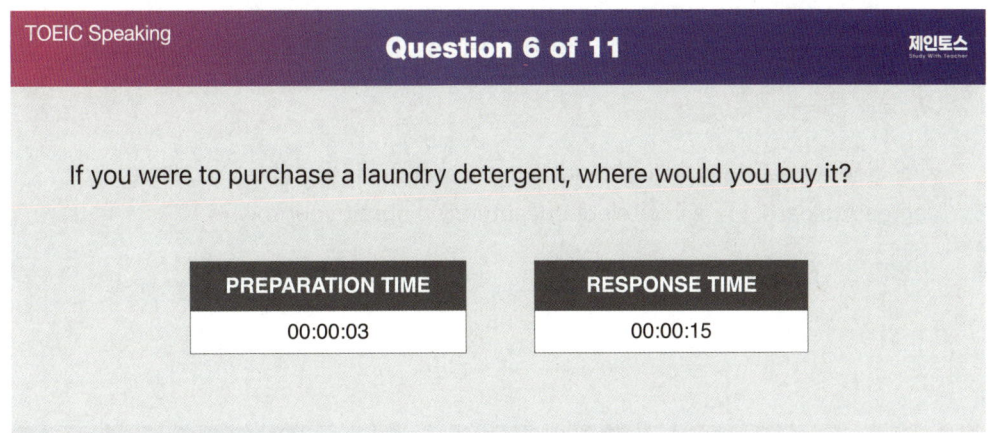

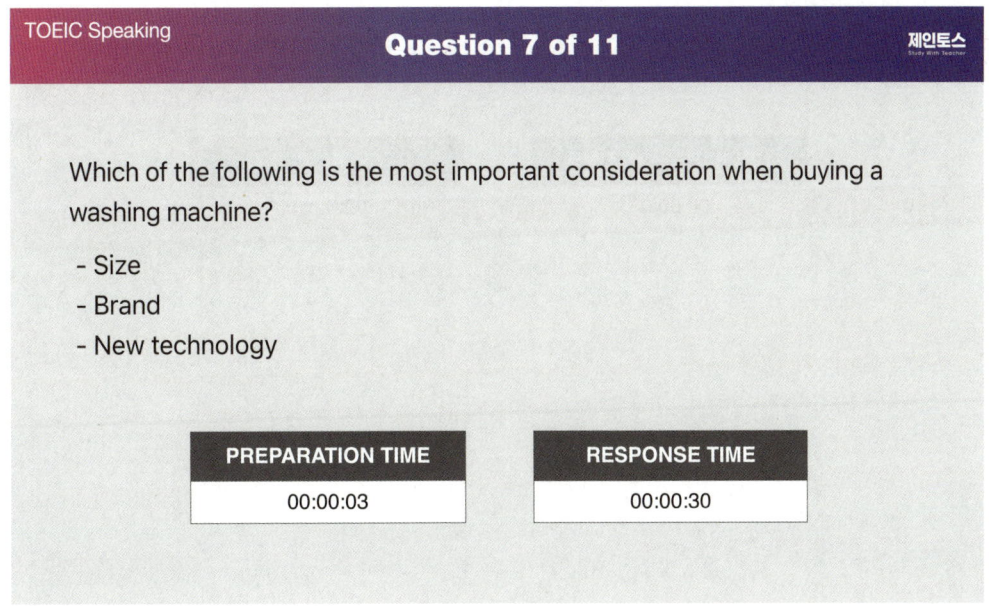

실전 테스트

SET 7

TOEIC Speaking — Questions 5-7 of 11

Imagine a marketing firm is conducting research in your area. You have agreed to participate in a telephone interview about your town.

TOEIC Speaking — Question 5 of 11

How long have you lived in your town, and how much do you know about it?

PREPARATION TIME	RESPONSE TIME
00:00:03	00:00:15

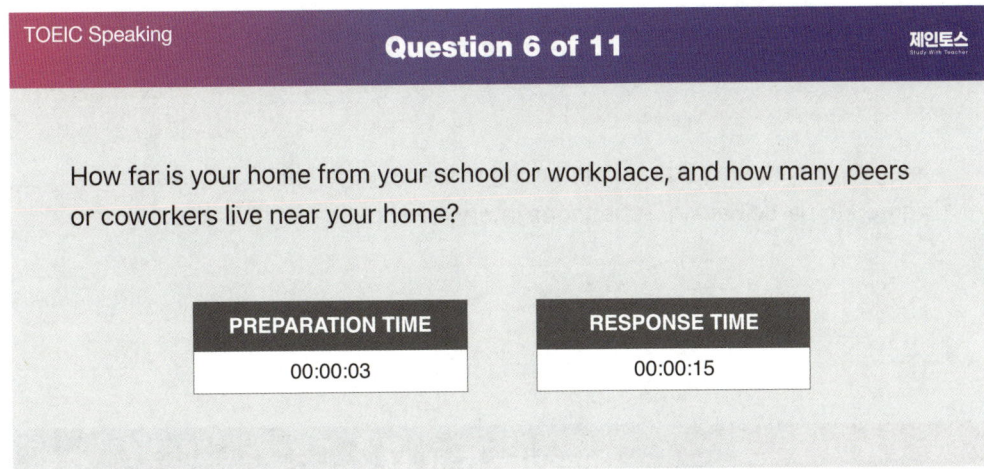

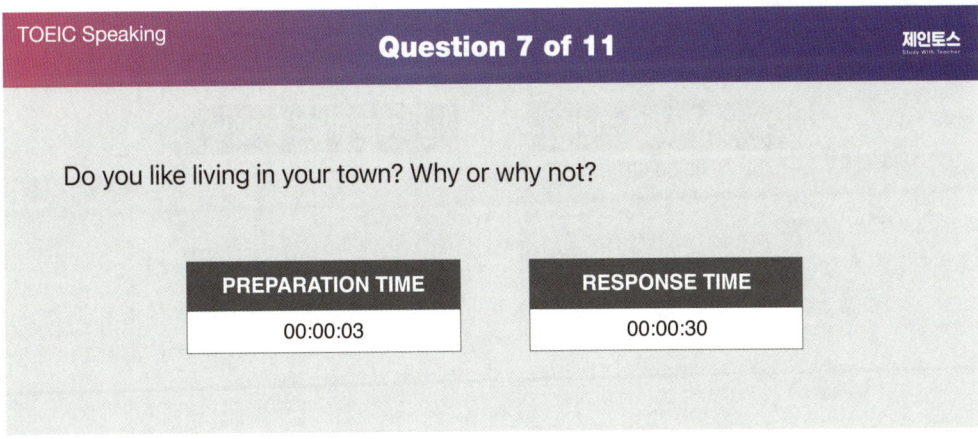

실전 테스트

SET 8

TOEIC Speaking — Questions 5-7 of 11

Imagine a marketing firm is conducting research in your area. You have agreed to participate in a telephone interview about eating breakfast.

TOEIC Speaking — Question 5 of 11

Do you usually eat breakfast? What kind of meal do you eat for breakfast?

PREPARATION TIME	RESPONSE TIME
00:00:03	00:00:15

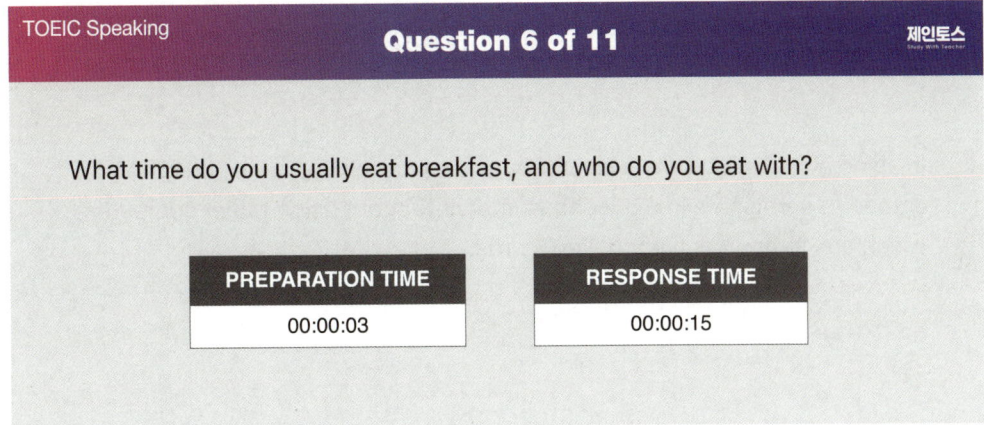

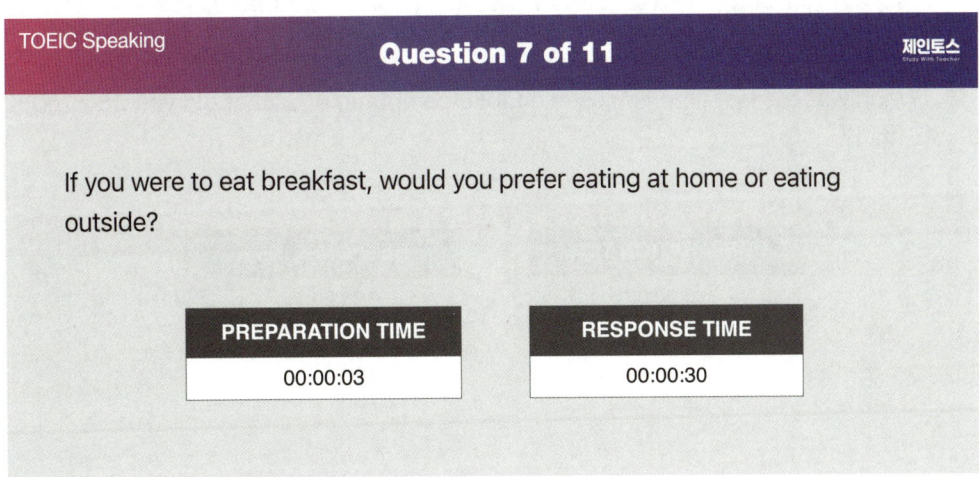

실전 테스트

SET 9

TOEIC Speaking — Questions 5-7 of 11

Imagine a marketing firm is conducting research in your area. You have agreed to participate in a telephone interview about using tablet computers, which are computers without keyboards.

TOEIC Speaking — Question 5 of 11

When was the last time you used a tablet computer, and what did you do with it?

PREPARATION TIME	RESPONSE TIME
00:00:03	00:00:15

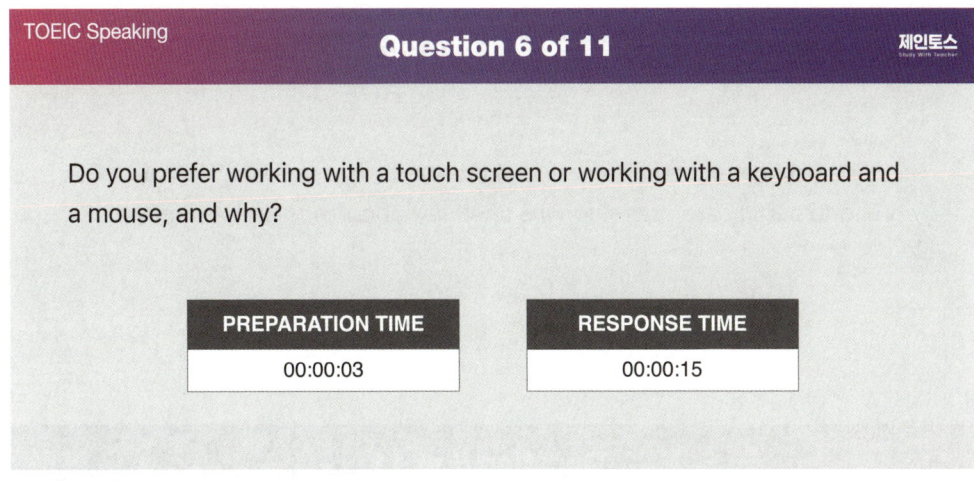

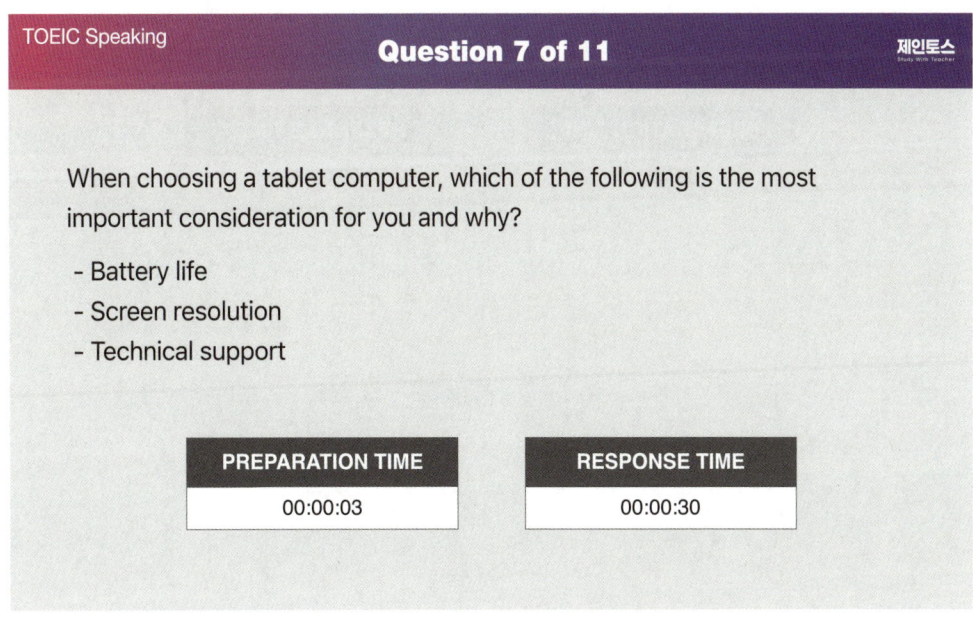

실전 테스트

SET 10

TOEIC Speaking — Questions 5-7 of 11

Imagine a marketing firm is conducting research in your area. You have agreed to participate in a telephone interview about jobs and workplaces.

TOEIC Speaking — Question 5 of 11

What was your first job, and how long did you work for it?

PREPARATION TIME	RESPONSE TIME
00:00:03	00:00:15

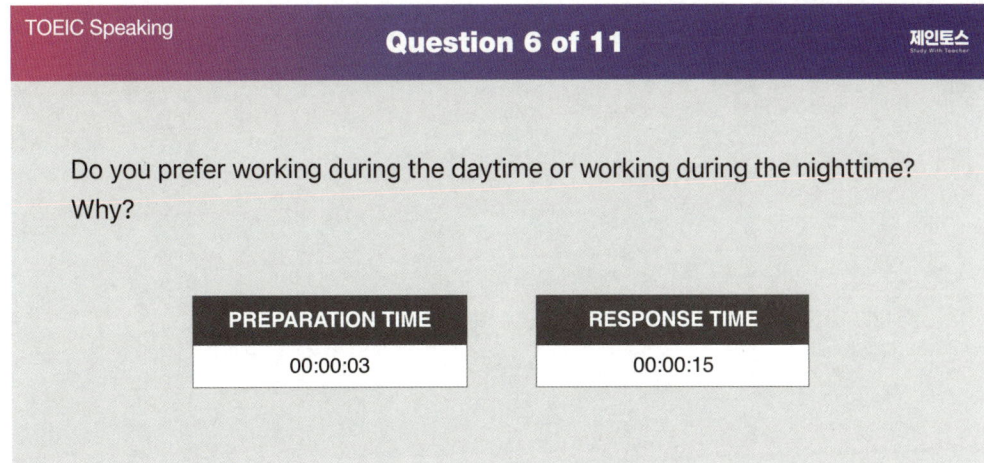

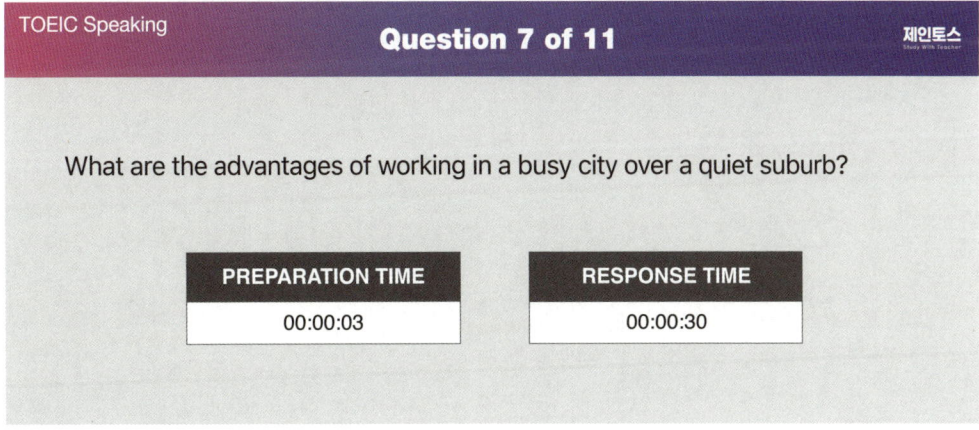

Questions 8-10

제공된 정보를
사용해 질문에 답하기
Respond to questions using information provided

- 유형 파악
- 답변 전략
- 만능 템플릿
- 빈출 유형 연습
- 실전 테스트

유형 파악

문제 구성

문항 번호	문제 유형	준비 시간	답변 시간	평가 기준	점수
Questions 8~10 (3문제)	Respond to questions using information provided (제공된 정보를 사용해 질문에 답하기)	표 읽는 시간: 45초 답변 준비 시간: 문항별 3초	8번: 15초, 9번: 15초, 10번: 30초	발음, 억양 및 강세, 문법, 어휘, 일관성, 내용의 관련성, 내용의 완성도	3점

시험 진행 순서

1 시험 안내문

시험 진행방식에 대한 안내문이 화면에 제시되며 이를 음성으로 들려줍니다.

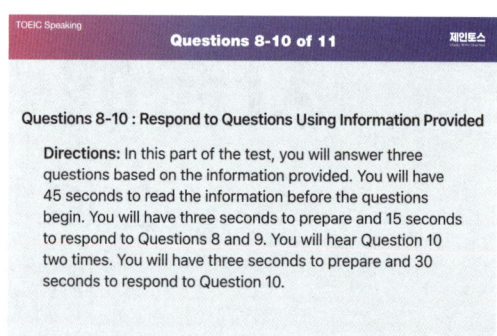

2 상황 설명

안내문이 사라진 후, 화면에 표가 제시되며 표 읽을 시간이 45초 주어집니다.

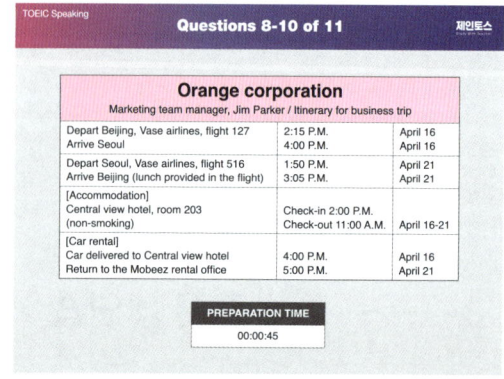

3 상황설명 + 8번 문제

대화의 상황을 설명해준 후, 질문을 한 번 들려줍니다. 질문은 화면에 제시되지 않으며 (8-10번 공통), 준비시간 3초와 답변시간 15초가 주어집니다.

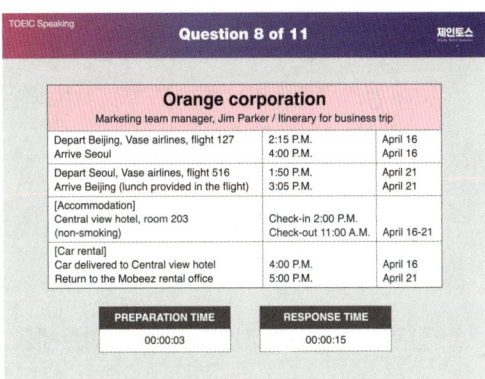

4 9번 문제

질문을 한 번 들려준 후, 준비시간 3초와 답변시간 15초가 주어집니다.

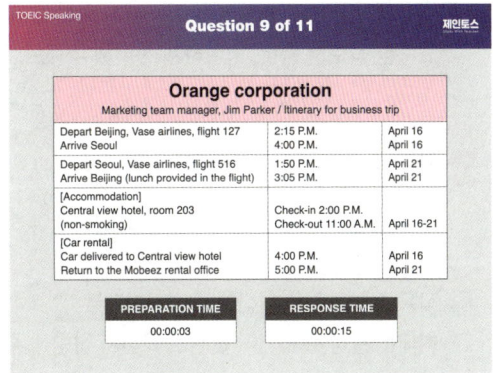

5 10번 문제

질문을 두 번 들려준 후, 준비시간 3초와 답변시간 30초가 주어집니다.

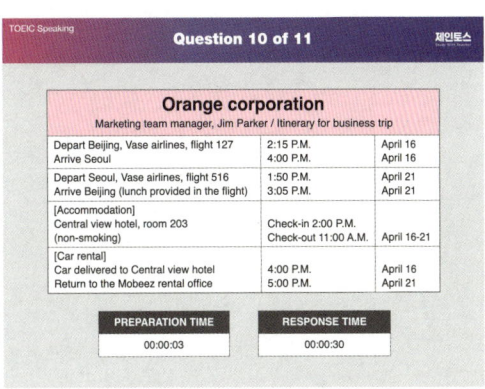

답변 전략

학습 포인트

1 표 읽는 시간 45초를 최대한 효율적으로 사용하세요.

표의 전체 내용을 처음부터 끝까지 읽기보다는,
표의 구조를 파악한 후,
예상 문제들 위주로 문장 구조를 잡고
말하기 연습하시면 효과적입니다.

2 질문의 의문사와 키워드를 잘 들어주세요.

8, 9, 10번 질문은 화면에 제시되지 않습니다.
문제를 듣고 답변을 하셔야 하기 때문에,
질문의 의문사와 키워드를 집중하여 정확히 듣고,
요구한 정보를 충분, 명확하게 전달해 주세요.

3 답변 시 전달력에 주의해 주세요.

표에 있는 내용을 문장으로 만들며 답변해야 하기 때문에,
자연스럽게 멈칫거림이 생기게 됩니다.
잦은 멈칫거림은 실점으로 이어지므로,
최대한 말하듯이 의미 단위로 묶어서 답변해 주세요.

고득점 답변 전략

1 Sample Question

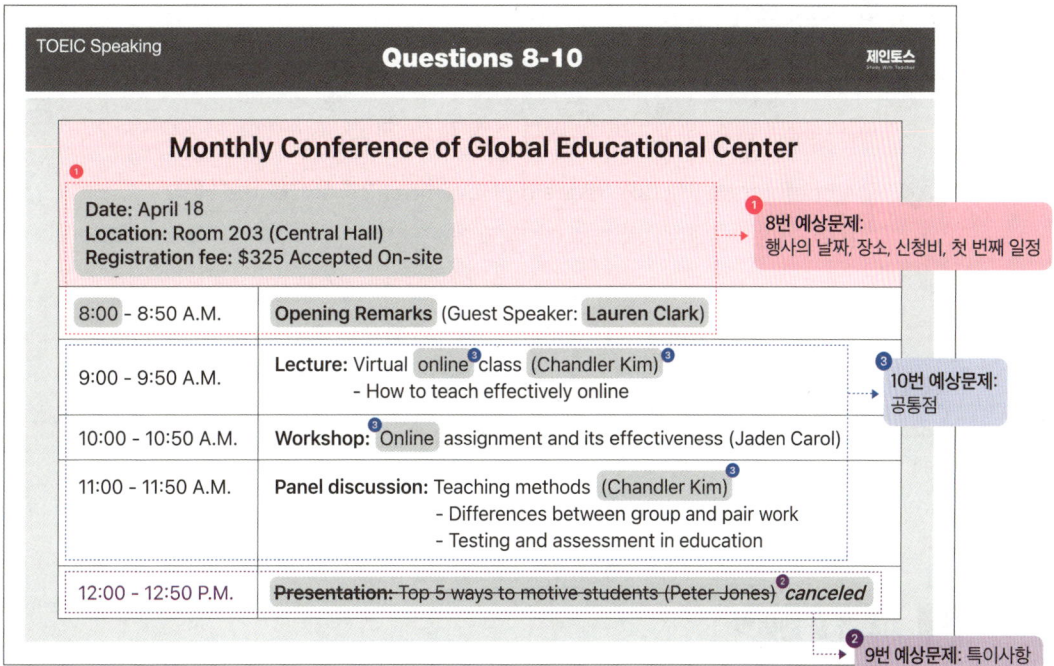

① **8번 고득점 전략**

8번에서는 전체 일정 (행사의 날짜, 장소), 등록비용, 첫 번째 일정에 대해 자주 질문합니다.
위 정보들은 미리 문장으로 만들어 두세요.

또한, 질문의 의문사와 동사를 명확히 들어야 고득점 답변을 하실 수 있습니다.
(what date, what time, where, who, start, end 등)
집중해서 질문을 정확히 듣고 요구한 정보를 명확히 전달해 주세요.

② **9번 고득점 전략**

9번에서는 세부사항에 대해 질문합니다.
특이사항 (변경사항, 추가정보 등)은 문제로 예상하기 쉽지만,
일반 세부사항은 예상이 어려워 질문을 많이 놓치게 됩니다.

최대한 집중해서 질문을 듣되, 놓치더라도 크게 당황하지 마시고
차분함을 유지한 상태로 시험을 이어 나가시는 것이 중요합니다.

③ **10번 고득점 전략**

10번에서는 공통사항을 가진 항목 2개의 모든 세부사항을 요구합니다.
질문 예상이 어렵지 않으므로, 공통사항을 가진 항목들을 미리 찾아 문장 구조를 잡아 두세요.

만능 템플릿

표 읽기 만능 템플릿

1 진행 예정 템플릿

[시간, 날짜, 장소 말하기]

will take place + (on 날짜 at 시각 in/at 장소) 진행될 예정입니다.

Ex The conference will take place on November 2nd at Central Hall.
그 회담은 11월 2일에 센트럴 홀에서 진행될 예정입니다.

will be held + (on 날짜 at 시각 in/at 장소) 개최될 예정입니다.

Ex The conference will be held on December 20th at 2:00 P.M.
그 회담은 12월 20일 오후 2시에 개최될 예정입니다.

2 시작과 끝 템플릿

[시작하고 끝나는 정보 말하기]

will start + (at 시각) 시작할 예정입니다.

Ex The welcome speech will start at 10:00 A.M.
환영사는 오전 10시에 시작할 예정입니다.

will end + (at 시각) 끝날 예정입니다.

Ex The last session will end at 4:00 P.M.
마지막 세션은 오후 4시에 끝날 예정입니다.

3 오 정보 템플릿

[잘못된 정보를 듣고 답변하기]

> **I am afraid you have the wrong information.** + 올바른 정보
> 당신은 잘못된 정보를 가지고 있는 것 같습니다.

Ex I am afraid you have the wrong information. The meeting will start at 11:00 A.M., not in the afternoon.
당신은 잘못된 정보를 가지고 있는 것 같습니다. 그 회의는 오후가 아니라 오전 11시에 시작할 예정입니다.

4 취소 템플릿

[취소된 정보 말하기]

> **~has been canceled** ~가 취소되었습니다.

Ex I am sorry but the meeting at 2:00 P.M. has been canceled.
죄송하지만 오후 2시 회의는 취소되었습니다.

5 공통 템플릿

[공통점을 가진 두 가지 항목 말하기]

> **There are two~**
> 두 개의 ~가 있습니다.
> +
> | on | 주제 |
> | related | 주제 |
> | led by~ | ~가 진행하는 |
> | given by~ | ~가 (전)하는 |

Ex There are two presentations on marketing strategies.
마케팅 전략을 주제로 하는 발표가 두 개 있습니다.

There are two lectures given by professor James Koon.
제임스 쿤 교수님이 하시는 강연이 두 개 있습니다.

만능 템플릿

6 항목 템플릿

[각 항목 말하기]

There will be~ + 명사 ~가 있을 예정이다.

Ex There will be a demonstration at 10:00 A.M.
오전 10시에 시연이 있을 예정입니다.

사람 will give
(사람)이 ~를 할 것입니다.   +

a lecture	강연
a speech	연설
a presentation	발표
a demonstration	시연

Ex David Jones will give a speech on effective sales management.
데이빗 존스는 효과적인 판매 관리에 대해 연설을 할 것입니다.

Lora Kimberly will give a presentation on new recycling methods.
로라 킴벌리는 새로운 재활용 방법에 대해 발표할 것입니다.

사람 will lead
(사람)이 ~를 진행할 것입니다.   +

a discussion	토론
a workshop	워크샵

Ex Hailey Watson will lead a workshop on eco-friendly vehicles.
헤일리 왓슨은 친환경차량에 대한 워크샵을 진행할 것입니다.

시간, 날짜, 장소 읽기

1 시간 읽기

시각 앞 전치사 : at

시각 1:30 A.M. → **at** 1:30 A.M.

진행 시간 전치사 : from (시작 시각) to (끝나는 시각)

시간 10:23 A.M. ~ 4:00 P.M. → **from** 10:23 A.M. **to** 4:00 P.M.

2 날짜 읽기

요일, 날짜 앞 : On | **달, 연도 앞 : In**

요일 Day → **On** Tuesday   **달** Month → **In** September
날짜 Day → **On** February 15th **연도** Year → **In** 2025

☑ 날짜는 **서수**로 읽어주세요.

1st first	11th eleventh	21st twenty-first
2nd second	12th twelfth	22nd twenty-second
3rd third	13th thirteenth	23rd twenty-third
4th fourth	14th fourteenth	24th twenty-fourth
5th fifth	15th fifteenth	25th twenty-fifth
6th sixth	16th sixteenth	26th twenty-sixth
7th seventh	17th seventeenth	27th twenty-seventh
8th eighth	18th eighteenth	28th twenty-eighth
9th ninth	19th nineteenth	29th twenty-ninth
10th tenth	20th twentieth	30th thirtieth
		31st thirty-first

만능 템플릿

3 장소 읽기

☑ 각 장소에 맞는 전치사를 넣어서 읽어주세요.

in + 도시	in New Jersey
in + 실내 장소	in the Hiller Hall in room 501
at + 건물명	at the Edison Conference Center at Long Island Hotel
at + 번지수	at 123 Piscataway
on + 거리	on 5th avenue

빈출 유형 연습

유형 1. 행사 일정표

1 유형 특징

① 회의, 세미나, 워크샵 등 다양한 행사 일정표가 출제됩니다.
② 질문자는 대체적으로 참여를 원하는 사람입니다.

2 빈출 문제 유형

① 표 상단의 정보 (날짜, 시간, 장소, 비용)은 8번으로 자주 출제됩니다.
② 변경사항, 또는 특이사항을 가진 정보는 9번으로 자주 출제됩니다.
③ 공통 키워드를 가지고 있는 항목은 10번으로 자주 출제됩니다.

행사 템플릿

The registration fee is ~	등록비용은 (금액)입니다.
Lunch is included in ~	점심(비용)은 ~에 포함되어 있습니다.
Well, you won't miss any sessions.	당신은 아무 세션도 놓치지 않으실 겁니다.

빈출 유형 연습

☑ 행사 템플릿을 활용해 아래 질문에 답변을 연습해 보세요.

[1] 월례 회의 일정표

City Electronics Human Resources Department's Monthly Meeting Grandview Central Conference Room Saturday, December 4		
10:00 – 11:00 A.M.	Presentation: Advanced skills on technology	Michael Lauren
11:00 A.M. – Noon	Workshop: How to train new employees fast	Todd Hwang
Noon – 1:00 P.M.	Lunch (included in registration fee)	
1:00 – 2:00 P.M.	Lecture: Management skills of current employees	Elizabeth Lohan
2:00 – 3:00 P.M.	Discussion: Technology and learning skills	William Firth
3:00 – 4:00 P.M.	Lecture: How to increase job satisfaction	Teddy Kim

🔊 Hi, I am planning to participate in the human resources department's monthly meeting, but I haven't received its schedule yet. Can I ask a few questions about the meeting schedule?

안녕하세요. 저는 인사팀 월례 회의에 참여할 예정입니다. 그런데 아직 일정표를 받지 못했어요. 회의 일정에 대해 몇 가지 질문드려도 될까요?

8번 빈출 유형 및 콤보 활용 답변

Q On what date will this monthly meeting be held? And where it will be held?

월례 회의는 며칠 날 진행되나요? 그리고 회의는 어디에서 진행되나요?

A It will take place on December 4th in the Grandview Central Conference Room.

회의는 12월 4일에 그랜드 뷰 센트럴 회의실에서 진행될 예정입니다.

Q What is the first session of the meeting? When will it start?

회의의 첫 번째 세션은 무엇인가요? 언제 시작하나요?

A The first session is a presentation on 'Advanced skills on technology' by Michael Lauren. And it will start at 10 A.M.

첫 번째 세션은 '발전한 기술의 기량'에 관한 발표이며 마이클 로렌 씨가 진행합니다. 그리고 그 발표는 오전 10시에 시작할 예정입니다.

빈출 유형 연습

● **9번 빈출 유형 및 콤보 활용 답변**

Q I am afraid I need to leave at 4 P.M. because I need to meet my business partner right after this conference. Could you tell me what sessions I will miss?

죄송하지만 제가 오후 4시에 가야 할 것 같아요. 회의 이후에 바로 거래처 분을 만나야 하거든요. 제가 놓치게 되는 일정을 알려주실 수 있을까요?

A Well, you won't miss any sessions because the last session will end at 4 P.M. Don't worry.

아무 일정도 놓치지 않으실 거예요. 왜냐면 마지막 세션이 오후 4시에 끝나거든요. 걱정 마세요!

Q How much do I have to pay for lunch during the conference?

회의가 진행되는 동안 점심 식사를 하려면 얼마를 지불해야 하나요?

A Well, you don't need to pay for lunch because it's included in the registration fee.

점심 비용을 지불하실 필요 없습니다. 왜냐면 등록비에 포함되어 있기 때문입니다.

Q I heard that Todd Hwang will lead a workshop in the afternoon. Is that correct?

토드 황 씨가 오후에 워크숍을 진행한다고 들었습니다. 맞나요?

A No, Mr. Hwang will lead a workshop in the morning from 11 A.M. to noon.

아니요. 토드 황 씨는 오전에 11시부터 정오까지 워크숍을 진행할 예정입니다.

10번 빈출 유형 및 콤보 활용 답변

Q I am looking forward to the sessions that will talk about technology in this conference. Could you give me all the details of the sessions related to technology?

기술 관련된 세션에 대해서 기대하고 있습니다. 기술 관련된 세션의 세부사항을 모두 알려 주실 수 있을까요?

A Sure. There are two sessions related to technology.

First, there is a presentation on 'Advanced skills on technology' by Michael Lauren from 10 to 11 A.M.

Second, there is a discussion on 'Technology and learning skills' by William Firth from 2 to 3 P.M.

네. 기술 관련 세션은 총 두 가지가 있습니다.

첫 번째로, 오전 10시부터 11시까지 마이클 로렌 씨가 '기술의 발전'에 대한 발표를 할 예정입니다.

두 번째로, 오후 2시부터 3시까지 윌리엄 퍼스 씨가 '기술과 스킬의 학습'에 관련된 논의를 진행할 예정입니다.

Q I am very interested in lectures in this conference. Could you tell me all the details of the lectures in this conference?

이번 회의에서 진행되는 강연에 대해 관심이 매우 많습니다. 본 회의의 강연에 관한 모든 세부사항을 알려주실 수 있을까요?

A Sure. There are two lectures.

The first one is about 'Management skills of current employees' by Elizabeth Lohan. It will be from 1 to 2 P.M.

The Second one is about 'How to increase job satisfaction' by Teddy Kim. It will be from 3 to 4 P.M.

네. 총 두 개의 강연이 있습니다.

첫 번째는 엘리자베스 로한 씨가 '현 임직원의 관리능력'에 관해 강연을 할 예정이고 오후 1시부터 2시까지 진행될 예정입니다.

두 번째는 테디 킴 씨가 '직업 만족도 상승'에 관한 강연을 할 예정이고 오후 3시부터 4시까지 진행될 예정입니다.

빈출 유형 연습

유형 2. 면접 일정표

☑ 회사, 가게 등의 면접 일정이 출제되며, 특정 근무지에서 근무하는 지원자, 첫 번째 면접 대상, 공통점을 가진 두 개의 면접에 대해 자주 질문합니다.

1 유형 특징

① 면접을 진행할 면접관이 질문하는 유형입니다.

2 빈출 문제 유형

① 첫 번째 면접 일정은 8번으로 자주 출제됩니다.
② 변경사항 (canceled, rescheduled)은 9번으로 자주 출제됩니다.
③ 2명의 지원자가 공통 포지션에 지원한 경우 10번 문제로 자주 출제됩니다.
④ 2명의 지원자가 같은 직장에서 근무하고 있는 경우 10번 문제로 자주 출제됩니다.

면접 템플릿

The first interview is at (시각).	첫 번째 면접은 ~시입니다.
The interview at (시각) has been canceled.	~시 면접은 취소되었습니다.
There are two candidates from (근무지).	(근무지)에서 일하는 지원자 두 명이 있습니다.
There are two interviews for (포지션).	(포지션)의 면접은 두 개 있습니다.

☑ 면접 템플릿을 활용해 아래 질문에 답변을 해보세요.

Debby's Restaurant
Job interview schedules (new branch)
Tuesday, August 29

Time	Job candidates	Applied Position	Current Employer
9:30 A.M.	William Carol	Supervisor	Cindy's Cafe
10:00 A.M.	Karen Copper	Cook	Willy's Pasta
10:30 A.M.	Colin Smith	Coordinator	Gourmet Restaurant
11:00 A.M.	Lindsay Raynold	Staff	Centraul Buffie
Noon	Brad Tailor	Cook	Gourmet Restaurant
12:30 P.M.	Jafferson Clark	Assistant Coordinator	Grandeur Hotel
~~1:00 P.M.~~	~~Chandler Robin~~	~~Staff~~ *canceled*	~~Jersey Central Cafe~~

🔊 Hi, I'm the owner of Debby's Restaurant. I will interview several applicants on August 29th for our new branch, but I don't have the interview schedule. Can I ask a few questions about tomorrow's interviews?

안녕하세요, 저는 데비 식당의 주인입니다. 새 지점을 위해 몇몇 지원자들을 8월 29일에 면접 볼 예정인데 아직 면접 일정을 받지 못했습니다. 내일 면접에 대해 몇 가지 질문해도 될까요?

빈출 유형 연습

● **8번 빈출 유형 및 콤보 활용 답변**

Q Who is the first candidate that I'll be interviewing, and what time is the interview?

첫 번째 면접의 지원자는 누구이고, 면접은 몇 시에 있나요?

A The first candidate that you will be interviewing is William Carol, and the interview will be at 9:30 A.M.

당신이 면접 볼 첫 번째 지원자는 윌리엄 캐롤이며, 그 면접은 오전 9시 30분에 진행됩니다.

● **9번 빈출 유형 및 콤보 활용 답변**

Q I remember I am supposed to interview an applicant who wants the position of assistant coordinator. That's in the morning, right?

보조 담당자 직무에 지원한 사람을 면접 본다고 알고 있습니다. 그 면접이 오전 맞을까요?

A No actually, it's not in the morning. The interview for the assistant coordinator position is at 12:30 P.M. in the afternoon.

아니요, 그 면접은 오전이 아닙니다. 보조 담당자 직무 면접은 오후 12시 30분에 진행됩니다.

Q I have an appointment with my business partner at 1 P.M. tomorrow. But I heard that I will interview someone at that time. Do I have to cancel my appointment with my business partner?

저는 내일 오후 1시에 협력업체와 약속이 있습니다. 그런데 내일 그 시간에 면접이 있다고 들었어요. 제가 협력업체와 일정을 취소해야 하나요?

A No, actually, the interview at 1 P.M. has been canceled. So, you don't need to cancel your appointment.

아니요, 오후 1시 면접은 취소되었어요. 그러니 당신의 일정을 취소하실 필요는 없습니다.

10번 빈출 유형 및 콤보 활용 답변

Q I've heard the employees from Gourmet Restaurant are highly qualified. Could you tell me all the details about the candidates who apply from Gourmet Restaurant?

고메 식당의 임직원들이 훌륭하다고 들었습니다. 고메 식당에서 지원한 후보자들 면접 정보를 알려주실 수 있을까요?

A Sure, there are two candidates from Gourmet Restaurant.

First, there is an interview at 10:30 A.M. with Colin Smith for the Coordinator position.

Second, there is an interview at noon with Brad Tailor for the cook position.

That's all.

네, 고메 식당에서 지원한 후보자는 두 명입니다.

첫 번째로 오전 10시 30분에 담당자 직무에 지원한 콜린 스미스 씨와의 면접이 있습니다.

두 번째로, 정오에 요리사 직무에 지원한 브래드 테일러 씨와의 면접이 있습니다.

이상입니다.

Q Could you tell me all the details of the interviews for the cook position?

요리사 직무에 지원한 면접 정보를 모두 알려 주실 수 있을까요?

A Sure, there are two interviews for the cook position.

First, there is an interview at 10 A.M. with Karen Cooper from Willy's Pasta.

Second, there is an interview at noon with Brad Tailor from Gourmet restaurant.

That's all.

네, 요리사 직무 면접은 총 두 건 입니다.

첫 번째로, 오전 10시에 윌리스 파스타에서 근무하는 캐런 쿠퍼 씨와의 면접이 있습니다.

두 번째로, 정오에 고메 식당에서 근무하는 브래드 테일러 씨와의 면접이 있습니다.

이상입니다.

빈출 유형 연습

유형 3. 개인 일정표

☑ 개인의 출장, 미팅 일정 등이 출제되며, 이동 일정, 교통편, 세부 일정 등에 대해 질문합니다.

1 유형 특징

① 질문자는 표의 주인이며, 자신의 일정에 대해 질문합니다.
② 질문자의 일정이므로 답변 시, you를 주어로 사용하세요.

2 빈출 문제 유형

① 첫 일정을 위해 출발하는 정보는 8번으로 자주 출제됩니다.
② 숙소 셔틀, 교통편 예약 상황, 차량 대여 관련 사항이 9번으로 자주 출제됩니다.
③ 출장 일정표의 경우, 돌아오는 일정이 10번으로 자주 출제됩니다.

📖 **개인 일정표 템플릿**

You will depart from (출발지).	당신은 ~에서 출발할 예정입니다
You will arrive in/at (도착지).	당신은 ~에 도착할 예정입니다.
You will stay in (숙소).	당신은 ~에 묵으실 예정입니다.
There is a free shuttle bus.	무료 셔틀버스가 있습니다.
You will use (항공편 정보).	당신은 ~항공편을 이용하실 겁니다.
Your seat number is (좌석번호).	당신의 좌석번호는 ~입니다.

☑ 개인 일정표 템플릿을 활용해 아래 질문에 답변을 해보세요.

Grantel Pharmaceuticals
Travel itinerary
Ramon Chandler, vice president

Depart	Boston, Starlight airlines, flight 201, seat 13C	9:00 A.M. July 20
Arrive	Los Angeles	2:30 P.M. July 20
Depart	Los Angeles, Starlight airlines, flight 289, seat 41B	8:15 A.M. July 24
Arrive	Boston	1:45 P.M. July 24

Accommodation

- Grandeur hotel, room 701 (deluxe room)
- Buffet breakfast available every morning
- Free shuttle bus to airport

🔊 Hi, this is Ramon Chandler. I am going on a business trip to Los Angeles in July, but I haven't received my itinerary, yet. Could you answer a few questions about my business trip to Los Angeles?

안녕하세요, 레이몬 첸들러입니다. 저는 7월에 로스앤젤레스로 출장을 가는데 일정표를 아직 받지 못했습니다. 로스앤젤레스로 가는 제 출장 일정에 대해 몇 가지 질문해도 될까요?

빈출 유형 연습

● **8번 빈출 유형 및 콤보 활용 답변**

Q Which airlines will I use when flying to Los Angeles? And what time will I arrive in Los Angeles?

로스앤젤레스로 갈 때 어떤 항공편을 이용하나요? 그리고 로스앤젤레스에 몇 시에 도착하죠?

A You will use Starlight airlines, flight 201 to Los Angeles and your seat number is 13C. Then, you will arrive in Los Angeles at 2:30 P.M. on July 20th.

로스앤젤레스에 가실 때 스타라이트 항공, 201편을 이용하시며, 좌석번호는 13C입니다. 그리고 7월 20일 오후 2시 30분에 도착 예정입니다.

Q When am I departing from Boston? Also, I need my flight information.

보스턴에서 몇 시에 출발하나요? 항공편 정보도 알려주세요.

A You will depart from Boston at 9 A.M. on July 20th with Starlight airlines, flight 201, and your seat number is 13C.

보스턴에서 7월 20일 오전 9시에 출발 예정이며, 스타라이트 항공 201편을 이용하실 겁니다. 그리고 당신의 좌석번호는 13C입니다.

9번 빈출 유형 및 콤보 활용 답변

Q When getting back to the airport from the hotel, do I have to take a taxi?

호텔에서 공항으로 갈 때 제가 택시를 타야 하나요?

A No, actually, there is a free shuttle bus from the hotel to the airport. So, you don't need to take a taxi.

아니요, 호텔부터 공항까지 가는 무료 셔틀버스가 있어요. 택시 타실 필요가 없습니다.

Q My client wants to have lunch with me at 12:30 P.M. on July 24th in Los Angeles. Will this be a problem regarding my schedule?

거래처 분이 7월 24일에 로스앤젤레스에서 오후 12:30분에 함께 점심식사를 원하시는데, 제 스케줄을 고려할 때 이 일정이 불가능할까요?

A Yes, it will be a problem because you will leave Los Angeles at 8:15 A.M. on July 24th. I think you should reschedule your appointment.

네, 그 일정은 불가능합니다. 7월 24일 오전 8시 15분에 로스앤젤레스에서 출발 예정이라, 일정을 다시 잡으셔야 할 것 같습니다.

10번 빈출 유형 및 콤보 활용 답변

Q Could you give me all the details of my return trip?

돌아오는 일정의 세부사항을 모두 알려 주실 수 있을까요?

A Sure. First, you will depart from Los Angeles with Starlight airlines, flight 289, seat 41B at 8:15 A.M. on July 24th. Then, you will arrive in Boston at 1:45 P.M. on July 24th.

네, 첫 번째로 로스앤젤레스에서 7월 24일 오전 8시 15분에 출발하시며, 스타라인 항공, 289편, 좌석 41B를 이용하실 겁니다. 그리고 보스턴에 7월 24일 오후 1시 45분에 도착하실 예정입니다.

빈출 유형 연습

유형 4. 수업 일정표

☑ 커뮤니티 센터나 교육기관에서 진행하는 수업 일정이 출제되며, 등록정보, 특정 주제나 레벨의 수업에 관해 질문합니다.

1 유형 특징

① 질문자는 수업 참여를 희망하는 사람입니다.

2 빈출 문제 유형

① 등록 마감일, 등록비용 관련 내용은 8번으로 자주 출제됩니다.
② 수업에 대한 오정보를 확인하는 문제가 9번으로 자주 출제됩니다.
③ 같은 레벨, 같은 주제를 다루는 수업들이 10번으로 자주 출제됩니다.

📖 수업 템플릿

The registration deadline is (날짜)~	등록 마감일은 ~입니다.
There are two classes for beginners.	초급자들을 위한 수업이 두 개 있습니다.
There are two classes at an (for the) intermediate/advanced level.	중급/고급 수업이 두 개 있습니다.
You can register for~	~를 등록(신청) 하실 수 있습니다.
There is a class titled~	~라는 수업이 있습니다.

✅ 수업 일정표 템플릿을 활용해 아래 질문에 답변을 해보세요.

Bon Appétit Cooking Community
Schedule of cooking classes

Date: April 12 - June 20
Registration Deadline: April 10 (in-store or online), 40$/class

Class	Day	Time
Basics for cooking (beginners)	Mondays	Noon - 3:00 P.M.
Japanese traditional food (intermediate)	Tuesdays	2:00 - 4:00 P.M.
French baked goods (advanced)	Wednesdays	1:00 - 5:00 P.M.
Soups and salads (beginners)	Thursdays	9:00 A.M. - Noon
Italian regional specialties (intermediate)	Fridays	4:00 - 6:00 P.M.
~~Trendy Chinese snacks (advanced)~~ *canceled*	~~Saturdays~~	~~3:00 - 5:00 P.M.~~

🔊 Hi, I am a member of the Bon Appétit cooking community. I am very interested in the upcoming cooking classes. Can I ask a few questions about the schedule of those classes?

안녕하세요, 본 아파티 요리커뮤니티의 회원입니다. 곧 진행될 요리 수업에 관심이 많은데요, 요리 수업 일정 관련 질문 몇 개 해도 될까요?

빈출 유형 연습

🔴 8번 빈출 유형 및 콤보 활용 답변

Q When is the deadline to register for the cooking classes? And where can I register?

수업 등록 마감일은 언제인가요? 어디서 등록할 수 있죠?

A The registration deadline is April 10th and you can register at the store or on the website.

등록 마감일은 4월 10일이며 현장 등록 또는 온라인 등록이 가능합니다.

Q On what date will the first class start and how much is the registration fee?

첫 번째 수업은 며칠에 시작하고, 등록비는 얼마인가요?

A The first class will start on April 12th and the registration fee is 40 dollars per class.

첫 번째 수업은 4월 12일에 시작하고, 등록비는 수업당 40달러입니다.

🔴 9번 빈출 유형 및 콤보 활용 답변

Q I heard that I could take a class titled 'Italian regional specialties' on Thursdays. Is that right?

'이탈리아 지역 음식' 이라는 수업을 목요일에 들을 수 있다는데 맞나요?

A No, actually, the class 'Italian regional specialties' is on Fridays from 4 to 6 P.M.

아니요, '이탈리아 지역 음식' 수업은 금요일 오후 4시부터 6시까지 진행됩니다.

> **Q** I am very interested in learning how to make Chinese snacks. Is there a class that teaches recipes of Chinese snacks?
>
> 저는 중국 간식 만들기에 매우 관심이 많습니다. 중국 간식 만드는 법을 알려주는 수업이 있나요?
>
> **A** No, actually, the class 'Trendy Chinese snacks' on Saturdays has been canceled. I am afraid you can't take the class.
>
> 아니요, 토요일날 있던 '최신 중국 간식' 수업은 취소되었습니다. 죄송하지만 그 수업은 못 들으실 것 같습니다.

● 10번 빈출 유형 및 콤보 활용 답변

> **Q** I don't have that much experience in cooking so I want to take classes for beginners. Could you give me all of the information about the classes for beginners?
>
> 저는 요리를 해본 경험이 별로 없어서, 초급자 수업을 듣고 싶습니다. 초급자를 대상으로 하는 수업의 모든 정보를 알려 주실 수 있을까요?
>
> **A** Sure. There are two classes for beginners.
>
> The first one is 'Basics for cooking' on Mondays from noon to 3 P.M.
>
> The second one is 'Soups and salads' on Thursdays from 9 A.M. to noon.
>
> 네, 초급자 대상으로 하는 수업은 총 두 개 있습니다.
>
> 첫 번째는 월요일 정오부터 오후 3시까지 진행되는 '요리의 기초'입니다.
>
> 두 번째는 목요일 오전 9시부터 정오까지 진행되는 '스프와 샐러드'입니다.

빈출 유형 연습

유형 5. 이벤트 일정표

☑ 연회, 축제 등의 일정표가 출제되며, 세부 이벤트 항목, 취소 사항 등에 대해 질문합니다.

1 유형 특징

① 질문자는 대게 이벤트에 관심이 있는 고객입니다.
② 행사의 세부 일정들이 다양하게 포함되어 있습니다.

2 빈출 문제 유형

① 첫 번째 이벤트 항목 또는 행사 기간이 8번으로 자주 출제됩니다.
② 변경사항, 특정 항목의 일시가 9번으로 자주 출제됩니다.
③ 공통점을 가진 이벤트 항목 또는 특정 일시에 진행되는 항목들이 10번으로 자주 출제됩니다.

📖 **이벤트 템플릿**

The event will be held from 날짜 to 날짜.	그 이벤트는 ~일부터 ~일까지 열릴 예정입니다.
The first item will take place on 날짜.	첫 번째 항목은 ~일에 진행될 예정입니다.
There are two events held in 장소.	~에서 진행되는 이벤트가 두 개 있습니다.
There are two events held from 시각 to 시각.	~시부터 ~시까지 진행되는 이벤트가 두 개 있습니다.

☑ 이벤트 템플릿을 활용해 아래 질문에 답변을 해보세요.

Springfield University
Fall term / Special Event Schedule

Event name	Date	Time	Location
Spring Field Trip	September 15	1:00 P.M. ~ 3:00 P.M.	West Lawn
International Firm	September 22	1:00 P.M. ~ 3:00 P.M.	Wilson Stadium
Networking	September 30	3:00 P.M. ~ 5:00 P.M.	Livingstone
~~Music Festival~~ (*canceled*)	~~October 3~~	~~1:00 P.M. ~ 5:00 P.M.~~	~~New Gibbons~~
Jazz competition	October 11	2:00 P.M. ~ 4:00 P.M.	College Ave
BBQ party	October 15	4:00 P.M. ~ 5:00 P.M.	Busch
End-of-term Firework	November 30	9:00 P.M. ~ 9:30 P.M.	West Lawn

🔊 Hi, can I ask a few questions about the Springfield University's Special Event Schedule?

안녕하세요 Springfield University의 스페셜 이벤트 스케줄에 대한 몇 가지 질문을 드려도 될까요?

빈출 유형 연습

● **8번 빈출 유형 및 콤보 활용 답변**

Q What are the date and location of the International Firm event?

국제 기업 행사의 날짜와 장소가 어떻게 되나요?

A The International Firm event will be on September 22nd, and its location is Wilson Stadium. I hope this information helps you.

국제 기업 행사는 9월 22일에 진행될 예정이며, 장소는 윌슨 스타디움입니다. 이 정보가 당신에게 도움이 되길 바랍니다.

Q What is the title of the first event, and when is it going to be held?

첫 번째 행사의 제목은 무엇이고 언제 열리나요?

A The first event is 'Spring Field Trip'. It will be held on September 15th from 1 P.M. to 3 P.M.

첫 번째 행사는 'Spring Field Trip'입니다. 그 행사는 9월 15일 오후 1시부터 3시까지 열릴 예정입니다.

9번 빈출 유형 및 콤보 활용 답변

Q I heard that there will be a 'Music Festival' in October. Could you tell me when it will be held?

저는 10월에 '음악 축제'가 열린다고 들었습니다. 그것이 언제 개최되는지 알려 주시겠습니까?

A Although the 'Music Festival' was scheduled on October 3rd, it has been canceled. So, it won't take place in October.

비록 '음악 축제'가 10월 3일에 예정되어 있었으나, 취소되었습니다. 그래서 그 행사는 10월에 진행되지 않을 겁니다.

Q As far as I know, the 'BBQ party' will be on October 12th. Could you confirm this information?

바베큐 파티는 10월 12일로 알고 있습니다. 이 정보를 확인해 주시겠습니까?

A Sure, I am afraid you have the wrong information. The 'BBQ party' will be on October 15th from 4 to 5 P.M.

물론입니다. 죄송하지만 잘못된 정보를 알고 계십니다. '바베큐 파티'는 10월 15일 오후 4시부터 5시까지 열릴 예정입니다.

빈출 유형 연습

● **10번 빈출 유형 및 콤보 활용 답변**

Q Could you give me all the information about the events that will be held in West Lawn?

저에게 West Lawn에서 열리는 행사들에 대한 모든 정보를 알려주실 수 있을까요?

A Sure, there are two events held in the West Lawn.

The first one is 'Spring Field Trip', and it will be on September 15th from 1 P.M. to 3 P.M.

The second one is 'End-of-term Firework', and it will be on November 30th from 9 P.M. to 9:30 P.M.

That's all.

네, West Lawn에서 열리는 행사가 두 개 있습니다.

첫 번째는 '봄 현장학습'이고, 9월 15일 오후 1시부터 3시까지 진행됩니다.

두 번째는 '학기말 불꽃놀이'로, 11월 30일 오후 9시부터 9시 30분까지 진행됩니다.

이상입니다.

Q Could you give me all the information about the events that are scheduled from 1 P.M. to 3 P.M.?

오후 1시부터 3시까지 예정된 행사에 대한 모든 정보를 저에게 주실 수 있나요?

A Sure, there are two events scheduled from 1 P.M. to 3 P.M.

The first one is 'Spring Field Trip', and it will be held on September 15th in the West Lawn.

The second one is 'International Firm', and it will be held on September 22nd in the Wilson Stadium.

That's all.

네 오후 1시부터 3시까지 2개의 행사가 예정되어 있습니다.

첫 번째는 '봄 현장학습'이고, 9월 15일에 West Lawn에서 열릴 예정입니다.

두 번째는 '국제 기업'으로, 9월 22일 윌슨 스타디움에서 열립니다.

이상입니다.

유형 6. 등산로 정보

☑ 등산로의 운영시간, 난이도, 길이 등에 대해 질문합니다.

1 유형 특징

① 질문자는 등산로를 이용하고자 하는 고객입니다.
② 종종 등산로 별 특이사항이나 특색이 제시됩니다.

2 빈출 문제 유형

① 등산로의 운영 기간 및 시간이 8번으로 자주 출제됩니다.
② 특이사항이나, 특정 등산로의 세부 특징과 관련된 사항이 9번으로 자주 출제됩니다.
③ 거리나 난이도의 공통점을 가진 등산로들이 10번으로 자주 출제됩니다.

📖 등산로 템플릿

We open 요일/월 through 요일/월.	우리는 ~요일/월부터 ~요일/월까지 운영합니다.
There is a trail for beginners.	초급자들을 위한 등산로가 있습니다.
There is a trail for intermediate / advanced-level runners.	중급/고급 레벨 등산객들을 위한 등산로가 있습니다.
We have a trail for experienced runners.	숙련된 등산객들을 위한 등산로가 있습니다.

빈출 유형 연습

✅ 등산로 템플릿을 활용해 아래 질문에 답변을 해보세요.

LulkerBe Nature Park Running Trail
Open daily, May through November, 9 A.M. - 7 P.M.

Trail	Challenge	Distance	Note
Nathan Peak	Difficult	10 kilometers	Stiff hills
Lone Trail	Difficult	8 kilometers	
Wilson Road	Difficult	9 kilometers	Cross bike trail
Edison Trail	Easy	2 kilometers	
Breeze Rail	Intermediate	4 kilometers	
Simon Peak	Easy	1 kilometer	Designed for beginners

* Children under 15 should be accompanied by an adult

🔊 Let me ask you about the details of the LulkerBe Nature Park Running Trail.

루커비 자연공원 등산로에 대한 자세한 내용을 여쭤보겠습니다.

8번 빈출 유형 및 콤보 활용 답변

Q On what days can I use your trails and what is the earliest time that I can run on your trails?

등산로를 이용할 수 있는 날은 언제이며, 등산로를 이용할 수 있는 가장 빠른 시간은 언제인가요?

A We open every day from May to November and the earliest time you can use our trail is 9 A.M.

저희는 5월부터 11월까지 매일 문을 열고, 저희 등산로를 이용할 수 있는 가장 빠른 시간은 오전 9시입니다.

Q I heard that there is a trail for intermediate runners. What is the trail called and how long it is?

중급 등산객들을 위한 등산로가 있다고 들었습니다. 그 등산로의 이름은 무엇이며 길이는 어떻게 되나요?

A The trail for intermediate runners is Breeze Rail, and it's 4 kilometers long.

중급 등산객들을 위한 등산로는 브리즈 레일이고, 길이는 4킬로미터입니다.

빈출 유형 연습

● **9번 빈출 유형 및 콤보 활용 답변**

Q My son wants to use one of your trails by himself. Is that ok?

제 아들이 등산로 중 하나를 혼자 사용하고 싶어 합니다. 가능한가요?

A It depends on how old he is. If he is under fifteen, he should be accompanied by an adult. Otherwise, he can use the trail alone.

아드님의 나이에 따라 다릅니다. 만약 아드님이 15세 미만이라면, 어른과 동행해야 합니다. 그렇지 않으면, 아드님은 혼자 등산로를 이용할 수 있습니다.

Q I want to ride a bike when using your trail. Do you have any trail that I can ride a bike?

당신의 등산로를 이용할 때 자전거를 타고 싶습니다. 제가 자전거를 탈 수 있는 등산로가 있습니까?

A Yes, we do. We have Wilson Road, which is a cross bike trail. It's a 'difficult' level and nine kilometers long.

네, 있습니다. 자전거 횡단로인 윌슨 로드가 있습니다. 그것은 '상급' 레벨이고, 길이는 9킬로미터입니다.

🟣 10번 빈출 유형 및 콤보 활용 답변

Q I am an experienced runner for more than ten years. Please give me all the details of trails that are suitable for experienced runners like me.

저는 10년 이상의 경험이 있는 등산객입니다. 저처럼 경험이 많은 등산객들에게 적합한 코스를 자세히 알려주세요.

A Sure, we have three trails that are suitable for experienced runners like you.

The first one is Nathan Peak and it's 10 kilometers long. Also, please be aware that it has quite stiff hills.

The second one is the Lone Trail which is 8 kilometers long.

The last one is Wilson Road and it's 9 kilometers long. Also, it has a cross-bike trail.

That's all.

물론이죠, 고객님과 같이 경험이 많은 등산객들에게 적합한 코스가 세 개가 있습니다.

첫 번째는 네이튼 피크로 길이는 10킬로미터입니다. 또한, 그 길은 꽤 험준한 언덕을 가지고 있다는 것을 기억해 주세요.

두 번째 길은 8킬로미터 길이의 론 트레일입니다.

마지막은 윌슨 로드이고 길이는 9킬로미터입니다. 또한, 그 등산로는 자전거 횡단 코스를 가지고 있습니다.

이상입니다.

빈출 유형 연습

유형 7. 창고 정보

✅ 창고 업체의 운영시간 및 창고의 크기, 비용, 특징 등에 대해 질문합니다.

1 유형 특징

① 질문자는 창고를 이용하고자 하는 고객입니다.
② 종종 할인 조건이 세부사항으로 제시됩니다.

2 빈출 문제 유형

① 창고의 운영 일시 및 위치가 8번으로 자주 출제됩니다.
② 할인정보 및 세부사항을 확인하는 문제가 9번으로 자주 출제됩니다.
③ 타입, 크기, 비용 측면에서 공통점을 가진 창고들이 10번으로 자주 출제됩니다.

📖 창고 템플릿

We are located at 주소.	우리는 ~에 위치해 있습니다.
We are open from 요일/시각 to 요일/시각.	우리는 요일/시각부터 요일/시각까지 운영합니다.
The storage costs 00 dollars per month.	그 창고는 한 달에 00불입니다.
We have two temperature-controlled storages.	온도 조절이 되는 창고가 두 개 있습니다.

✅ 창고 정보 템플릿을 활용해 아래 질문에 답변을 해보세요.

John's Storage
Livingston, Piscataway, Alderwood Road 7
Open weekdays all year round for your convenience
9 A.M. – 6 P.M.

Available storages		
Type	Cost	Size
Small	60 $ / monthly	80 square meters
Small (temperature controlled)	70 $ / monthly	85 square meters
Medium	90 $ / monthly	105 square meters
Medium	100 $ / monthly	120 square meters
Large	150 $ / monthly	160 square meters
Large (temperature controlled)	180 $ / monthly	160 square meters
* 20% discount offered with a valid student ID		

🔊 Hi, I hope you could give me some information about your storages.

안녕하세요, 당신의 창고에 대한 정보를 저에게 줄 수 있기를 바랍니다.

빈출 유형 연습

● **8번 빈출 유형 및 콤보 활용 답변**

Q On what what days do you open your storages and what time do you close?

창고를 여는 요일과 닫는 시간은 어떻게 됩니까?

A We open from Monday to Friday (every weekday) all year round, and we close at 6 P.M.

저희는 1년 내내 월요일부터 금요일까지 (매주 평일) 운영하며, 오후 6시에 닫습니다.

Q How much is the cheapest storage, and how big is it?

가장 저렴한 창고는 얼마입니까? 그리고 얼마나 큰 가요?

A The cheapest storage is 60 dollars per month, and 80 square meters which is a small type.

가장 저렴한 창고는 작은 종류의 창고입니다. 한 달에 60달러이고 80평방미터입니다.

9번 빈출 유형 및 콤보 활용 답변

Q I heard that I could get a 30% discount if I bring my student ID. Is that correct?

학생증을 가져오면 30% 할인을 받을 수 있다고 들었습니다. 그것이 맞습니까?

A I am afraid not. If you bring your student ID, we offer you a 20% discount. Please keep that in mind.

유감스럽게도 그렇지 않습니다. 학생증을 가져오시면 20% 할인을 해드립니다. 이 점 기억해 주세요.

Q I heard that the storage is located at Davison, Lincoln Street 7. Am I right?

창고가 링컨 가 7번지 데이비슨에 있다고 들었는데 맞나요?

A No, actually, we are located at Livingston, Piscataway, Alderwood Road 7. Please keep that in mind.

아니요, 저희는 앨덜우드 로드 7번 길, 피스카타웨이, 리빙스톤에 위치해 있습니다. 이 점 기억해 주세요.

빈출 유형 연습

● **10번 빈출 유형 및 콤보 활용 답변**

Q Could you give me all the details of the available storage spaces that are temperature-controlled?

온도 조절이 가능한 창고들에 대한 모든 세부사항을 알려주실 수 있나요?

A Sure, we have two temperature-controlled storages.

The first one is a small storage and it's 85 square meters. It costs 70 dollars per month.

The second one is a large storage which is 160 square meters. It costs 180 dollars per month.

That's all.

네, 온도 조절이 가능한 창고가 두 개 있습니다.

첫 번째는 소형 창고이고 85평방미터입니다. 그 창고는 한 달에 70달러입니다.

두 번째는 대형 창고이며, 160평방미터입니다. 그 창고는 한 달에 180달러입니다.

이상입니다.

Q Could you give me all the details of the storages that cost above 100 $ per month?

한 달에 100달러가 넘는 창고에 대한 모든 정보를 알려주실 수 있나요?

A Sure, we have two storages which cost above 100 dollars per month.

The first one is a large storage which is 160 square meters. It costs 150 dollars per month.

The second one is a temperature-controlled large storage which is 160 square meters. It costs 180 dollars per month.

That's all.

네, 한 달에 100달러가 넘는 창고가 두 개 있습니다.

첫 번째는 큰 창고이고 160평방미터입니다. 그 창고는 한 달에 150달러입니다.

두 번째는 온도 조절이 가능한 큰 창고이며, 160평방미터입니다. 그 창고는 한 달에 180달러입니다.

이상입니다.

실전 테스트

✅ 45초간 표를 읽고, 준비 시간과 답변 시간에 맞춰 각 질문에 답변해 보세요. 10번 문제는 두 번 들려줍니다.

SET 1

TOEIC Speaking Questions 8-10 of 11

Monthly Seminar of Edison Community
Daily rate 50$, Two-day rate 80$

August 19	10:00 - 11:30 A.M.	Opening speech (Keynote speaker: William Garrison)
	11:30 A.M. - 12:30 P.M.	Workshop - New regulations on recycling
	12:30 - 1:30 P.M.	Lunch (no additional charge)
	1:30 - 3:00 P.M.	Lecture - Importance of community events
August 20	9:00 - 10:00 A.M.	Group discussion - How to make our community better
	10:00 - 11:00 A.M.	~~Presentation - new environmental policies in Edison city~~ *Canceled*
	11:00 A.M. - 12:30 P.M.	Workshop - Fundamental qualifications of community leaders

PREPARATION TIME
00:00:45

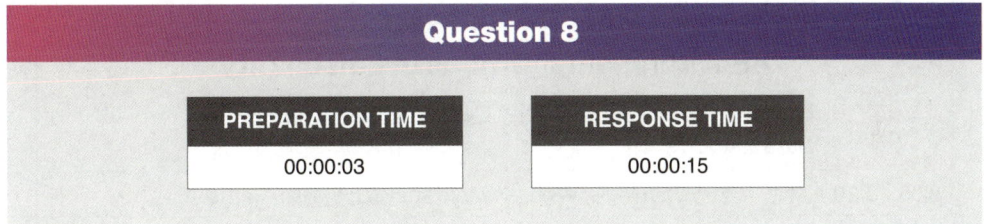

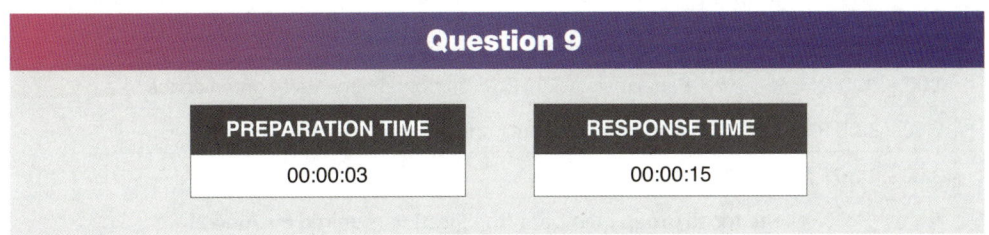

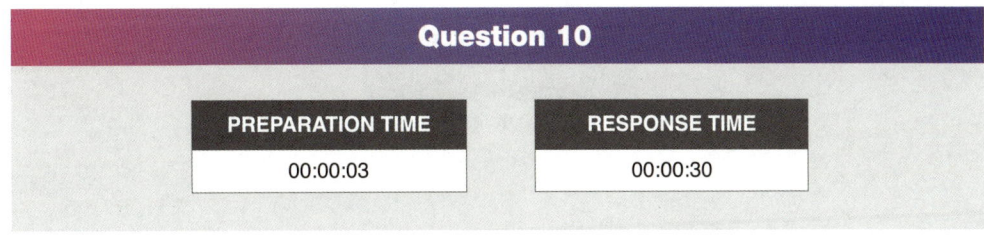

SET 2

TOEIC Speaking — Questions 8-10 of 11

Monthly conference
- Environmental Groups in Edison City

Location: Edison Community Center (Central Auditorium)
Date: June 12

Time	Event
8:00 - 8:30 A.M.	Opening speech (Keynote speaker: William Garrison)
8:30 - 10:00 A.M.	Presentation: How to preserve old trees (Gilbert Kim)
10:00 A.M. - 12:00 P.M.	Panel discussion: 10 ways to increase community recycling rate
12:00 - 1:00 P.M.	Lunch (purchase food at cafeteria)
1:00 - 2:00 P.M.	Panel discussion: Environmental benefits of green space
2:00 - 3:00 P.M.	Workshop: Updates on garbage collection policies
3:00 - 3:30 P.M.	Closing remarks

* Free for all group members (registration required by June 2)

PREPARATION TIME
00:00:45

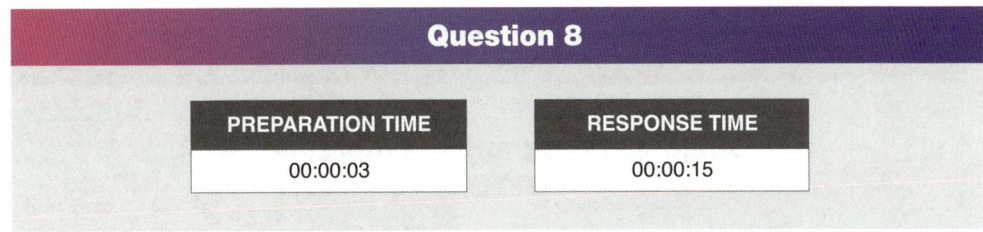

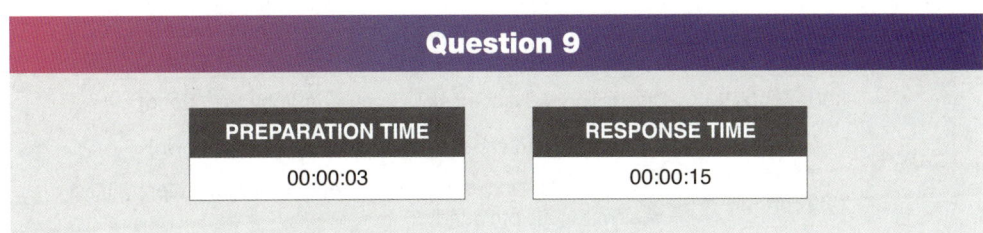

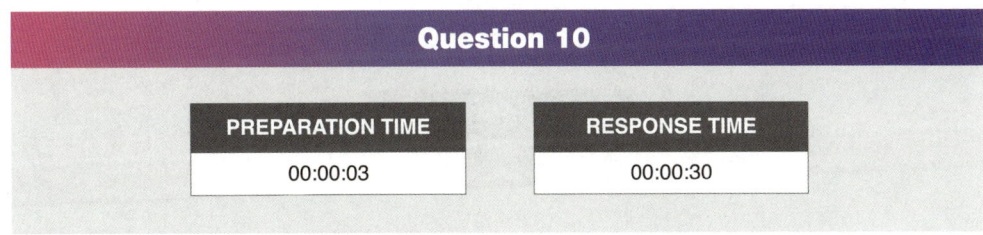

SET 3

TOEIC Speaking — Questions 8-10 of 11

Annual Photography Conference
Location: Sampson Hotel (Grandeur conference center)

May 3	1:00 - 2:00 P.M.	Discussion: Topic person (Kelly Clackson)
	2:00 - 3:30 P.M.	Lecture: How to advertise your photos (Ray Pond)
	3:30 - 5:00 P.M.	Workshop: Basic skills for photography (Teddy Murat) (* all materials provided)
May 4	1:00 - 2:00 P.M.	Discussion: Advanced skills in photography (Ray Pond)
	2:00 - 3:30 P.M.	Lecture: How to choose the best lenses (Chris Brown)
	3:30 - 4:30 P.M.	Workshop: Advanced techniques for photography (Jenny Tailor) (* all materials provided)
	** Special exhibition: The Tibetan (held in both days)	

PREPARATION TIME
00:00:45

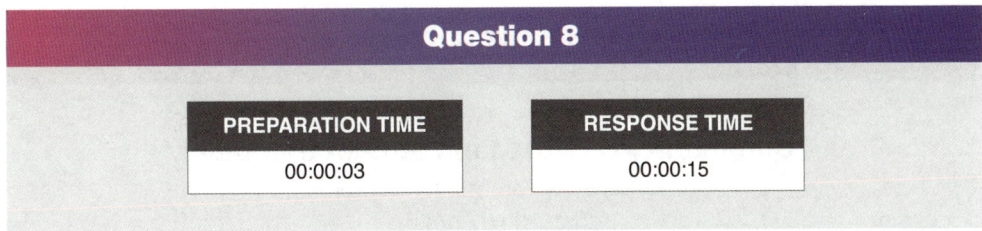

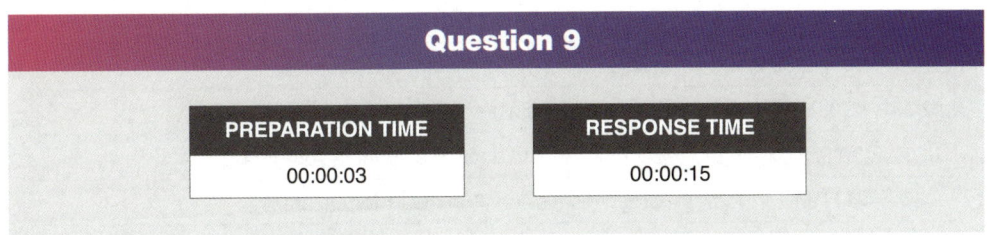

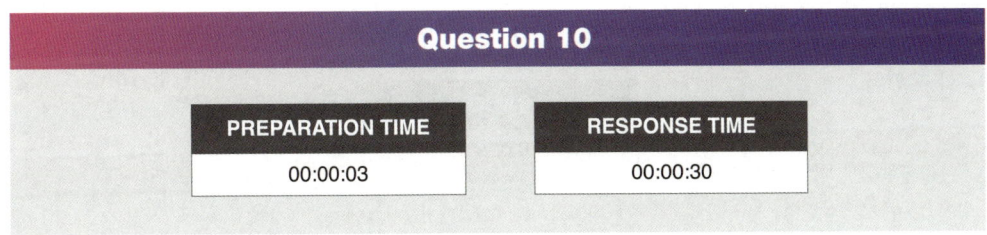

SET 4

TOEIC Speaking — Questions 8-10 of 11

Community Health Management Seminar
Greendale Community Center
Saturday, April 5

Time	Activity
9:00 - 10:00 A.M.	Welcome speech (David Chang, organizer)
10:00 - 11:00 A.M.	Lecture: Nutritional supplements for children
11:00 A.M. - 12:30 P.M.	Prese ntation: Healthy diet and exercise
12:30 - 1:30 P.M.	Lunch (Tillet dining hall)
1:30 - 2:30 P.M.	Lecture: How to decrease sugar in your food
2:30 - 4:00 P.M.	Group discussion: Fun meals for children
4:00 - 5:30 P.M.	Panel: Q&A session

PREPARATION TIME
00:00:45

Question 8

PREPARATION TIME	RESPONSE TIME
00:00:03	00:00:15

Question 9

PREPARATION TIME	RESPONSE TIME
00:00:03	00:00:15

Question 10

PREPARATION TIME	RESPONSE TIME
00:00:03	00:00:30

SET 5

TOEIC Speaking — Questions 8-10 of 11

Faithful Investment Company
Interview Schedule

Position: Investment specialist
January 22, Golden conference room

Time	Applicant	Current Employer	Notes
10:00 A.M.	Irene Carol	Growth Investment	French - Advanced Level
~~11:00 A.M.~~	~~Lindsay Martha~~	~~Supreme Investment~~	*Canceled*
1:00 P.M.	William Chang	Millennium Insurance	Phone interview
2:00 P.M.	Jerry Chandler	True Stocks	Specializes in stock investment
3:00 P.M.	Nathan Lauren	Millennium Insurance	Experience as an insurance manager (12 years)

PREPARATION TIME
00:00:45

Question 8

PREPARATION TIME	RESPONSE TIME
00:00:03	00:00:15

Question 9

PREPARATION TIME	RESPONSE TIME
00:00:03	00:00:15

Question 10

PREPARATION TIME	RESPONSE TIME
00:00:03	00:00:30

실전 테스트

SET 6

TOEIC Speaking — Questions 8-10 of 11

GK Electronics - International conference in Summer
Itinerary for Robert Wesson
(Manager, technical support department)

Depart	Barcelona, Floral Airlines, flight 74	9:35 A.M.	July 22
Arrive	Riga	1:20 P.M.	July 22
Depart	Riga, Euro Airlines, flight 82	12:25 P.M.	July 26
Arrive	Barcelona	4:00 P.M.	July 26
Hotel	Central Green Tree Hotel, Riga	July 22 ~ July 26 (check in 2 P.M., check out 11 A.M.)	

* Presentations at conference (Shuttle provided by hotel to Mega Conference Center)

- July 23	1:35 - 3:00 P.M.	Panel discussion: How to deal with customers' inquiries
- July 25	9:00 - 11:15 A.M.	Workshop: New tablet models with advanced functions

PREPARATION TIME
00:00:45

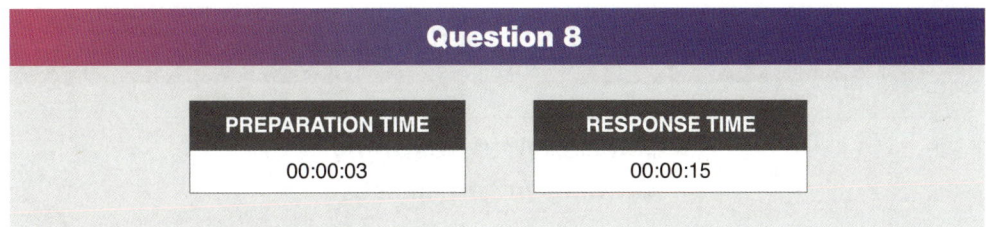

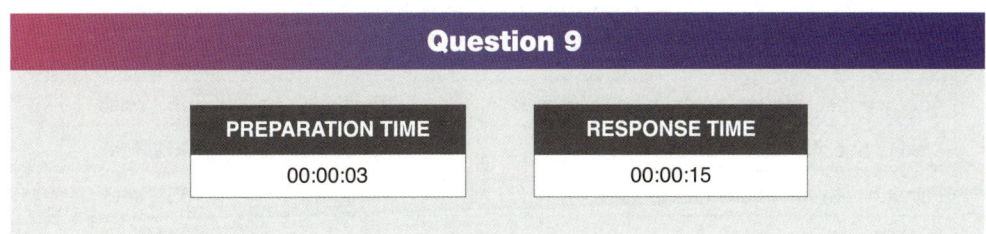

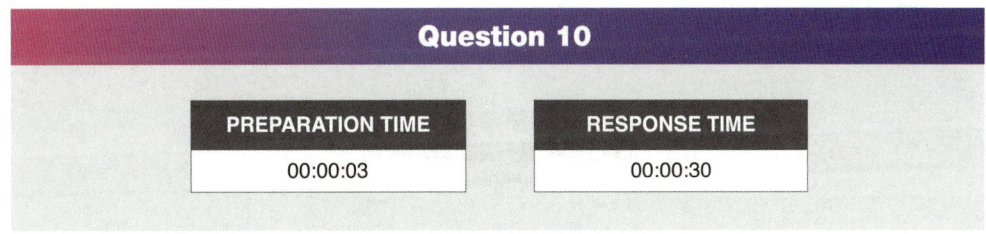

SET 7

Camden Arts Academy
Drawing and art classes

Dates: July 1 - Sep 25
Time: 5:00 - 6:30 P.M.
Registration deadline: June 22

Basics for drawing (beginner)	Mondays	35$/week
Advanced techniques of Sculpting (advanced)	Tuesdays	55$/week
Making fine sketches (intermediate)	Wednesdays	45$/week
Painting with watercolors (beginner)	Thursdays	65$/week
Lights for photography (advanced)	Fridays	50$/week
Skills of figure painting (intermediate)	Saturdays	25$/week

PREPARATION TIME
00:00:45

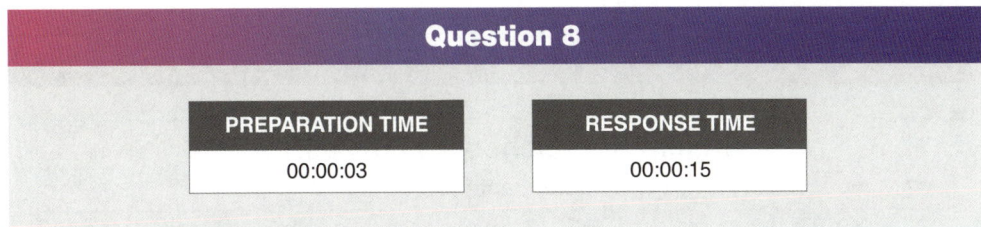

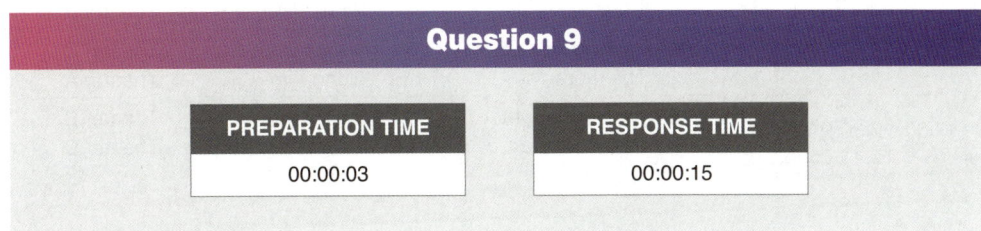

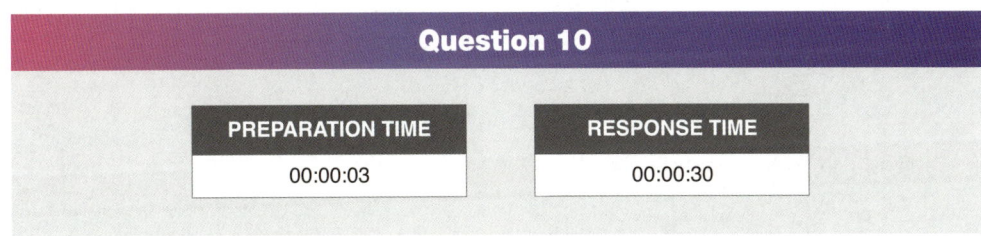

SET 8

TOEIC Speaking — Questions 8-10 of 11

Virginia High School – Film Festival
New Gibbons Center, November 2

Time	Film	Director	Location
9:00 - 11:00 A.M.	One last stop Landslide	Kelly Clarkson Peter June	Theater A Theater B
11:00 A.M. - 1:00 P.M.	The last thing he told me The therapist	Masimo Dotti Jong Kim	Theater C Theater A
1:00 - 2:30 P.M.	Dreams and Nights Good people	Kelly Clarkson Rosenberg Henderson	Theater B Theater C

PREPARATION TIME
00:00:45

Question 8

PREPARATION TIME	RESPONSE TIME
00:00:03	00:00:15

Question 9

PREPARATION TIME	RESPONSE TIME
00:00:03	00:00:15

Question 10

PREPARATION TIME	RESPONSE TIME
00:00:03	00:00:30

SET 9

TOEIC Speaking — Questions 8-10 of 11

Summerville National Park Hiking Trails
Open 8:00 A.M. - 8:00 P.M.

Trail	Difficulty level	Length
Hickory trail	Easy	2 kilometers
Cliffside trail	Easy	3 kilometers
Greensward trail	Intermediate	5 kilometers
Lowland trail	Intermediate	7 kilometers
The Louisville loop trail	Intermediate	9 kilometers
Riparian trail	Difficult	11 kilometers
Humana Grand trail	Difficult	12 kilometers
Parking: Monday-Friday 10$/day, Saturday-Sunday 15$/day		

PREPARATION TIME
00:00:45

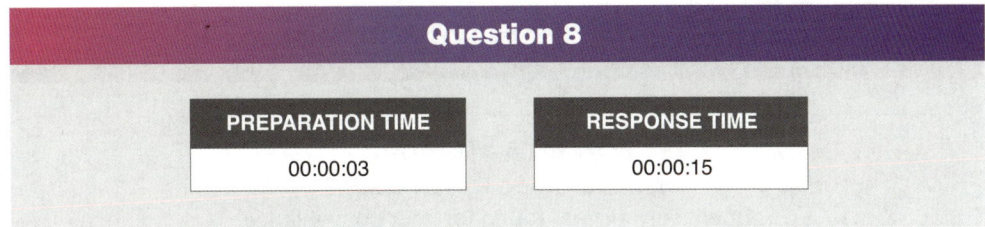

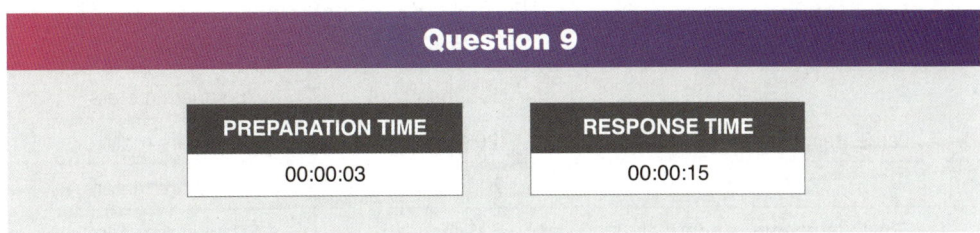

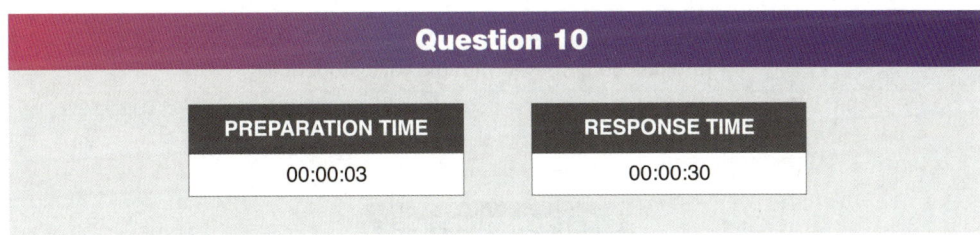

SET 10

TOEIC Speaking — Questions 8-10 of 11

Sarah's Storage
New Brunswick, Edison Road 19
Open daily all year round for your convenience
9:00 A.M. - 7:00 P.M.

Available storages		
Type	Cost	Size
Small	50$/monthly	75 square meters
Large (temperature controlled)	120$/monthly	170 square meters
Medium	70$/monthly	100 square meters
Small (temperature controlled)	60$/monthly	80 square meters
Large	150$/monthly	150 square meters
Medium	90$/monthly	105 square meters

* 10% discount offered with the valid student ID

PREPARATION TIME
00:00:45

Question 8

PREPARATION TIME	RESPONSE TIME
00:00:03	00:00:15

Question 9

PREPARATION TIME	RESPONSE TIME
00:00:03	00:00:15

Question 10

PREPARATION TIME	RESPONSE TIME
00:00:03	00:00:30

Question 11

의견 말하기
Express an opinion

- 유형 파악
- 답변 전략
- 만능 템플릿
- 빈출 유형 연습
- 실전 테스트

유형 파악

문제 구성

문항 번호	문제 유형	준비 시간	답변 시간	평가 기준	점수
Question 11 (1문제)	Express an Opinion (의견 말하기)	준비 시간: 45초	답변 시간: 60초	발음, 억양 및 강세, 문법, 어휘, 일관성, 내용의 관련성, 내용의 완성도	5점

시험 진행 순서

1 시험 안내문

시험 진행 방식에 대한 안내문이 화면에 제시되며 이를 음성으로 들려줍니다.

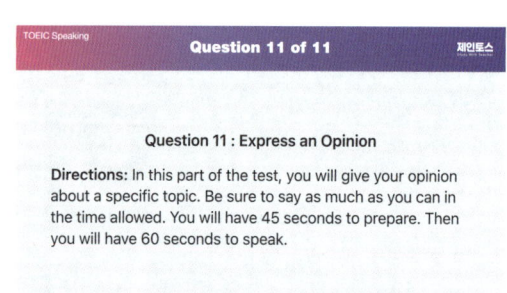

2 질문 제시

안내문이 사라진 후, 화면에 질문이 등장하며 이를 음성으로 들려줍니다.

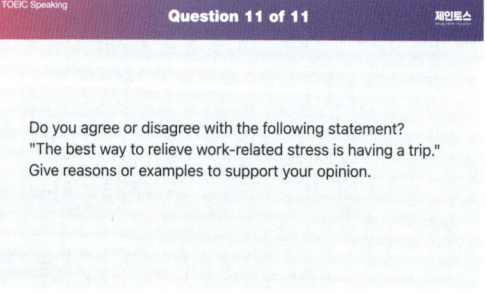

3 준비 시간
그 후 답변 준비 시간 45초가 주어집니다.

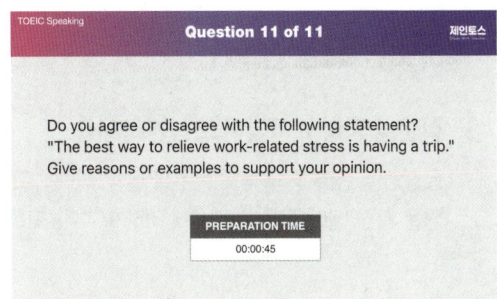

4 답변 시간
그 후 답변 시간 60초가 주어집니다.

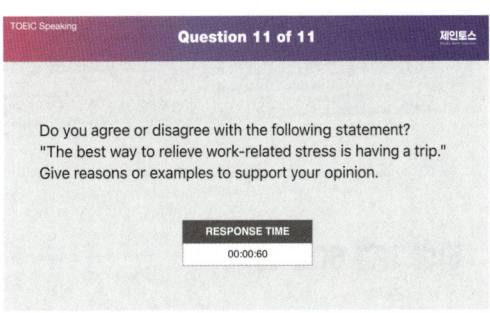

답변 전략

학습 포인트

준비 시간 45초 전략

1 질문을 명확히 파악하고 답변하세요.

유창한 답변을 하더라도 질문을 잘못 이해하고 답변한다면, 저점을 받게 됩니다.
짧은 시간 내에 질문을 빠르게 이해할 수 있도록, 다양한 11번 문제를 다루어 질문의 문장구조를 익혀 두세요.

2 의견을 빠르게 정하고, 답변의 핵심 내용을 키워드로 필기하세요.

내가 연습한 내용을 활용할 수 있는 의견을 선택한 후,
의견에 대한 이유의 핵심 내용을 키워드로 간략히 필기하세요.
키워드 필기 시, 약어나 (예: effective = eff) 기호를 (예: increase = ↑) 사용하시면 효과적입니다.

답변 시간 60초 전략

1 구조화된 답변을 전개하세요.

많은 문장을 답변해도 조리 있는 답변이 아닌 경우 고득점 달성이 어렵습니다.
[의견 - 이유1 - 이유2 - 마무리] 순서에 맞춰 구조화된 답변을 해주세요.

2 답변 아이디어 및 템플릿 연습

의견 말하기 유형에서는 다양한 주제에서 문제가 출제됩니다.
시험 전, 다양한 주제에 대한 답변 아이디어 구상 및 템플릿 연습을 충분히 해주세요.

3 논리적인 답변을 발화하세요.

한 개의 이유를 제시하더라도 내 의견을 논리적으로 뒷받침하는 이유를 말해야 합니다.
내가 선택한 의견을 고려해 내용이 적절한 부연 설명을 포함해 주세요.

고득점 답변 전략

1 답변 템플릿

☑ 다음 답변 구조 및 형용사 템플릿을 활용하여, 나의 의견과 이유를 구조화하여 답변하세요.

입장문	**의견** I (don't) think that [명제] ~라고 생각합니다. [생각하지 않습니다.] **동의 ｜ 비동의** I agree (disagree) with the statement that [명제] ~에 동의합니다. [동의하지 않습니다.] **장점 ｜ 단점** There are some advantages (disadvantages) of [대상] ~의 장점[단점]이 몇 가지 있습니다.
이유 도입	There are two reasons for this. 이에 대한 이유가 두 개 있습니다.
이유 1 (형용사 템플릿 + 부연설명)	First, it's [형용사] 첫 번째로, ~입니다. For example, [부연 설명] 예를 들어서~
이유 2 (형용사 템플릿 + 부연설명)	Second, it's [형용사] 두 번째로, ~입니다. For instance, [부연 설명] 예를 들어서~
마무리 (올템)	Although it could be different for each occasion, I think it makes sense in general. These are the reasons why I think in this way. 각 상황마다 다를 수 있지만, 일반적으로 이러한 이유가 타당하다고 생각합니다. 이것이 제가 이렇게 생각하는 이유입니다.

답변 전략

2 답변 템플릿 적용 예시

🔍 **Sample Question**

If your employer asks you to work in a foreign country for a year or more, would you accept that offer? Why or why not?

당신의 고용주가 해외에서 1년 또는 그 이상 근무하라고 제안한다면, 그 제안을 받아들일 건가요? 이유는 무엇입니까?

입장문	**I think** I would accept that offer if my employer asks me to work abroad. 만약 제 고용주가 해외에서 근무하라고 제안한다면 저는 받아들일 것 같습니다.
이유 도입	**There are two reasons for this.** 이에 대한 이유가 두 개 있습니다.
이유 1 (형용사 템플릿 + 부연설명)	**First, it's** beneficial. **For example,** I could get valuable work experience and expand my perspectives. This will help me build a strong career. 첫째, 이롭습니다. 예를 들어, 저는 값진 업무 경험을 쌓고 식견을 넓힐 수 있을 겁니다. 이것은 제가 탄탄한 커리어를 쌓는데 도움이 될 것입니다.
이유 2 (형용사 템플릿 + 부연설명)	**Second, it's** helpful. **For instance,** while working in the new environment, I will learn about flexibility and adaptability. These will improve my social skills. 둘째, 도움이 됩니다. 예를 들어, 새로운 환경에서 일하면서 저는 융통성과 적응력에 대해 배울 것입니다. 이것들은 저의 사회성을 향상시킬 것입니다.
마무리 (올템)	**Although it could be different for each occasion, I think it makes sense in general. These are the reasons why I think in this way.** 각 상황마다 다를 수 있지만, 일반적으로 이러한 이유가 타당하다고 생각합니다. 이것이 제가 이렇게 생각하는 이유입니다.

만능 템플릿

☑ 빈출 유형 문제들의 답변에 사용할 수 있는 만능 템플릿입니다.
  각 문제별 키워드에 알맞은 만능템을 사용하세요.

1 리더의 중요한 덕목

키워드
- Communication skill 소통 능력
- A sense of humor 유머 감각
- Social skill 사회성
- Leadership skill 리더십 스킬

↓

만능템

① A leader with (good communication skill) can strengthen teamwork.
(좋은 의사소통 기술)을 가진 리더는 팀워크를 강화할 수 있습니다.

② A leader having (good communication skill) can resolve conflicts quickly.
(좋은 의사소통 기술)을 가진 리더는 갈등을 빠르게 해결할 수 있습니다.

2 직업 만족도 요소

키워드
- A high salary 높은 급여
- A flexible schedule 유연한 근무 시간
- Working from home 재택근무
- Good employee benefits 좋은 직원 복지

↓

만능템

① I can live a more satisfying life.
저는 더 만족스러운 삶을 살 수 있습니다.

② It will improve the quality of life.
그것은 삶의 질을 향상시킬 것입니다.

3 임직원의 능력

키워드
- Time-management skill 시간 관리 능력
- Multitasking skill 멀티테스킹 능력
- Work-related knowledge 업무 관련 지식
- Work-experience 업무 경험

↓

만능템

① The employee can prioritize tasks.
그 직원은 업무의 우선순위를 정할 수 있습니다.

② The employee can reduce mistakes and errors.
그 직원은 실수와 오류를 줄일 수 있습니다.

만능 템플릿

4-1 학생들의 현장학습 – 박물관

키워드: Visiting a museum 박물관 방문하기

⬇

만능템:
① It teaches a lot of things such as arts, history, and science.
그것은 학생들에게 예술, 역사, 과학과 같은 많은 것들을 가르칩니다.

② Students can see artifacts and displays.
학생들은 유물과 전시물을 볼 수 있습니다.

4-2 학생들의 현장학습 – 지역 기업

키워드: Visiting a local company 지역 기업 방문하기

⬇

만능템:
① It teaches a lot of things such as business operations or functions.
그것은 학생들에게 사업 운영이나 기능과 같은 많은 것들을 가르칩니다.

② Students can see the real workplace.
학생들은 실제 업무환경을 볼 수 있습니다.

5 더 중요한 학과목

키워드: Computer-skill class 컴퓨터 기술   Science class 과학 수업

⬇

만능템:
① It's crucial for everyday life, education, and future career.
이것은 일상생활, 교육, 그리고 미래의 직업에서 매우 중요합니다.

② It can enhance problem-solving skills.
이것은 문제 해결 능력을 강화할 수 있습니다.

6 운동의 중요성

키워드   Exercising 운동하기   Participating in a sports team 스포츠팀에 참여하기

↓

만능템   ① It involves lots of movements and activities.
이것은 많은 움직임과 활동을 수반합니다.

② We should exercise regularly for physical and mental health.
우리는 신체적, 정신적 건강을 위해 규칙적으로 운동해야 합니다.

7-1 소통 방식 – 대면 소통의 장점

키워드   Having a face-to-face meeting 대면 회의하기

↓

만능템   ① We can share ideas in real-time.
우리는 실시간으로 아이디어를 공유할 수 있습니다.

② We can see each other in person.
우리는 서로를 직접 볼 수 있습니다.

7-2 소통 방식 – 이메일의 장점

키워드   Sending an email 이메일 보내기

↓

만능템   ① We can organize thoughts before sharing.
우리는 공유하기 전에 생각을 정리할 수 있습니다.

② We can see records and texts in emails.
우리는 기록과 텍스트를 확인할 수 있습니다.

만능 템플릿

8-1 새로운 것 배우기 – 친구에게 배우기

키워드 Learning from a friend 친구에게 배우기

↓

만능템
① All I need to do is ask my friend.
저는 친구에게 물어보기만 하면 됩니다.

② I can spend quality time while learning.
저는 배우면서 좋은 시간을 보낼 수 있습니다.

8-2 새로운 것 배우기 – 인터넷으로 배우기

키워드 Learning from the Internet 인터넷으로 배우기

↓

만능템
① All I need to do is browse the Internet.
저는 인터넷을 검색하기만 하면 됩니다.

② I can go through lots of information while learning.
저는 배우면서 많은 정보를 살펴볼 수 있습니다.

9-1 SNS 이용 – 시간 낭비

키워드 Using social media is a waste of time SNS 사용은 시간 낭비입니다.

↓

만능템
① It can be addictive and time-consuming.
그것은 중독성이 있고 시간을 많이 쓰게 됩니다.

② There is a lot of misinformation.
잘못된 정보가 많습니다.

9-2 SNS 이용 - 유익함

키워드: Using social media is NOT a waste of time SNS 사용은 시간 낭비가 아닙니다.

⬇

만능템:
① It can be entertaining and enjoyable.
그것은 재미있고 즐거울 수 있습니다.

② There is a lot of useful information.
유용한 정보가 많이 있습니다.

10-1 스트레스 해소 - 비디오 게임 하기

키워드: Playing a video game 비디오 게임 하기

⬇

만능템:
① We can dive into a virtual world.
우리는 가상 세계에 빠질 수 있습니다.

② Upbeat and energetic games can improve our mood.
신나고 에너지 넘치는 게임은 우리의 기분을 좋게 해줍니다.

10-2 스트레스 해소 - 음악 듣기

키워드: Listening to music 음악 듣기

⬇

만능템:
① We can dive into another world.
우리는 다른 세계에 빠질 수 있습니다.

② Upbeat and energetic music can improve our mood.
신나고 에너지 넘치는 음악은 우리의 기분을 좋게 해줍니다.

*추가 템플릿 모음집이 부록에 수록되어 있으니 학습에 활용하세요.

빈출 유형 연습

☑ 다음 빈출 유형 문제에 의견 말하기 템플릿을 적용해서 답변을 연습해 보세요.

1

TOEIC Speaking — Question 11 of 11

Do you agree or disagree with the following statement?
"The most important qualification of a successful leader is social skill."

> 당신은 다음 진술에 동의합니까, 아니면 동의하지 않으십니까?
> "성공적인 지도자의 가장 중요한 덕목은 사회성입니다."

입장문	**I agree that** the most important qualification of a successful leader is social skill. **There are two reasons for this.** 저는 성공적인 리더의 가장 중요한 덕목이 사회성이라는 것에 동의합니다. 여기에는 두 가지 이유가 있습니다.
이유 1 (형용사 템플릿 + 부연설명)	**First, it's** <u>essential</u>. **For example,** a leader with social skill can <u>팀워크를 강화하다</u> ❶. So, all team members can <u>cooperate better</u>. 첫째, 중요합니다. 예를 들어, 사회성이 있는 리더는 팀워크를 강화할 수 있습니다. 따라서 모든 팀 구성원들이 더 잘 협력할 수 있습니다.
이유 2 (형용사 템플릿 + 부연설명)	**Second, it's** <u>helpful</u>. **For instance,** a leader having social skill can <u>갈등을 신속하게 해결하다</u> ❷. That way, the team can <u>work harmoniously</u>. 둘째, 도움이 됩니다. 예를 들어, 사회성을 가진 리더는 갈등을 신속하게 해결할 수 있습니다. 그렇게 함으로써 팀은 사이좋게 일할 수 있습니다.
마무리 (올템)	**Although it could be different for each occasion, I think it makes sense in general. These are the reasons why I think in this way.** 각 상황마다 다를 수 있지만, 일반적으로 이러한 이유가 타당하다고 생각합니다. 이것이 제가 이렇게 생각하는 이유입니다.

Answer

❶ strengthen teamwork   ❷ resolve conflicts quickly

2

TOEIC Speaking — Question 11 of 11

What are the advantages of working from home?

> 재택근무의 장점은 무엇입니까?

입장문	**There are several advantages of** working from home. 재택근무에는 몇 가지 장점이 있습니다.
이유 1 (형용사 템플릿 + 부연설명)	**First, it's** comfortable. **For example,** working from home can 스트레스를 줄이다 ① related to uncomfortable work-setting. So, it will increase my job satisfaction. 첫째, 편합니다. 예를 들어, 집에서 일하는 것은 불편한 업무 환경과 관련된 스트레스를 줄일 수 있습니다. 그래서 저의 직업 만족도가 높아질 것입니다.
이유 2 (형용사 템플릿 + 부연설명)	**Second, it's** beneficial. **For instance,** it will 삶의 질을 향상시키다 ② because I can enjoy more things with more spare time. 둘째, 유익합니다. 예를 들어, 저는 더 많은 여가 시간으로 더 많은 것들을 즐길 수 있기 때문에, 삶의 질이 향상될 것입니다.
마무리 (올템)	**Although it could be different for each occasion, I think it makes sense in general. These are the reasons why I think in this way.** 각 상황마다 다를 수 있지만, 일반적으로 이러한 이유가 타당하다고 생각합니다. 이것이 제가 이렇게 생각하는 이유입니다.

Answer

① reduce stress   ② improve the quality of life

실전 테스트

☑ 준비 시간, 답변 시간에 맞춰 각 문제에 답변해 보세요. (준비 시간 45초, 답변 시간 60초)

SET 1

TOEIC Speaking

Question 11 of 11

Which of the following do you think is a more important qualification for a leader to be effective: Communication skill or a sense of humor?

PREPARATION TIME	RESPONSE TIME
00:00:45	00:00:60

입장문	
이유 1	
이유 2	
마무리	

SET 2

TOEIC Speaking — Question 11 of 11

What would you consider more important when choosing a job: A high salary or a flexible schedule?

PREPARATION TIME	RESPONSE TIME
00:00:45	00:00:60

입장문	
이유 1	
이유 2	
마무리	

실전 테스트

SET 3

TOEIC Speaking — Question 11 of 11

Do you agree or disagree with the following statement?
"Time-management skill is a more important quality for a new employee than work-related knowledge."

PREPARATION TIME	RESPONSE TIME
00:00:45	00:00:60

입장문	
이유 1	
이유 2	
마무리	

SET 4

TOEIC Speaking

Question 11 of 11

Which is a better field trip for students: Visiting a museum or visiting a local company?

PREPARATION TIME	RESPONSE TIME
00:00:45	00:00:60

입장문	
이유 1	
이유 2	
마무리	

실전 테스트

SET 5

TOEIC Speaking

Question 11 of 11

Which is a more important subject for high school students: Computer-skill class or science class?

PREPARATION TIME	RESPONSE TIME
00:00:45	00:00:60

입장문	
이유 1	
이유 2	
마무리	

SET 6

TOEIC Speaking

Question 11 of 11

Do you think every high school student should participate in a sports team at school?

PREPARATION TIME	RESPONSE TIME
00:00:45	00:00:60

입장문	
이유 1	
이유 2	
마무리	

실전 테스트

SET 7

TOEIC Speaking　　　**Question 11 of 11**

Which is a more effective way to communicate at work: Having a face-to-face meeting or sending an email?

PREPARATION TIME	RESPONSE TIME
00:00:45	00:00:60

입장문	
이유 1	
이유 2	
마무리	

SET 8

TOEIC Speaking
Question 11 of 11

If you learned a new hobby, would you learn about it from your friend or from the Internet?

PREPARATION TIME	RESPONSE TIME
00:00:45	00:00:60

입장문	
이유 1	
이유 2	
마무리	

실전 테스트

SET 9

TOEIC Speaking　　　　**Question 11 of 11**

Do you think using social media is a waste of time?

PREPARATION TIME	RESPONSE TIME
00:00:45	00:00:60

입장문	
이유 1	
이유 2	
마무리	

SET 10

TOEIC Speaking — Question 11 of 11

Which do you think is a better way to reduce stress: Playing a video game or listening to music?

PREPARATION TIME 00:00:45

RESPONSE TIME 00:00:60

입장문	
이유 1	
이유 2	
마무리	

01

기출유형 모의고사
ACTUAL TEST

기출유형 모의고사 01

TOEIC Speaking

Questions 1-2 of 11

Questions 1-2 : Read a Text Aloud

Directions: In this part of the test, you will read aloud the text on the screen. You will have 45 seconds to prepare. Then you will have 45 seconds to read the text aloud.

Question 1 of 11

Thank you for calling our San Bernadino Service Center. If you have questions about our products and services, please press "one". If you are seeking information about business hours, location, and upcoming discount events, please press "two". If you need assistance with something else, please press "zero" to speak with a representative.

PREPARATION TIME	RESPONSE TIME
00:00:45	00:00:45

Question 2 of 11

Welcome, everyone, to our walking tour in Olympia. Our tour will commence at the entrance of Olympia Park. Following the park, we will leisurely explore the public garden, city center, and restaurant district. We will conclude the tour with dinner at Saint Peter's, the city's oldest and most renowned restaurant.

PREPARATION TIME	RESPONSE TIME
00:00:45	00:00:45

기출유형 모의고사 01

TOEIC Speaking

Questions 3-4 of 11

Questions 3-4 : Describe a Picture

Directions: In this part of the test, you will describe the picture on your screen in as much detail as you can. You will have 45 seconds to prepare your response. Then you will have 30 seconds to speak about the picture.

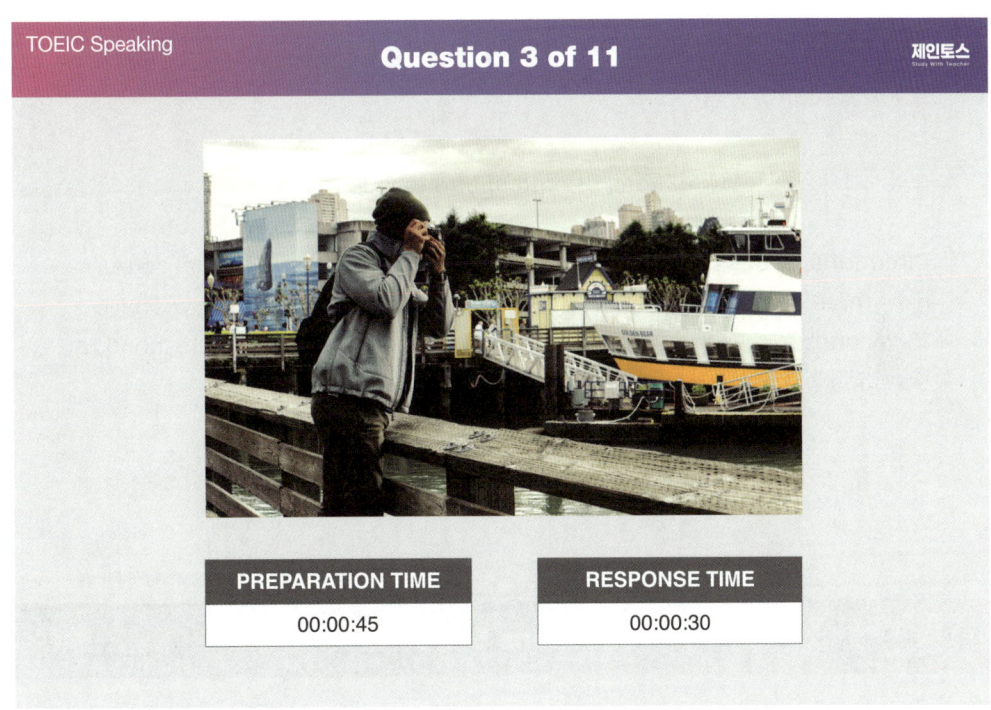

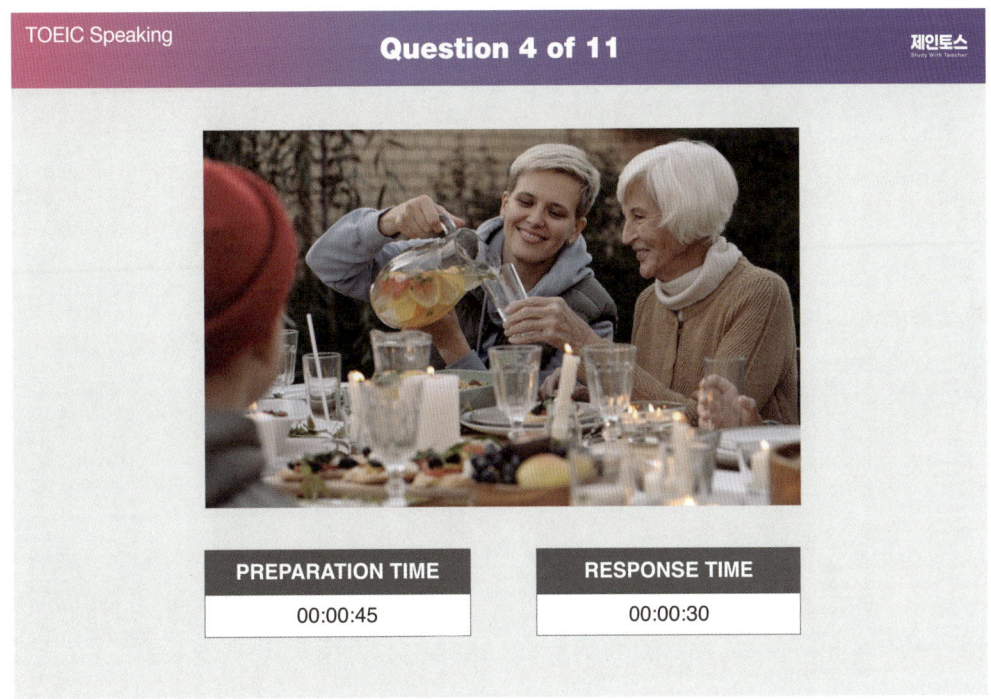

기출유형 모의고사 01

TOEIC Speaking — Questions 5-7 of 11

Questions 5-7 : Respond to Questions

Directions: In this part of the test, you will answer three questions. You will have three seconds to prepare after you hear each question. You will have 15 seconds to respond to Questions 5 and 6, and 30 seconds to respond to Question 7.

TOEIC Speaking — Questions 5-7 of 11

Imagine a marketing firm conducting research about hotels. You have agreed to participate in a telephone interview about it.

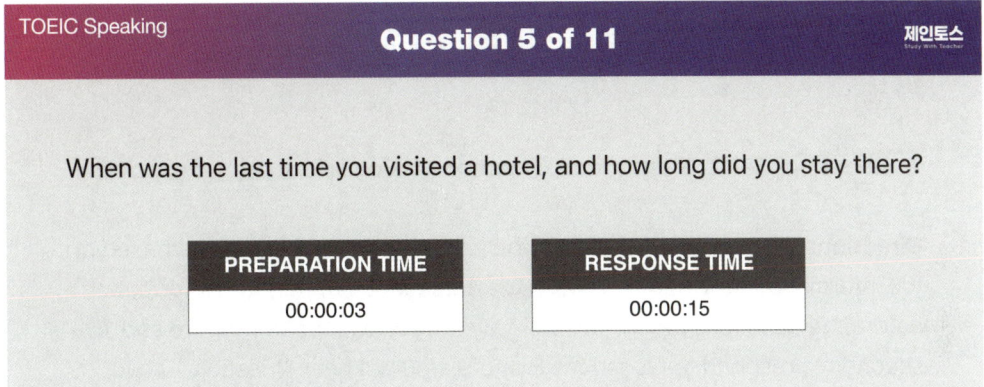

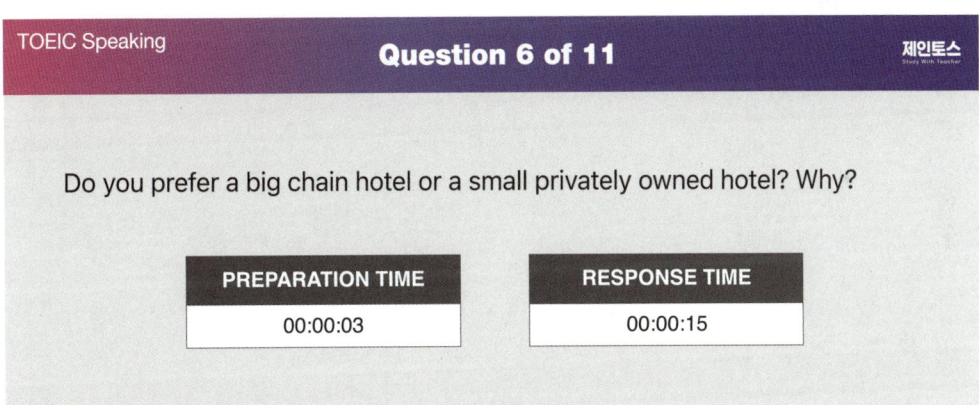

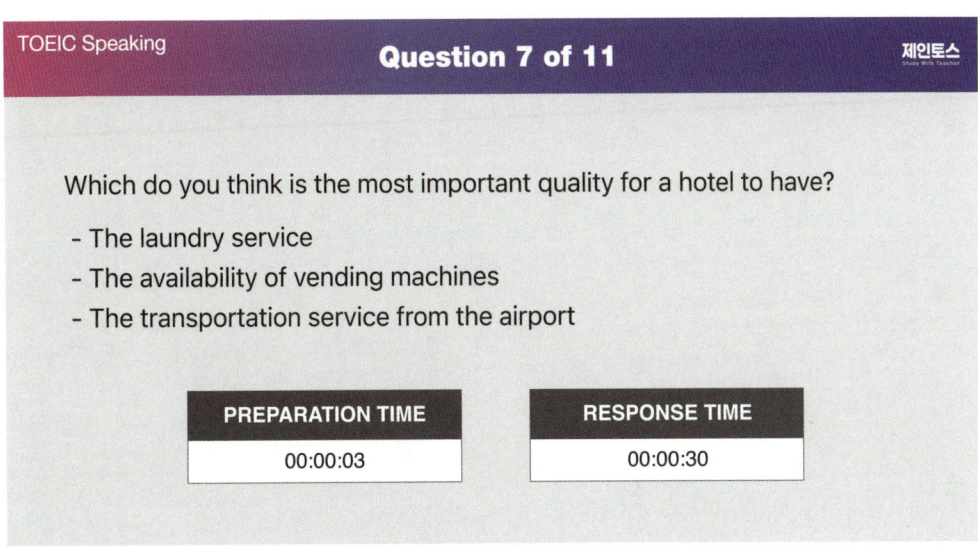

기출유형 모의고사 01

TOEIC Speaking

Questions 8-10 of 11

Questions 8-10 : Respond to Questions Using Information Provided

Directions: In this part of the test, you will answer three questions based on the information provided. You will have 45 seconds to read the information before the questions begin. You will have three seconds to prepare and 15 seconds to respond to Questions 8 and 9. You will hear Question 10 two times. You will have three seconds to prepare and 30 seconds to respond to Question 10.

Questions 8-10 of 11

New Media Seminar
Rendon Conference Center

August 1, Monday	10:00 - 11:30 A.M.	Creating Professional Videos, Faith Dey
	1:00 - 2:30 P.M.	Social Media Marketing World, Anne Courtney
	3:00 - 5:00 P.M.	Print Media, Gina Lossi
	5:30 - 7:00 P.M.	Advertising in Africa, Diana Fox
August 2, Tuesday	9:00 - 10:30 A.M.	Engaging with Online Reviews, Anthony Clark
	11:00 A.M. - 12:00 P.M.	Marketing your Organization, Gina Lossi
	1:00 - 2: 30 P.M.	Advertising in Europe, Diana Fox
	3:00 - 4:00 P.M.	Having Virtual Meetings, John Chen

PREPARATION TIME
00:00:45

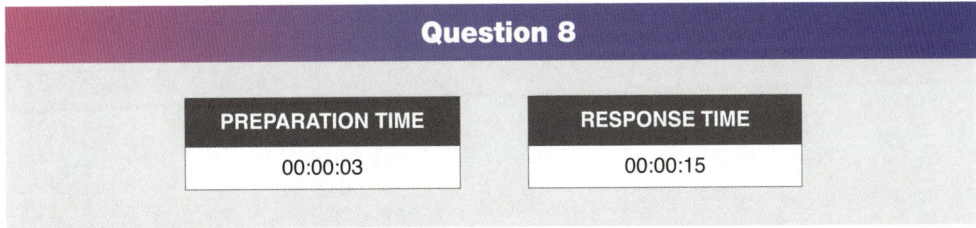

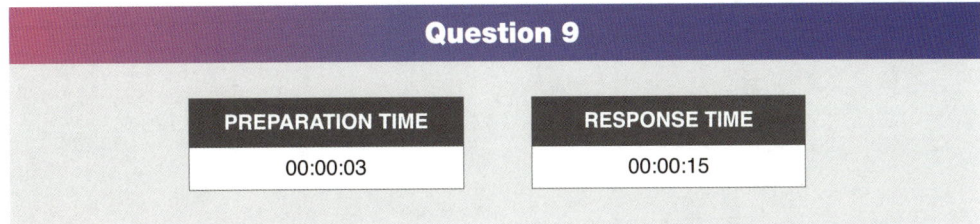

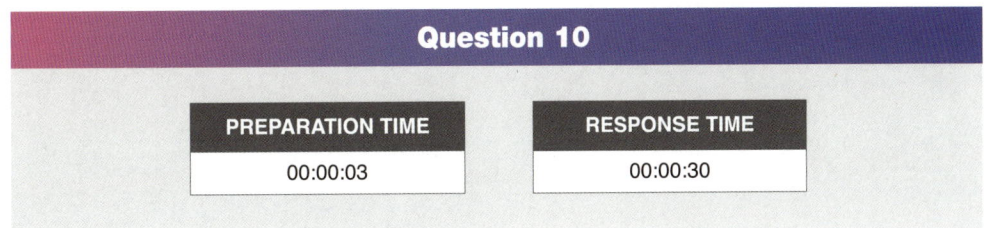

기출유형 모의고사 01

Question 11 : Express an Opinion

Directions: In this part of the test, you will give your opinion about a specific topic. Be sure to say as much as you can in the time allowed. You will have 45 seconds to prepare. Then you will have 60 seconds to speak.

Do you agree or disagree with the following statement?
"Attending a good university is more important these days than it was in the past."

PREPARATION TIME	RESPONSE TIME
00:00:45	00:00:60

MEMO

02

기출유형 모의고사
ACTUAL TEST

기출유형 모의고사 02

TOEIC Speaking

Questions 1-2 of 11

Questions 1-2 : Read a Text Aloud

Directions: In this part of the test, you will read aloud the text on the screen. You will have 45 seconds to prepare. Then you will have 45 seconds to read the text aloud.

TOEIC Speaking — Question 1 of 11

Before we begin our meeting, I would like to express my gratitude to Alexa Madison for volunteering to organize our company's picnic. This picnic will be a significant collaborative project, and we have full confidence that she will excel in this role. In the upcoming week, she will be seeking individuals who can assist in planning activities, purchasing food, and gathering donations.

PREPARATION TIME 00:00:45

RESPONSE TIME 00:00:45

TOEIC Speaking — Question 2 of 11

Hello, everyone. This is 'The Book in Your Pocket', a podcast that introduces new literature for use in your classroom. If you are a middle school English teacher, this episode will be very helpful to you. We will be reviewing literature that is exciting, interesting, and fun for students. But before we begin, let's hear a message from our sponsor.

PREPARATION TIME 00:00:45

RESPONSE TIME 00:00:45

기출유형 모의고사 02

TOEIC Speaking

Questions 3-4 of 11

Questions 3-4 : Describe a Picture

Directions: In this part of the test, you will describe the picture on your screen in as much detail as you can. You will have 45 seconds to prepare your response. Then you will have 30 seconds to speak about the picture.

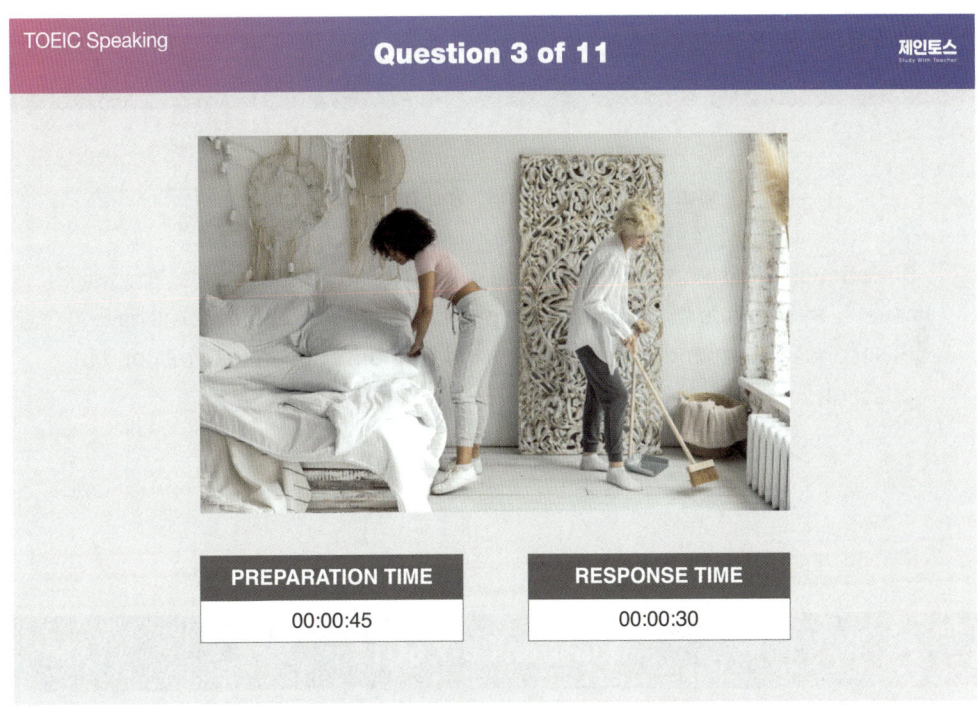

기출유형 모의고사 02

TOEIC Speaking — Questions 5-7 of 11

Questions 5-7 : Respond to Questions

Directions: In this part of the test, you will answer three questions. You will have three seconds to prepare after you hear each question. You will have 15 seconds to respond to Questions 5 and 6, and 30 seconds to respond to Question 7.

TOEIC Speaking — Questions 5-7 of 11

Imagine a marketing firm is conducting research about shopping for bags. You have agreed to participate in a telephone interview about it.

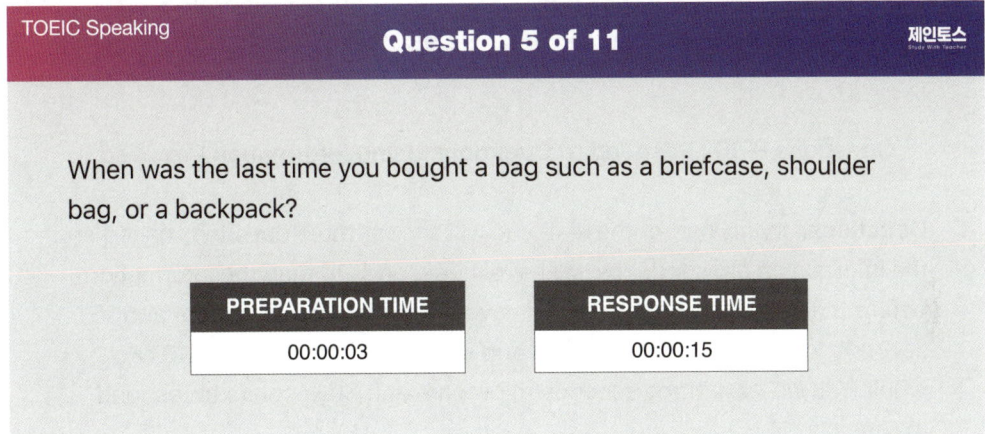
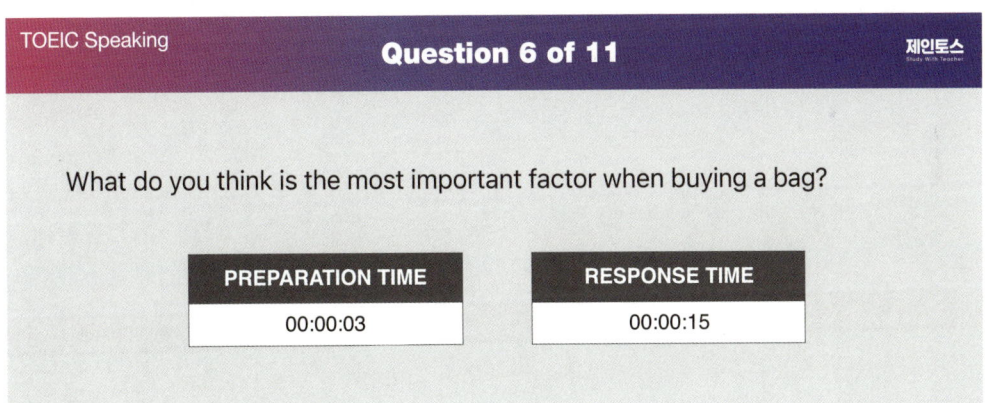
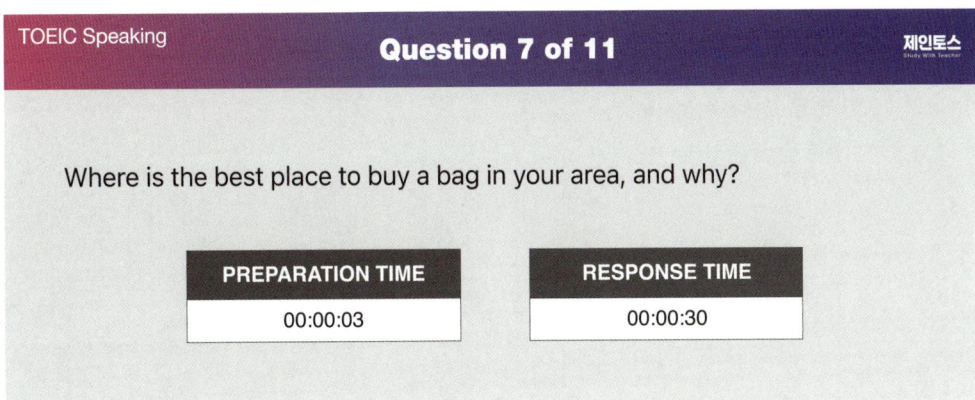

기출유형 모의고사 02

TOEIC Speaking

Questions 8-10 of 11

Questions 8-10 : Respond to Questions Using Information Provided

Directions: In this part of the test, you will answer three questions based on the information provided. You will have 45 seconds to read the information before the questions begin. You will have three seconds to prepare and 15 seconds to respond to Questions 8 and 9. You will hear Question 10 two times. You will have three seconds to prepare and 30 seconds to respond to Question 10.

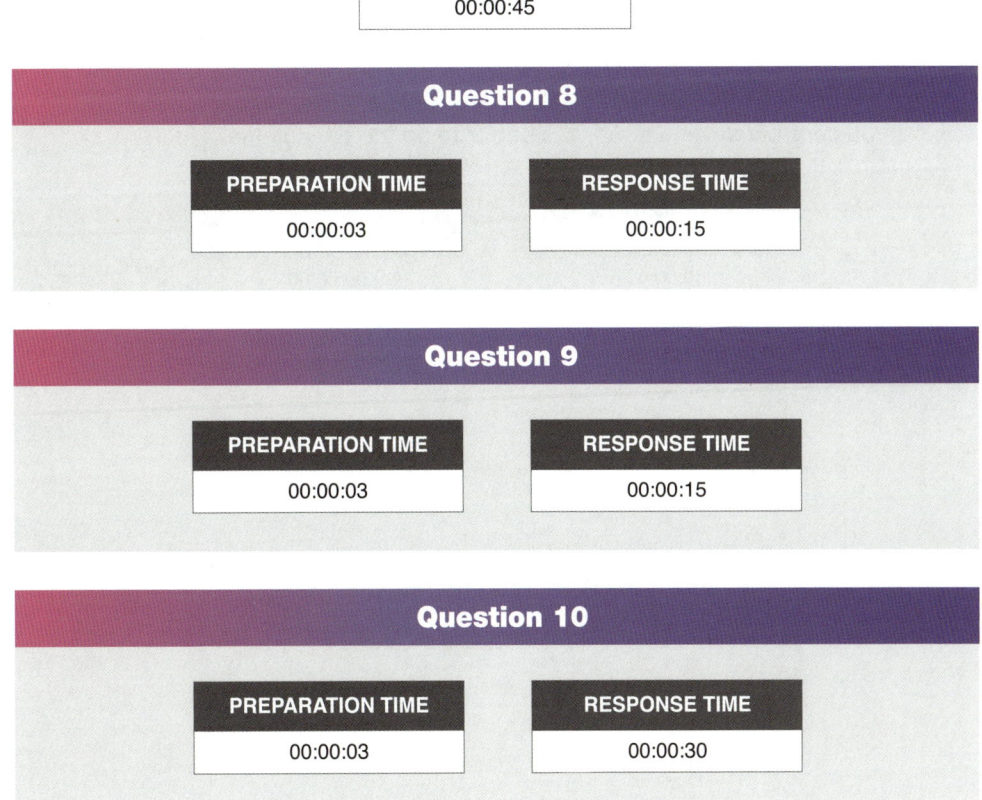

기출유형 모의고사 02

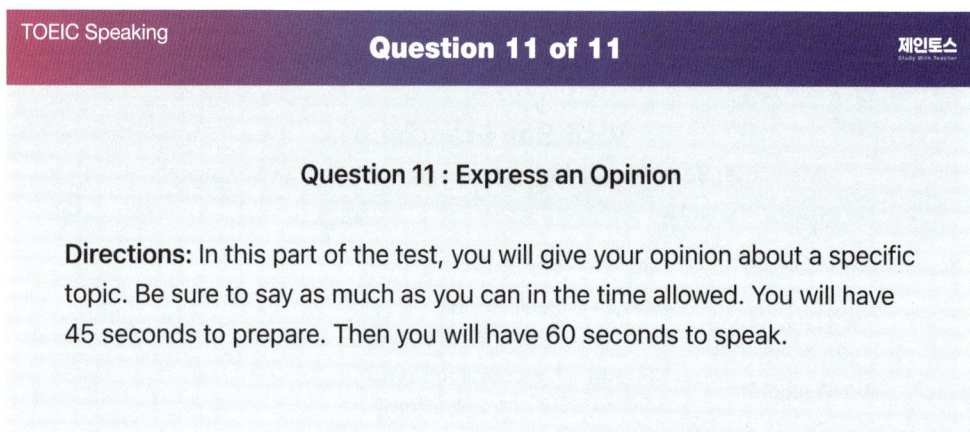

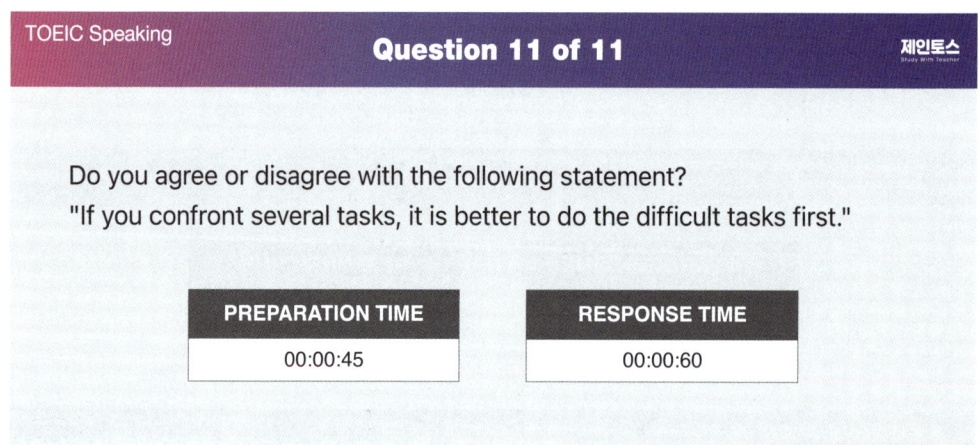

MEMO

03

기출유형 모의고사
ACTUAL TEST

기출유형 모의고사 03

TOEIC Speaking

Questions 1-2 of 11

Questions 1-2 : Read a Text Aloud

Directions: In this part of the test, you will read aloud the text on the screen. You will have 45 seconds to prepare. Then you will have 45 seconds to read the text aloud.

Question 1 of 11

Thank you for participating in the Freeman Historical Society Outing. During today's tour, we will be visiting the famous districts of downtown Freeman. Our itinerary includes stops at the post office, the courthouse, and the fire station. If you have any questions about the places we will be visiting, please feel free to ask.

PREPARATION TIME 00:00:45

RESPONSE TIME 00:00:45

Question 2 of 11

Welcome to tonight's episode of "Sergio's Healthy Diet," our country's most popular cooking program. Today's topic is about frying food with less oil to avoid negative health consequences. We are going to demonstrate how to cook delicious vegetable, chicken, and tofu fries with little oil. After today's show, we will post additional recipes online, so feel free to check them out.

PREPARATION TIME 00:00:45

RESPONSE TIME 00:00:45

기출유형 모의고사 03

TOEIC Speaking

Questions 3-4 of 11

Questions 3-4 : Describe a Picture

Directions: In this part of the test, you will describe the picture on your screen in as much detail as you can. You will have 45 seconds to prepare your response. Then you will have 30 seconds to speak about the picture.

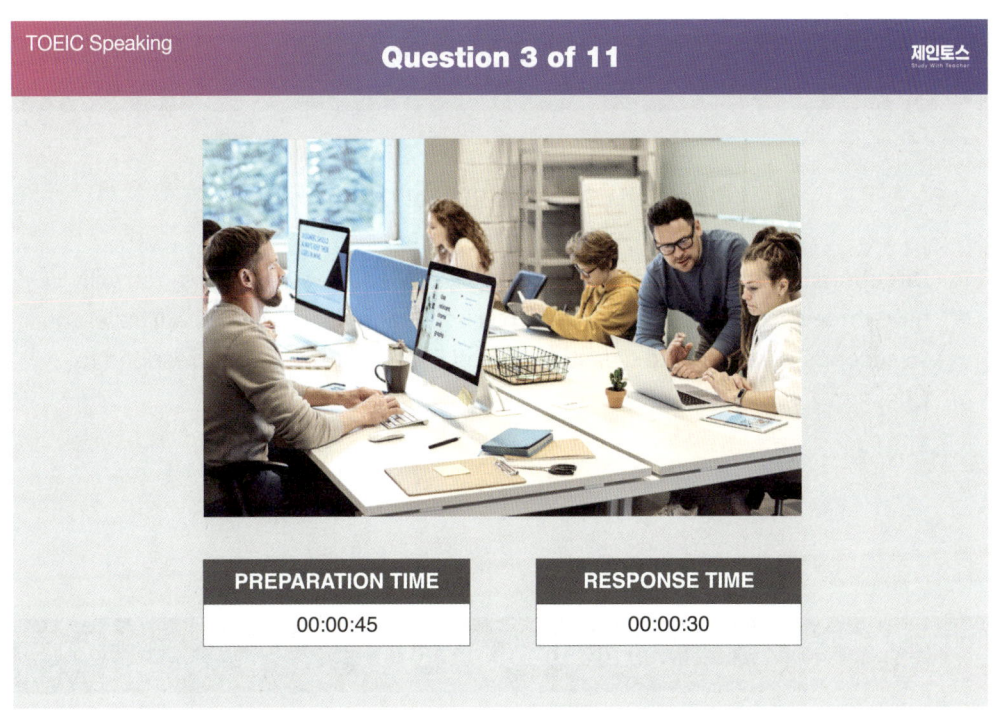

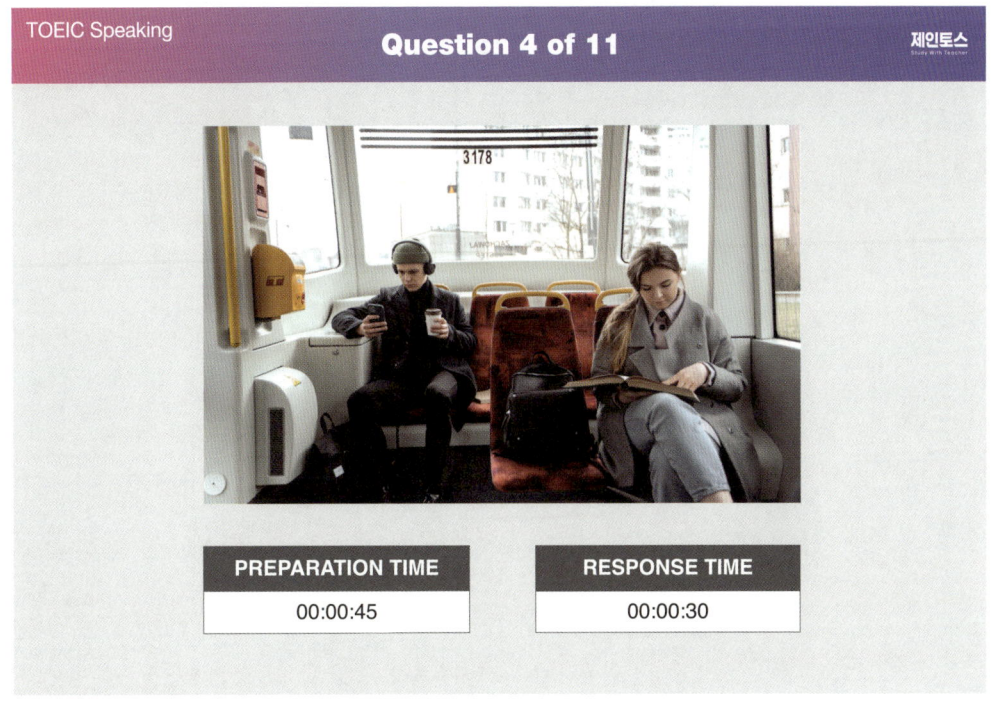

기출유형 모의고사 03

TOEIC Speaking — Questions 5-7 of 11

Questions 5-7 : Respond to Questions

Directions: In this part of the test, you will answer three questions. You will have three seconds to prepare after you hear each question. You will have 15 seconds to respond to Questions 5 and 6, and 30 seconds to respond to Question 7.

TOEIC Speaking — Questions 5-7 of 11

Imagine a marketing firm is conducting research about board games. You have agreed to participate in a telephone interview about it.

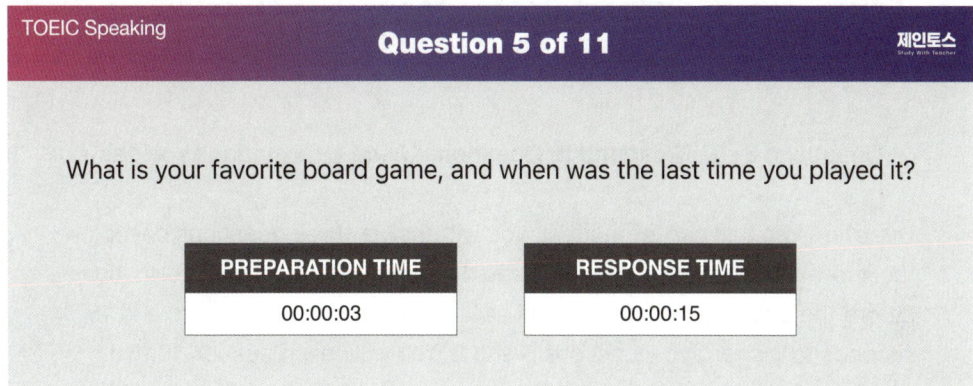

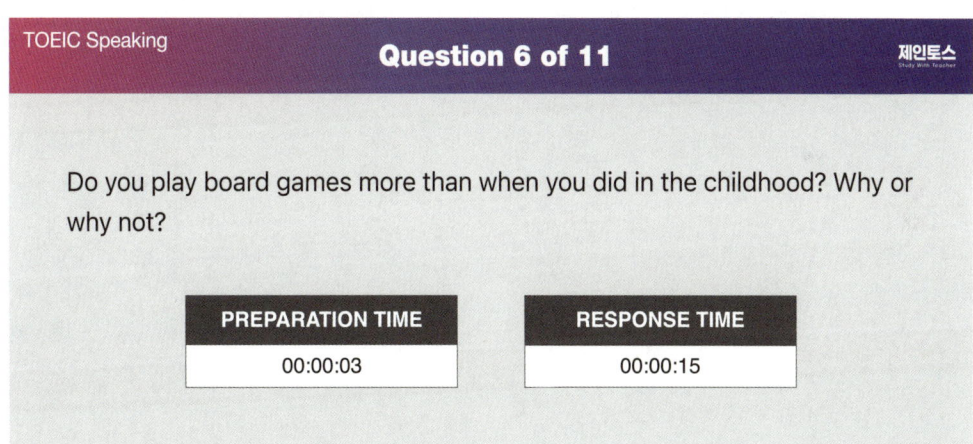

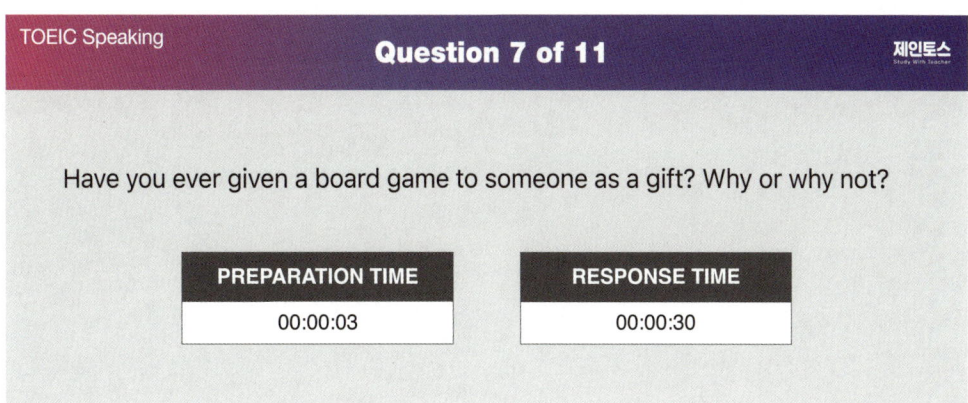

기출유형 모의고사 03

TOEIC Speaking

Questions 8-10 of 11

Questions 8-10 : Respond to Questions Using Information Provided

Directions: In this part of the test, you will answer three questions based on the information provided. You will have 45 seconds to read the information before the questions begin. You will have three seconds to prepare and 15 seconds to respond to Questions 8 and 9. You will hear Question 10 two times. You will have three seconds to prepare and 30 seconds to respond to Question 10.

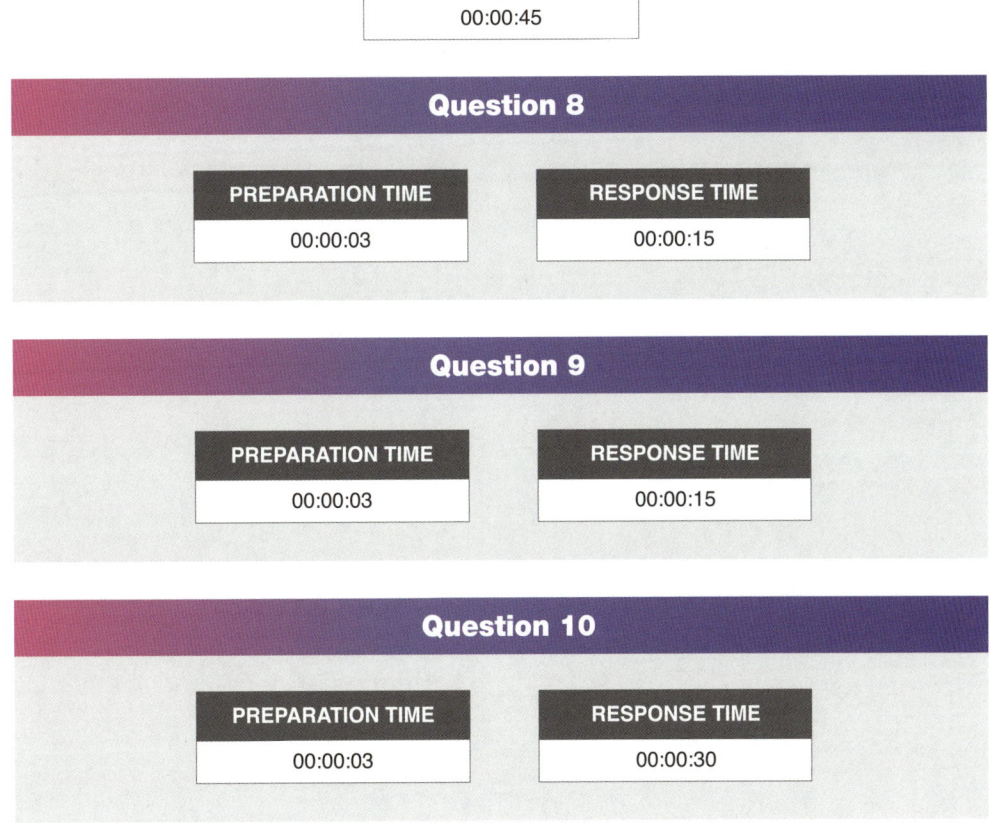

기출유형 모의고사 03

Question 11 : Express an Opinion

Directions: In this part of the test, you will give your opinion about a specific topic. Be sure to say as much as you can in the time allowed. You will have 45 seconds to prepare. Then you will have 60 seconds to speak.

Which do you think contributes more to a team's success:
An experienced leader or a team member with diverse skills?

PREPARATION TIME	RESPONSE TIME
00:00:45	00:00:60

MEMO

부록

TOEIC Speaking
빈출유형 템플릿 요약본

Questions 5-7, 11

빈출 유형 템플릿 요약본

템플릿 요약본 이용 가이드

> 요약본은 핵심 아이디어 위주로 풀버전 템플릿을 간략히 추린 자료이며, 필요시 더 쉬운 어휘로 대체했습니다.

예시

템플릿 풀버전	**[1] 업무경험/지식** ☑ 실수가 적고, 문제 해결이 빨라요. 키워드 : work experience, knowledge, educational background ① He can make fewer mistakes and avoid trials and errors. 실수를 덜하고 시행착오를 줄일 수 있어요. This will help him achieve goals faster than others. 목표를 남들보다 빨리 달성하도록 도와줄 거예요. ② He can solve problems quickly with better ideas and solutions. 더 좋은 아이디어와 해결책으로 문제를 빨리 해결할 수 있어요. This will increase overall work efficiency and productivity. 전반 업무 효율성과 생산성을 높일 거예요.
템플릿 요약본	**[1] 업무경험/지식** ☑ 실수가 적고, 문제 해결이 빨라요. 키워드 : work experience, knowledge, educational background ① First, he can make fewer mistakes. 첫째, 그는 실수를 덜 할 수 있습니다. So, he can achieve goals faster. 그래서 그는 목표를 더 빨리 달성할 수 있습니다. ② Second, he can solve problems quickly. 둘째, 그는 문제를 빨리 해결할 수 있습니다. This will increase overall work efficiency. 이는 전반적인 업무 효율성을 향상시킬 것입니다.

① 요약본을 먼저 숙지하신 후, 풀버전으로 학습하시는 것을 추천 드립니다.

② 템플릿을 효율적으로 사용하시기 위해, 여러 번 읽고 연습하신 후, 실전문제에 대입해서 답변해보세요.

③ 주어는 임의로 I, He, We, They 등으로 작성되었으니, 문제에 맞게 적용해주세요.

④ Bonus track은 풀버전이 별도로 제공되지 않습니다.

템플릿 풀버전(PDF) 다운로드 경로

> 빈출 유형 템플릿의 풀버전(PDF)은 아래 경로에서 다운로드 받으실 수 있습니다.

| www.teacherk.kr | → | 나의 강의실 | → | 교재 쿠폰 | → | 쿠폰번호 등록 | → | 학습자료 다운로드 |

빈출 유형 템플릿 요약본

추천

[1] 영화/책 콤보

I recommend "The Devil Wears Prada", and here is why.
저는 당신에게 '악마는 프라다를 입는다'를 두 가지 이유로 추천 드려요.

First, its story is fun and humorous.
첫째, 스토리가 매우 재미있고 유머러스해요.

Second, the main character is very attractive.
둘째, 주인공이 굉장히 멋집니다.

[2] 쇼핑 콤보

I recommend the City Department store in my town.
저는 당신에게 우리 동네 씨티 백화점을 추천해요.

First, it has a good location.
첫째, 그곳은 위치가 좋습니다.

Second, they have various products.
둘째, 그 백화점은 다양한 물건을 판매합니다.

[3] 음식점 콤보

I recommend the City Chinese restaurant in my town.
저는 당신에게 우리 동네 씨티 반점(중국음식점)을 추천해요.

First, their food is high quality.
첫째, 그들의 음식은 질이 높습니다.

Second, the prices are reasonable.
둘째, 가격이 합리적입니다.

Respond to Questions_Q5-7

[4] 동네 좋은 곳 콤보

I recommend the City Park in my town.
저는 당신에게 우리 동네 씨티 공원을 추천해요.

First, it's a good place to get fresh air.
첫째, 바람 쐬기 좋은 장소입니다.

Second, there are many beautiful paths.
둘째, 아름다운 길이 많습니다.

구매

[1] 브랜드 콤보

I most consider its brand.
저는 브랜드를 가장 중요하게 고려합니다.

First, a brand can reflect my personality.
첫째, 브랜드로 저를 표현할 수 있어요.

Second, brand-name products are high quality.
둘째, 유명 브랜드 제품은 품질이 좋습니다.

[2] 명성 콤보

I most consider high reputation.
저는 명성을 가장 중요하게 생각합니다.

First, word-of-mouth is real.
첫째, 입소문은 진실해요.

Second, it's a safe choice with little disappointment.
둘째, 실망이 거의 없는 확실한 선택입니다.

빈출 유형 템플릿 요약본

[3] 직원 콤보

I most consider a recommendation from a salesperson.
저는 직원의 추천을 가장 중요하게 고려합니다.

First, they are trained professionals.
첫째, 그들은 교육받은 전문가들입니다.

Second, they can recommend the right one.
둘째, 그들은 알맞은 것을 추천할 수 있습니다.

[4] 고객 리뷰 콤보

I most consider customer reviews.
저는 고객리뷰를 가장 중요하게 고려해요.

First, it's based on their actual experience.
첫째, 고객리뷰는 실제 경험을 바탕으로 합니다.

Second, they frankly talk about the pros and cons.
둘째, 그들은 제품의 장단점에 대해 솔직히 얘기합니다.

[5] 할인 콤보

I most consider a discount.
저는 할인을 가장 중요하게 생각해요.

First, it's cost-effective.
첫째, 가성비가 좋아요.

Second, it saves my living expenses.
둘째, 제 생활비를 절약해 줍니다.

Respond to Questions_Q5-7

[6] 가게 위치 콤보

I most consider a good location.
저는 가게 위치가 좋은지를 가장 중요하게 고려해요.

First, I can get there anytime.
첫째, 저는 그 가게에 언제든 갈 수 있습니다.

Second, I have easy access to the shops.
둘째, 가게 갈 때 교통편이 편해요.

[7] 서비스 콤보

I most consider good customer service.
저는 고객서비스가 좋은지를 가장 중요하게 고려해요.

First, good customer service makes me feel better.
첫째, 좋은 고객 서비스는 저를 기분 좋게 해줍니다.

Second, they would fix the problem quickly.
둘째, 그들은 문제를 빨리 해결할 것입니다.

[8] 다양한 제품 콤보

I most consider a wide selection of products.
저는 다양한 제품 제공을 가장 중요하게 고려해요.

First, there are many options.
첫째, 선택의 폭이 넓습니다.

Second, I can shop for many things in one visit.
둘째, 한 번에 많은 것을 쇼핑할 수 있습니다.

빈출 유형 템플릿 요약본

비교 선택

1 인터넷 쇼핑 vs. 가게에서 쇼핑

[1] 인터넷 쇼핑 콤보

I prefer to shop on the Internet.
저는 온라인 쇼핑을 선호해요.

First, I can compare many items.
첫째, 많은 제품을 비교할 수 있습니다.

Second, I can shop anywhere using my phone.
둘째, 휴대폰으로 어디서든 쇼핑할 수 있어요.

[2] 가게 쇼핑 콤보

I prefer to shop at a store.
저는 가게에서 쇼핑하는 걸 선호해요.

First, I can see items in person.
첫째, 저는 물건을 직접 볼 수 있습니다.

Second, I can use the product right away.
둘째, 물건을 바로 사용할 수 있어요.

2 택시 vs. 전철

[1] 택시 콤보

I prefer to take a taxi.
저는 택시 타는 걸 선호해요.

First, it's faster than a bus or subway.
첫째, 택시는 버스나 전철보다 빨라요.

Second, I can travel comfortably.
둘째, 저는 편하게 이동할 수 있습니다.

Respond to Questions_Q5-7

[2] 전철 콤보

I prefer to take a subway.
저는 전철 타는 걸 선호해요.

First, it's cheaper than a taxi.
첫째, 전철은 택시보다 저렴해요.

Second, it's always punctual.
둘째, 전철은 늦지 않습니다.

3 공연 관람: 공연장 vs. 집 (TV)

[1] 공연장 콤보

I prefer to watch a performance at the theater.
저는 공연장에서 공연 보는 것을 선호해요.

First, it's more exciting and fun.
첫째, 더 신나고 재미있어요.

Second, I can make good memories with friends.
둘째, 친구들과 좋은 추억을 만들 수 있습니다.

[2] 집 콤보

I prefer to watch a performance at home (on TV).
저는 집에서 (TV로) 공연 보는 것을 선호해요.

First, I can save money on tickets.
첫째, 저는 티켓 값을 절약할 수 있습니다.

Second, my home is more comfortable.
둘째, 집이 더 편안합니다.

빈출 유형 템플릿 요약본

4 가이드 투어 vs. 자유 여행

[1] 가이드 투어 콤보

When I go on a trip, I prefer a guided tour.
저는 여행을 갈 때 가이드 투어를 선호합니다.

First, tour guides know the traveling sites well.
첫째, 여행 가이드들은 여행지를 잘 알고 있습니다.

Second, they give me a ride.
둘째, 가이드들은 차를 태워줍니다.

[2] 자유 여행 콤보

When I go on a trip, I prefer traveling by myself.
저는 여행을 갈 때 혼자 여행하는 것을 더 좋아합니다.

First, it gives me more freedom.
첫째, 더 자유롭습니다.

Second, I can change my schedule anytime.
둘째, 언제든지 제 일정을 변경할 수 있습니다.

기타

[1] 환경단체 기부 콤보

I would donate for an environmental organization.
저는 환경 단체를 위해 기부할 것입니다.

First, there are many environmental problems.
첫째, 많은 환경문제가 있습니다.

Second, we need to fix those problems urgently.
둘째, 우리는 그 문제들을 시급히 해결해야 합니다.

Respond to Questions_Q5-7

[2] 현금선물 콤보

I will give a cash gift.
저는 현금 선물을 줄 것입니다.

First, it's practical and useful.
첫째, 실용적이고 유용해요.

Second, I don't need to choose an item.
둘째, 제가 물건을 안 골라도 됩니다.

[3] 인터넷 업체 콤보

I am satisfied with the current Internet provider.
저는 현재의 인터넷 서비스 업체에 만족합니다.

First, their service rate is reasonable.
첫째, 그들의 서비스 요금은 합리적입니다.

Second, they offer good technical support.
둘째, 그들은 좋은 기술 지원을 제공합니다.

[4] 인터넷 용도 콤보

I spend the most time searching for work-related information.
저는 업무 관련 정보를 찾는 데 가장 많은 시간을 보냅니다.

First, I always need to collect information for work.
첫째, 저는 항상 업무를 위해 정보를 수집해야 합니다.

Second, useful information helps me work better.
둘째, 유용한 정보는 제가 일을 더 잘 할 수 있도록 도와줍니다.

빈출 유형 템플릿 요약본

비즈니스

1 임직원의 덕목

Q What is the most important qualification of an employee?
직원의 가장 중요한 자격 요건은 무엇입니까?

[1] 업무경험/지식

☑ 실수가 적고, 문제 해결이 빨라요.

키워드 : work experience, knowledge, educational background

① First, he can make fewer mistakes.
첫째, 그는 실수를 덜 할 수 있습니다.

So, he can achieve goals faster.
그래서 그는 목표를 더 빨리 달성할 수 있습니다.

② Second, he can solve problems quickly.
둘째, 그는 문제를 빨리 해결할 수 있습니다.

This will increase overall work efficiency.
이는 전반적인 업무 효율성을 향상시킬 것입니다.

Express an Opinion_Q11

[2] 사회성/유머감각
☑ 잘 지내고, 좋은 분위기를 형성해요.

> 키워드 : social skills, interpersonal skills, a sense of humor

① First, he can get along with others well.
첫째, 그는 다른 사람들과 잘 지낼 수 있습니다.

So, he would build good relationships at work.
그래서 그는 직장에서 좋은 관계를 맺을 것입니다.

② Second, he can create a positive atmosphere.
둘째, 그는 긍정적인 분위기를 만들어 낼 수 있습니다.

So, the team can work under less pressure.
그래서 팀은 부담을 덜 받고 일할 수 있습니다.

[3] 협업 능력
☑ 협업을 잘하고, 팀워크를 강화해요.

> 키워드 : being a team player

① First, he can make a collaborative environment.
첫째, 그는 협력적인 환경을 만들 수 있습니다.

So, this will bring better results.
그래서, 이것은 더 좋은 결과를 가져올 것입니다.

② Second, he would work with others harmoniously.
둘째, 그는 다른 사람들과 조화롭게 일을 합니다.

And this will strengthen teamwork.
그리고 이것은 팀워크를 강화해 줄 것입니다.

빈출 유형 템플릿 요약본

[4] 관리능력
☑ 업무 우선순위를 파악하고, 미리 계획해요.

키워드 : management skills, organizational skills

① First, he knows what is more important and urgent.
첫째, 그는 무엇이 더 중요하고 급한지 압니다.

So, he can manage working time efficiently.
그래서 그는 효율적으로 업무 시간을 관리할 수 있습니다.

② Second, he can make a detailed works schedule.
둘째, 그는 세부적인 작업 일정을 짤 수 있습니다.

So, he would be able to multitask effectively.
그래서 그는 멀티태스킹을 효과적으로 할 수 있을 것입니다.

[5] 열정
☑ 도전을 시도하고, 동기부여해요.

키워드 : passion, enthusiasm, eagerness

① First, he would aim for higher success.
첫째, 그는 더 높은 성공을 목표로 할 것입니다.

This will help him achieve more.
이것은 그가 더 많은 것을 성취하도록 도울 것입니다.

② Second, a passionate person is a good motivator.
둘째, 열정적인 사람은 좋은 동기부여자 입니다.

So, he can make others work harder, too.
그래서 그는 다른 사람들이 더 열심히 일하도록 만들 수 있습니다.

Express an Opinion_Q11

[6] 소통능력/자신감
☑ 소통 잘하고 평판 좋아요.

> 키워드 : communication skills, confidence

① First, he can communicate clearly and effectively.
첫째, 그는 명확하고 효과적으로 의사소통을 할 수 있습니다.

So, it will reduce misunderstanding.
이는 오해를 줄일 것입니다.

② Second, he can give a good impression.
둘째, 그는 좋은 인상을 줄 수 있습니다.

This will make him stand out.
이는 그를 돋보이게 해줄 겁니다.

2 직업 만족도 요소

> **Q** What would increase your job satisfaction?
> 직업 만족도를 높이는 요인은 무엇입니까?

[1] 보상
☑ 직장에 만족하고, 보람을 느껴요.

> 키워드 : incentives, promotion, paid vacations, awards

① First, it will increase my job satisfaction.
첫째, 직업 만족도를 높여줄 것입니다.

So, I would work in a positive mood.
그래서 저는 긍정적인 기분으로 일을 할 것입니다.

② Second, I would feel rewarded.
두 번째로 보람을 느낄 것입니다.

Also, it gives me a sense of fulfillment.
또한 저에게 성취감을 줍니다.

빈출 유형 템플릿 요약본

[2] 유동적인 업무환경
☑ 워라벨을 보장받고, 삶의 질이 높아져요.

키워드 : working from home, flexible work schedule

① First, it will improve work-life balance.
첫째, 일과 삶의 균형을 향상시킬 것입니다.

Because they can work under flexible schedule.
왜냐하면 그들은 유연한 스케줄로 일할 수 있기 때문입니다.

② Second, it will increase the quality of life.
둘째, 삶의 질을 높일 것입니다.

Because they will have more spare time.
왜냐하면 그들은 더 많은 여가 시간을 가질 것이기 때문입니다.

[3] 다양한 업무 기회
☑ 전문지식을 쌓고, 적응력을 길러요.

키워드 : working abroad, business trips, working in many departments

① First, he can expand his perspectives.
첫째, 그는 식견을 넓힐 수 있습니다.

This will be helpful for his career.
이것은 그의 직업에 도움이 될 것입니다.

② Second, he would learn flexibility.
둘째, 그는 융통성을 배울 것입니다.

Then, he can adapt to new things better.
그러면, 그는 새로운 것에 더 잘 적응할 수 있습니다.

Express an Opinion_Q11

[4] 좋아하는 직업
☑ 업무시간은 인생의 큰 비중이며, 우리는 좋아하는 일을 더 잘합니다.

> 키워드 : having an enjoyable job, getting a nice job

① First, we **spend a lot of time at work.**
첫째, 우리는 직장에서 많은 시간을 보냅니다.

So, we can **live a happier life** when we like our jobs.
그래서 우리는 우리의 일을 좋아할 때 더 행복한 삶을 살 수 있습니다.

② Second, we **work better when we like it.**
둘째, 우리는 좋아하는 일을 할 때 일을 더 잘합니다.

So, it will **boost up our performance.**
그래서 이는 우리의 업무 성과를 끌어올려 줄 겁니다.

[5] 높은 급여
☑ 더 큰 집, 좋은 차 등 많은 걸 누리죠. 그리고 회사로부터 인정받는다는 증거입니다.

> 키워드 : having a high-paying job, getting high salary

① First, I can **afford a better house and car.**
첫째, 더 좋은 집과 차를 살 수 있습니다.

Also, I can **enjoy more things** in life.
또한 인생에서 더 많은 것들을 즐길 수 있습니다.

② Second, it's **rewarding.**
둘째, 보람이 있습니다.

Because it means I **get recognition from the company.**
높은 급여는 회사에서 인정을 받는다는 뜻이기 때문입니다.

빈출 유형 템플릿 요약본

[6] 대기업 근무
☑ 안정적이고, 복지가 좋아요.

키워드 : working at a large company

① First, large companies are financially stable.
첫째, 대기업은 재정적으로 안정적입니다.

This will give me job security.
이것이 저에게 직업 안정성을 가져다줄 것입니다.

② Second, they offer better employee benefits.
둘째, 대기업은 더 나은 직원 복지를 제공합니다.

And it will improve my well-being.
이는 저를 더 행복하게 만들어 줄 것입니다.

[7] 중소기업 근무
☑ 의사결정이 빠르고, 다양한 업무를 다뤄요.

키워드 : working at a small company

① First, small companies can make decisions quickly.
첫째, 작은 회사는 신속하게 의사결정을 할 수 있습니다.

So, we can work faster.
그래서 더 빨리 일할 수 있습니다.

② Second, I can cover more roles and responsibilities.
둘째, 더 많은 역할과 책임을 맡을 수 있습니다.

So, I can learn more work skills.
그래서 더 많은 업무 스킬을 배울 수 있습니다.

Express an Opinion_Q11

3 직업 불만족 요소

Q What would decrease your job satisfaction?
직업 만족도를 떨어뜨리는 요인은 무엇입니까?

[1] 야근/과도한 업무량

☑ 피곤하고, 집중력이 떨어질 거예요.

키워드 : working late, a heavy load of work

① First, I will become exhausted.
우선, 저는 지칠 것입니다.

And this will lower my job satisfaction.
그리고 이것은 저의 직업 만족도를 떨어뜨릴 것입니다.

② Second, my concentration will get lower.
둘째, 집중력이 떨어질 것입니다.

And this will reduce productivity.
그리고 이는 생산성을 감소시킬 것입니다.

[2] 갈등

☑ 논쟁이 많아지고, 이직률이 높아질 거예요.

키워드 : conflicts

① First, it brings arguments.
첫째, 논쟁을 불러옵니다.

And this will delay the work process.
그리고 이는 업무를 지연시킬 것입니다.

② Second, it will increase turnover rates.
둘째, 이직률이 높아질 것입니다.

Because employees may leave the company.
직원들이 회사를 떠날 수도 있기 때문입니다.

빈출 유형 템플릿 요약본

교육

1 교육 효과

> **Q** What is the best educational activity that students should learn/do?
> 학생들이 배워야(해야) 할 가장 좋은 교육 활동은 무엇입니까?

[1] 봉사활동/애완동물 기르기

☑ 사회성 기르고, 이타주의를 배워요.

> 키워드 : volunteer work, having a pet

① First, it will improve their social skills.
첫째, 그들의 사회성을 향상시킬 것입니다.

Also, it will make them mature.
또한, 그들을 성숙하게 만들어 줄 것입니다.

② Second, it will teach them altruism.
둘째, 이타심을 가르칠 것입니다.

And they will become more considerate.
그리고 그들은 더 배려 있는 사람이 될 것입니다.

Express an Opinion_Q11

[2] 놀이
☑ 스트레스 해소하고 건강해져서 학업에 집중해요.

> 키워드 : hangout with friends, having a playtime at school

① First, they can relieve stress.
첫째, 스트레스를 해소할 수 있습니다.

Also, they will have a relaxing time.
또한, 그들은 편안한 시간을 보낼 것입니다.

② Second, they can stay healthy and fit.
둘째로, 그들은 건강하고 활기차게 지낼 수 있습니다.

This will help them study in a good mood.
이것은 그들이 기분 좋게 공부하는 데 도움이 될 것입니다.

[3] 예체능 수업
☑ 창의력과 근성을 기르고 재능을 발견해요.

> 키워드 : music class, art class, physical education

① First, it will enhance their creativity.
첫째, 그들의 창의력을 향상시킬 것입니다.

Because they express their ideas and emotions.
왜냐하면 그들은 자신의 생각과 감정을 표현하기 때문입니다.

② Second, some students may find their talents.
두 번째로, 어떤 학생들은 그들의 재능을 찾지도 모릅니다.

So, it's helpful for their career development.
그래서 이는 그들의 경력 개발에 도움이 됩니다.

빈출 유형 템플릿 요약본

[4] 문화 활동

☑ 즐겁게 배우며 잠시 쉬고, 타문화도 경험해요.

키워드 : vising a museum / art galleries, attend a musical performance

① First, it's a fun way to learn school subjects.
첫째, 학교 과목을 배우는 재미있는 방법입니다.

Also, students can take a short break while visiting there.
또한, 학생들은 그곳에서 잠시 휴식을 취할 수 있습니다.

② Second, they will experience different cultures.
두 번째로, 그들은 다른 문화를 경험할 것입니다.

Also, they will learn about various lifestyles.
또한, 그들은 다양한 생활 방식에 대해서 배울 것입니다.

[5] 컴퓨터 수업

☑ 젊은 세대는 컴퓨터로 공부와 일을 해요. 그리고 학습 기술도 향상되죠.

키워드 : taking a computer-skill class

① First, the younger generation studies with computers.
첫째, 젊은 세대는 컴퓨터로 공부합니다.

So, they need proper computer skills.
그래서 그들은 적절한 컴퓨터 기술이 필요합니다.

② Second, it will enhance their learning techniques.
둘째, 학습 기술을 향상시킬 것입니다.

Also, they can manage online learning materials better.
또한, 그들은 온라인 학습 자료를 더 잘 관리할 수 있습니다.

Express an Opinion_Q11

[6] 과학/수학 수업
☑ 현대사회는 과학에 기반해 있고, 대학 입학 시 과학 점수는 중요해요.

키워드 : taking a science / math class

① First, we need to understand science/math
첫째, 우리는 과학/수학을 이해해야 합니다.

because it has shaped the modern world.
그것이 현대 세계를 만들었기 때문입니다.

② Second, colleges consider science/math scores important.
둘째, 대학들은 과학/수학 점수를 중요하게 생각합니다.

So, they need to study it to go to a good college.
그래서, 그들은 좋은 대학에 가기 위해 그것을 공부해야 합니다.

[7] 외국어 배우기
☑ 취업 시 필수 요건이고, 대학 입학할 때도 영어점수는 중요해요.

키워드 : taking a foreign language class

① First, it will give them more job opportunities
첫 번째로, 그것은 그들에게 더 많은 직업의 기회를 줄 것입니다.

because foreign language skill is an essential qualification.
왜냐하면 외국어 능력은 필수 자격요건이기 때문입니다.

② Second, it will enhance the travel experience
둘째, 여행 경험을 향상시킬 것입니다.

because it allows us to communicate with locals easily.
현지인들과 쉽게 소통할 수 있기 때문입니다.

빈출 유형 템플릿 요약본

2 교육 환경

Q What educational environment will be beneficial for students?
어떤 교육 환경이 학생들에게 도움이 될까요?

[1] 기술사용

☑ 수업에 몰입하고, 앱으로 편하게 소통해요.

키워드 : using technology, media, devices

① First, students will **stay engaged**
첫째, 학생들은 몰입할 것입니다.

because using devices and media is **more fun.**
왜냐하면 기기와 미디어를 사용하는 것이 더 재미있기 때문입니다.

② Second, it will **enhance interaction** with teachers
둘째, 교사와의 소통을 증진시킬 것입니다.

because it's **easy to share ideas and feedback.**
아이디어와 피드백을 공유하기 쉽기 때문입니다.

[2] 과목선택권 제공

☑ 적성에 맞는 걸 공부하고, 필요한 걸 미리 배워요.

키워드 : allowing students to choose subjects

① First, students can **study what they like.**
첫째, 학생들은 그들이 좋아하는 것을 공부할 수 있습니다.

So, **they won't waste time** while learning something unnecessary.
그래서 그들은 불필요한 것을 배우면서 시간을 낭비하지 않을 것입니다.

② Second, they can **prepare for further studies**
둘째, 그들은 추후 학습에 대비할 수 있습니다.

because they can **learn basic knowledge for their college majors.**
왜냐하면 그들은 대학 전공에 대한 기본적인 지식을 배울 수 있기 때문입니다.

Express an Opinion_Q11

[3] 해외 유학

☑ 외국어 실력이 늘고, 독립심을 길러요.

> 키워드 : studying abroad, attending school in a foreign country

① First, they will **learn about new cultures and lifestyles.**
첫째, 그들은 새로운 문화와 생활양식에 대해 배울 것입니다.

And this will **broaden their perspectives.**
그리고 이것은 그들의 식견을 넓혀줄 것입니다.

② Second, they will **develop a sense of independence**
둘째, 그들은 독립심을 기를 것입니다.

because they need to **take care of themselves.**
그들은 스스로를 돌봐야 하기 때문입니다.

[4] 엄격한 선생님

☑ 수업이 산만하지 않고, 학생들이 자제력을 배워요.

> 키워드 : strict teacher, being strict with classroom rules

① First, a strict teacher **makes the class well organized.**
첫째, 엄격한 선생님은 수업을 잘 관리합니다.

And this will **create a serious learning environment.**
그리고 이것은 진지한 학습 환경을 만들어 줄 것입니다.

② Second, students will **develop a sense of self-control**
둘째, 학생들은 자제심을 기를 것입니다

because they will **get trained to keep the rules.**
왜냐하면 그들은 규칙을 지키도록 교육받을 것이기 때문입니다.

빈출 유형 템플릿 요약본

생활

1 소통

Q What is the best way to communicate with others?
다른 사람들과 소통하는 가장 좋은 방법은 무엇입니까?

[1] 디지털 소통

☑ 기록이 남고, 언제든 소통할 수 있어요.

키워드 : email, text, social media

① First, it leaves a written record.
첫째, 기록을 남깁니다.

So, it's easy to keep track of previous communication.
따라서 이전의 소통 내용을 쉽게 확인할 수 있습니다.

② Second, it's accessible anytime, anywhere.
둘째, 언제 어디서나 접근할 수 있습니다.

So, I can communicate whenever I want.
그래서 언제든지 의사소통이 가능합니다.

Express an Opinion_Q11

[2] 대면 소통
☑ 의사결정이 빠르고, 직접 보니 명확히 소통해요.

키워드 : face-to-face communication

① First, we can **make decisions quickly**
첫째, 의사결정을 신속하게 할 수 있습니다.

because we **share responses immediately.**
우리는 즉시 답변을 주고받기 때문입니다.

② Second, **body language** tells more than words.
둘째, 바디 랭귀지는 말보다 더 많은 것을 전달해 줍니다.

So, it will **reduce miscommunication.**
그래서 이는 의사소통의 오류를 줄일 것입니다.

2 정보

Q What is the best resource to get information?
정보를 얻을 수 있는 가장 좋은 자료는 무엇입니까?

[1] 인터넷 정보
☑ 많은 정보가 있고, 언제든 정보를 찾을 수 있습니다.

키워드 : Internet

① First, the Internet **provides vast information.**
첫째, 인터넷은 방대한 정보를 제공합니다.

So, I can **find the specific information.**
그래서 저는 특정 정보를 찾을 수 있습니다.

② Second, it's **accessible 24/7.**
둘째, 언제든 이용할 수 있습니다.

So, I can **get information when I need it.**
그래서 필요할 때 정보를 얻을 수 있습니다.

빈출 유형 템플릿 요약본

[2] 미디어
☑ 멀티태스킹이 가능하고, 정보를 쉽게 이해할 수 있습니다.

키워드 : TV, radio

① First, I can multitask while getting information
첫째, 정보를 얻으면서 멀티태스킹을 할 수 있습니다.

because I can do other things while watching TV (listening to the radio).
TV를 보면서 (라디오를 들으면서) 다른 일을 할 수 있기 때문입니다.

② Second, they explain the content with images or videos.
둘째, 이미지나 동영상과 함께 내용을 설명합니다.

So, I don't need to read a lot of text.
그래서 글을 많이 읽을 필요가 없습니다.

[3] 출판물
☑ 신뢰할 수 있고, 깊이 있는 정보를 얻을 수 있습니다.

키워드 : book, newspaper

① First, it's accurate and reliable
첫째, 정확하고 신뢰할 수 있습니다.

because their content is released by publishers.
왜냐하면 그들의 콘텐츠는 출판사(신문사)에 의해 출간되기 때문입니다.

② Second, they provide in-depth content.
둘째, 그들은 깊이 있는 콘텐츠를 제공합니다.

So, I can get more detailed information.
그래서 더 자세한 정보를 얻을 수 있습니다.

Express an Opinion_Q11

3 거주지

> **Q** Do you like to live in the same town for a long time?
> 당신은 같은 마을에서 오래 사는 것을 좋아합니까?

[1] 한 지역에 오래 거주

☑ 평생 친구를 만들 수 있고, 삶이 편해요.

키워드 : living in the same town for a long time

① First, I can make lifelong friends.
첫째, 평생 친구를 사귈 수 있습니다.

Then, we can comfort each other when having a hardship.
그러면, 우리는 힘들 때 서로 위로할 수 있습니다.

② Second, my life will be easy
두 번째로, 나의 인생은 편할 것입니다.

because I know my town well.
우리 동네를 잘 알기 때문입니다.

[2] 자주 이사

☑ 새 친구를 만들고 다양한 문화를 경험해요.

키워드 : living in different places, moving frequently

① First, I can make new friends.
첫 번째로, 새로운 친구들을 사귈 수 있습니다.

This will expand my networking.
이렇게 하면 인맥이 확장됩니다.

② Second, I can learn about various cultures.
둘째, 다양한 문화에 대해 배울 수 있습니다.

Also, it's exciting to experience a new environment.
또한, 새로운 환경을 경험하는 것은 신나는 일입니다.

빈출 유형 템플릿 요약본

Q Do you prefer living in a big city or a small town?
큰 도시에 사는 것이 더 좋습니까, 작은 도시에 사는 것이 더 좋습니까?

[1] 큰 도시

☑ 취직할 때 유리하고, 교통이 편해요.

키워드 : big cities, urban areas

① First, there are more career opportunities in big cities
첫째, 대도시에서 더 많은 직업의 기회가 있습니다.

because large companies are usually located there.
왜냐하면 큰 회사들이 대개 그곳에 위치해 있기 때문입니다.

② Second, I can use convenient public transportation systems.
둘째, 편리한 대중교통을 이용할 수 있습니다.

So, it's easy to get to my destination.
그래서 목적지까지 쉽게 갈 수 있습니다.

[2] 작은 동네

☑ 생활비를 절약하고, 덜 붐벼요.

키워드 : small towns, rural areas

① First, I can save on living expenses
첫째, 생활비를 절약할 수 있습니다.

because prices are lower in small towns.
왜냐하면 작은 마을은 물가가 더 낮기 때문입니다.

② Second, there is less traffic.
둘째, 교통체증이 적습니다.

So, I can live in a quiet environment.
그래서 조용한 환경에서 살 수 있습니다.

Express an Opinion_Q11

Bonus Track

Q 기술의 발전(the advancement of technology)은 우리 삶을 어떻게 바꾸었는가?

① First, we **work remotely**
첫째, 우리는 원격으로 일을 합니다.

because we can **work at home as we do in the office.**
사무실에서 일하듯 집에서도 일할 수 있기 때문입니다.

② Second, a lot of **human labor has been replaced**
둘째, 인간의 많은 노동력이 대체되었습니다.

because of advanced technology and systems.
왜냐하면 기술과 시스템이 발전했기 때문입니다.

Q 임직원의 창의력(creativity)이 중요한 이유?

① First, a creative employee **solves problems well**
첫째, 창의적인 직원은 문제를 잘 해결합니다.

with fresh and unique perspectives.
신선하고 독특한 시각을 가지고 있기 때문입니다.

② Second, **creativity is the key to innovation**
둘째, 창의성은 혁신의 열쇠이며,

which **a company must need** to succeed.
이는 회사가 성공하기 위해서는 반드시 필요한 것입니다.

빈출 유형 템플릿 요약본

Q 운(luck)이 가장 중요한 성공 요인인 이유?

① First, luck empowers talents.
첫째, 운은 재능에 힘을 실어줍니다.

We need an opportunity to show what we've got.
우리는 우리가 가진 것을 보여줄 기회가 필요합니다.

② Second, luck brings better networking.
둘째, 운이 좋으면 인맥이 좋아집니다.

Meeting influential people gives us more chances for success.
영향력 있는 사람들을 만나는 것은 우리에게 더 많은 성공의 기회를 줍니다.

Q 노력(hard work)이 가장 중요한 성공 요인인 이유?

① First, hard work is necessary to develop our skills.
첫째, 노력은 우리의 기술을 발전시키기 위해 필요합니다.

Without it, we will lose chances.
그것이 없으면 우리는 기회를 놓칠 것입니다.

② Second, success requires continuous efforts
둘째, 성공에는 지속적인 노력이 필요합니다.

because everyone faces challenges in life.
왜냐하면 모든 사람들은 살면서 어려움을 겪기 때문입니다.

Q 팀 성공에 팀장(manager)이 영향력이 큰 이유?

① First, a manager makes a final decision.
첫째, 매니저가 최종 결정을 내립니다.

When a wise decision is made, the team will succeed quickly.
현명한 결정이 내려지면, 그 팀은 빠르게 성공할 것입니다.

② Second, a skilled manager can motivate team members.
둘째, 숙련된 관리자는 팀원들에게 동기를 부여할 수 있습니다.

This will create a productive work environment.
이것은 생산적인 작업 환경을 만들어 줄 것입니다.

Express an Opinion_Q11

Q 팀 성공에 팀원들(team members)이 영향력이 큰 이유?

① First, collaborative team members can lead to synergy.
첫째, 협력적인 팀원들이 시너지 효과를 낼 수 있습니다.

This will bring better achievements to the team.
이것은 팀에 더 좋은 성과를 가져다줄 것입니다.

② Second, each team member has specific responsibilities.
둘째, 각 팀원들은 각자 고유한 책임을 맡고 있습니다.

When they are committed, the whole project could go well.
그들이 헌신할 때, 전체 프로젝트가 잘 될 수 있습니다.

Q 취미(hobbies)를 친구에게 배우는 것의 장점?

① First, it's more fun and comfortable
첫째, 더 재미있고 편안합니다.

because I learn about the hobby with my friend.
왜냐하면 친구와 취미를 배우기 때문입니다.

② Second, I can have quality time while learning.
둘째, 배우는 동안 좋은 시간을 보낼 수 있습니다.

That way, I can enjoy learning more.
그래서 저는 더 즐겁게 배울 수 있습니다.

Q 취미(hobbies)를 선생님에게 배우는 것의 장점?

① First, I can learn about it from a professional.
첫째, 저는 전문가에게 배울 수 있습니다.

So, I can better understand it.
그래서 배우는 것을 더 잘 이해할 수 있습니다.

② Second, I can get correct feedback.
둘째, 올바른 피드백을 받을 수 있습니다.

So, I will become more skillful and knowledgeable about it.
그래서 저는 그것에 대해 더 능숙해지고, 잘 알게 될 것입니다.

빈출 유형 템플릿 요약본

Q 학생들이 근처 회사(local companies)에 견학하는 것의 장점?

① First, students can gain real-world exposure.
첫째, 학생들은 실세계에 노출될 수 있습니다.

So, they can learn how organizations operate.
그래서 그들은 회사가 어떻게 운영되는지 배울 수 있습니다.

② Second, they can explore different industries.
둘째, 그들은 다양한 산업을 엿볼 수 있습니다.

This will help them clarify their career goals.
이것은 그들이 진로를 분명히 하는 데 도움을 줄 것입니다.

Q 학생들이 자연(a place of nature)으로 소풍 가는 것의 장점?

① First, it will reduce their stress
첫째, 그들의 스트레스를 줄여줄 것입니다.

because a nature place improves mental health.
왜냐하면 자연환경은 정신 건강을 증진시키기 때문입니다.

② Second, they can observe what they've learned in class.
둘째, 그들은 수업 시간에 배운 것을 관찰할 수 있습니다.

This will be a great educational experience.
이것은 훌륭한 교육 경험이 될 것입니다.

Express an Opinion_Q11

> **Q** 자유 여행(traveling by oneself)의 장점?

① First, it's more flexible and comfortable
첫째, 유동적이고 편안합니다.

because we can plan our trips without a fixed schedule.
우리는 정해진 일정 없이 여행을 계획할 수 있기 때문입니다.

② Second, we can change the schedule anytime
둘째, 우리는 언제든지 일정을 바꿀 수 있습니다.

without a cancelation fee or negotiation.
취소 수수료나 협상 없이 말이죠.

> **Q** 그룹 투어 (a guided tour)의 장점?

① First, tour guides usually give a ride.
첫째, 여행 가이드들이 주로 차를 태워 줍니다.

So, I don't need to drive or use public transportation.
그래서 운전을 하거나 대중교통을 이용할 필요가 없습니다.

② Second, they know popular places on the traveling sites.
둘째, 그들은 여행지에서 인기 있는 장소들을 알고 있습니다.

So, it's less confusing than traveling by myself.
그래서 혼자 여행하는 것보다 덜 혼란스럽습니다.

MEMO

5일 완성 토익스피킹 만능템플릿 콤보북

IM-AH

모범답변 · 템플릿

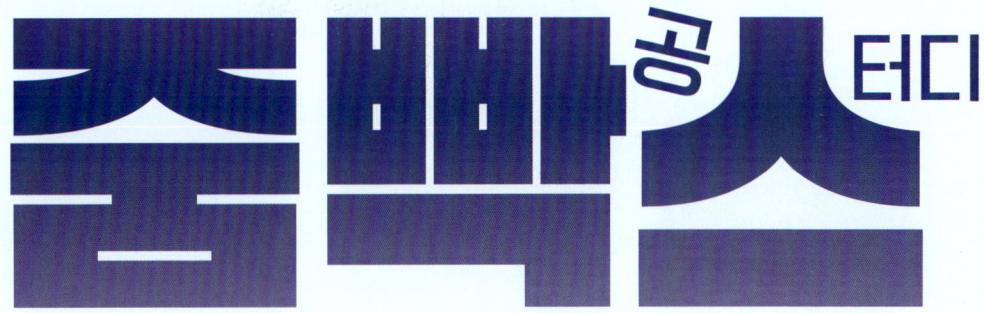

등급별 멀티 템플릿이 수록된
제인토스 인강

여러 문제에 적용할 수 있는 등급별(IM-AH) 멀티 템플릿이 수록된 인강으로 실전 감각을 극대화 할 수 있습니다.

최신 출제 트렌드를 반영한
실전 유형 자료

매월 극최신 실전유형자료 4회분으로 유사 문제 유형을 대비하고 모범 답안 템플릿을 통해 부족한 점을 보완할 수 있습니다.

Part 3,5 최빈출 문제만 모은
벼락치기 템플릿

토스 시험 점수의 등락을 결정짓는 Part 3,5 최빈출 주제와 등급별 답안 템플릿을 한눈에 비교할 수 있어 등급 정체 구간도 문제없이 뚫을 수 있습니다.

목표 등급에 따라 만드는
마이 템플릿

인강과 라이브 클래스 VOD, 벼락치기 템플릿에 수록된 목표 등급에 따른 모범 답안을 참고하여 만든 나만의 템플릿을 활용할 수 있습니다.

'네이버'에서 제인토스를 검색하세요.

제인토스 ▼ 검색

모든인강
벼락치기
템플릿

토익스피킹 MUST HAVE
평생패스

Questions 1-2

지문 읽기
Read a text aloud

지문 읽기

SET 1

Q1

This weekend only, (→) / Carla's Pick Luggage / is having a grand opening sale. (↘) // We are offering / an excellent selection of suitcases, (↗) / travel bags, (↗) / and briefcases (→) / for up to twenty percent off. (↘) // If you join our customer rewards program, (→) / you can get even more discounts. (↘) // Don't miss this event. (↘) //

이번 주말에만 칼라스 픽 러기지에서 파격 오픈 행사를 합니다. 저희는 엄선된 우수한 여행 가방, 배낭, 그리고 서류 가방들을 최대 20% 할인된 가격으로 제공하고 있습니다. 고객 혜택 프로그램에 가입하시면 더 많은 할인을 받으실 수 있습니다. 이 행사를 놓치지 마세요.

Q2

Before officially opening / Dewberry Museum's sculpture garden, (→) / I would like to express my gratitude to everyone (→) / who contributed to the renovations. (↘) // Our exceptional construction workers, (↗) / designers, (↗) / and landscapers (→) / have done a fantastic job. (↘) // Without their efforts, we wouldn't have the beautiful exhibit (→) / we have today. (↘) // Now, (→) / I warmly welcome visitors (→) / to explore the garden. (↘) //

듀베리 박물관의 조각품 정원을 공식적으로 개관하기 전에, 개조 작업에 도움을 준 모든 분들께 감사 인사를 드리고 싶습니다. 저희 훌륭한 건설 근로자, 디자이너, 그리고 조경사분들께서 훌륭한 일을 해 주셨습니다. 그들 없이는 오늘처럼 아름다운 전시를 갖추지 못했을 겁니다. 이제 방문자 여러분들께서 정원을 탐방하실 것을 진심으로 환영합니다.

Read a text aloud

SET 2

Q1

Welcome to the International Writers Association Conference. (↘) // Our next speaker is Bartolomeo King. (↘) // You may already know him (→) / as the award-winning author (→) / of 'Frantic Moon.' (↘) // Bartolomeo possesses a remarkable talent (→) / for creating thrilling plots, (↗) / vivid settings, (↗) / and unique characters. (↘) // Today, (→) / he will share his insights (→) / on finding inspiration for writing. (↘) //

국제 작가 협회 컨퍼런스에 오신 것을 환영합니다. 다음 연사는 바르톨로메오 킹입니다. 여러분은 아마 그를 다수의 수상을 받은 작품 '광란의 달'의 저자로 알고 계실 것입니다. 바르톨로메오는 흥미로운 줄거리, 현실적인 배경과 독특한 등장인물을 창조하는 재능을 가지고 있습니다. 오늘 그는 글쓰기에 영감을 어디서 찾는지에 대해 이야기할 것입니다.

Q2

Do you love hiking and outdoor activities? (↗) // If you are seeking an incredible vacation, (→) / we invite you to book a tour (→) / with Outdoor Adventures. (↘) // With our experienced tour guides, (→) / you can engage in an exploration (→) / of the renowned William Forest. (↘) // During the tour, (→) / you will witness mountains, (↗) / waterfalls, (↗) / and other breathtaking landscapes. (↘) // For further details, (→) / please visit our website to view the tour dates (→) / and discover our special offers. (↘) //

등산과 야외 활동을 좋아하시나요? 멋진 휴가를 찾고 계신다면, 아웃도어 어드벤처에서 투어를 예약해 보세요. 경험 많은 투어 가이드와 함께 유명한 윌리엄 포레스트를 탐험할 수 있습니다. 투어 중에는 산, 폭포 및 아름다운 풍경을 감상할 수 있습니다. 더 많은 정보를 원하신다면 저희 웹사이트를 방문하여 투어 일정과 특별 상품들을 확인해 보세요.

지문 읽기

SET 3

Q1

Welcome to this video guide (→) / for your new portable video game player. (↘) // In this video, (→) / we will demonstrate (→) / the various features of your device (→) / and provide answers (→) / to frequently asked questions. (↘) // If you require further assistance, (→) / please visit our website, (→) / where you can also purchase accessories. (↘) //

새로운 휴대용 비디오 게임 플레이어에 대한 영상 가이드에 오신 것을 환영합니다. 이 영상에서는 게임기의 다양한 기능을 소개하고 자주 묻는 질문에 대답할 것입니다. 추가적인 도움이 필요하신 경우 웹사이트를 방문해 주세요. 웹사이트에서는 액세서리도 구매할 수 있습니다.

Q2

Attention, (→) / Express Downtown passengers. (↘) // Due to technical difficulties (→) / with the train ahead of us, (→) / we are unable to proceed (→) / to the next station.(↘) // Please be advised (→) / that there will be a delay (→) / of up to an hour and a half. (↘) // You have the option (→) / to disembark here to receive a refund,(↗) / transfer to another train, (↗) / or remain on board. (↘) //

익스프레스 다운타운 승객 여러분께 안내 말씀 드립니다. 우리 앞의 기차가 기술적 문제로 인해 운행을 지속할 수 없어 본 열차는 다음 역으로 출발하지 못할 것을 알려드립니다. 약 1시간 30분 동안 지연될 예정입니다. 환불을 받기 위해 이곳에서 내리거나, 다른 기차로 갈아탈 수 있으며, 또는 기차에 그대로 남으실 수 있습니다.

Read a text aloud

SET 4

Q1

You have reached / Orange Valley Home Company. (↘) // To inquire about the status (→) / of your order, (→) / please press 'one'. (↘) // If you have questions (→) / regarding our return policy, (→) / please press 'two'. (↘) // For any other inquiries, (↗) / suggestions, (↗) / or complaints, (→) / please stay on the line, (→) / and our representative will assist you shortly. (↘) //

오렌지 밸리 홈 컴퍼니에 전화 주셨습니다. 주문 상태를 확인하시려면 '1' 번을 눌러주세요. 반품 정책에 관한 질문이 있으시면 '2' 번을 눌러주세요. 기타 문의, 제안 또는 불만 사항이 있으시면, 전화를 끊지 않으시면 곧 담당자가 도와드릴 것입니다.

Q2

Thank you for watching Greenville News (→) / on Channel Three. (↘) // This afternoon, (→) / the Central Museum announced (→) / the winner of the annual art competition, (→) / Ms. Jessica Lee. (↘) // Through the use of simple tools, (↗) / patience, (↗) / and artistic skill, (→) / she transformed a piece of wood (→) / into remarkable furniture. (↘) // These exquisite pieces (→) / will be exhibited (→) / until February. (↘) //

채널 3의 그린빌 뉴스를 시청해 주셔서 감사합니다. 오늘 오후, 센트럴 박물관이 연례 미술 대회에서 우승자로 제시카 리씨를 선정했습니다. 단순한 도구, 인내와 예술적 기술을 통해 그녀는 나무 한 조각을 멋진 가구로 변모시켰습니다. 이 훌륭한 작품들은 2월까지 전시될 예정입니다.

지문 읽기

SET 5

Q1

Attention, (→) / passengers. (↘) // The buses / scheduled for the afternoon trips to Williamstown (→) / at two o'clock, (↗) / and three thirty (→) / have been canceled. (↘) // To receive a refund, (→) / please proceed to the ticket window. (↘) // All other buses are scheduled (→) / to depart on time. (↘) // As always, (→) / we appreciate your choice (→) / of our transportation service. (↘) //

승객 여러분께 안내 말씀 드립니다. 오후에 윌리엄스 타운으로 가는 2시와 3시 30분 버스가 취소되었습니다. 환불을 받으시려면 티켓 창구로 이동해 주세요. 다른 모든 버스는 정시에 출발 예정입니다. 언제나 저희 교통 서비스를 이용해 주셔서 감사합니다.

Q2

Stock up on (→) / all the sports equipment (→) / you'll need this season (→) / at Michelle's Discount Sports. (↘) // For a limited time, (→) / swimsuits, (↗) / baseball bats, (↗) / soccer balls, (↗) / and tennis rackets (→) / are twenty percent off. (↘) // Take advantage (→) / of these great discounts (→) / before the sale ends. (↘) //

이번 시즌에 필요한 모든 종류의 스포츠 장비를 미쉘 스포츠 할인점에서 비축하세요. 한정된 시간 동안 수영복, 야구 방망이, 축구공 및 테니스 라켓은 20% 할인됩니다. 할인 행사가 종료되기 전에 이러한 좋은 할인 혜택을 이용하세요.

Read a text aloud

SET 6

Q1

Hello, (→) / and thank you for calling (→) / Madison Communications. (↘) // We offer the best internet, (↗) / cable, (↗) / and telephone services in the area. (↘) // If you need technical support, (→) / please press one. (↘) // For information about our plan options, (→) / please press two. (↘) // Otherwise, (→) / please hold, (→) / and a customer service representative (→) / will assist you shortly. (↘) //

안녕하세요, 매디슨 통신에 전화해 주셔서 감사합니다. 저희는 지역 최고의 인터넷, 케이블 및 전화 서비스를 제공합니다. 기술 지원이 필요하신 경우, 1번을 눌러주세요. 요금제 옵션에 대해 알아보고 싶으신 경우, 2번을 눌러주세요. 그렇지 않으시면 잠시 기다려 주시고 고객 서비스 담당자가 곧 도움을 드리겠습니다.

Q2

Thanks for attending (→) / the Central Journalism Awards Banquet. (↘) // We will honor (→) / outstanding reporting in print, (↗) / online, (↗) / and radio journalism. (↘) // It appears that / we have a large crowd tonight, (→) / so I anticipate an exciting evening. (↘) // However, before we begin, (→) / I would like to express my gratitude to (→) / all the organizations (→) / that sponsored this event. (↘) //

중앙 저널리즘 시상식에 참석해 주셔서 감사합니다. 저희는 인쇄, 온라인 및 라디오 저널리즘에서 우수한 보도를 표창하고자 합니다. 오늘 밤에는 많은 사람들이 모여 있어서 흥미로운 시간이 될 것으로 예상됩니다. 그러나 시작하기 전에, 이 행사를 후원해 주신 모든 기관에 감사의 말씀을 전하고 싶습니다.

지문 읽기

SET 7

Q1

Good evening, (→) / Farmer's Grocery shoppers! (↘) // If you are ready to make a purchase, (→) / please bring your items (→) / to the front (→) / of the store now. (↘) // You can conveniently pay for your groceries (→) / at the automated checkout counter, (↗) / express lane, (↗) / or Customer Service center. (↘) // Thank you for shopping (→) / at Farmer's Grocery store. (↘) //

안녕하세요, 파머스 식료품 고객 여러분! 구매하실 준비가 되셨다면, 제품들을 지금 매장 앞으로 가져오시기를 바랍니다. 제품 결제는 자동 계산대, 신속 계산대 또는 고객 서비스 센터에서 편리하게 이용하실 수 있습니다. 파머스 식료품 매장에서 쇼핑해 주셔서 감사합니다.

Q2

Welcome to the winter press conference (→) / of Dandyman Retail Group. (↘) // Today, (→) / we are excited to announce (→) / the launch of our new brand, (→) / Forwell Uniforms. (↘) // This clothing line offers (→) / uniforms for workers (→) / in various industries including healthcare, (↗) / manufacturing, (↗) / and more. (↘) // Moreover, / Forwell Uniforms / can handle both small and large shipments (→) / to accommodate customers' specific design requests. (↘) //

댄디맨 소매 그룹의 겨울 기자 회견에 오신 것을 환영합니다. 오늘은 새로운 브랜드인 포웰 유니폼을 발표하게 되어 기쁩니다. 이 의류 라인은 의료, 제조 및 다른 산업에서 근무하는 종업원들을 위한 유니폼을 제공합니다. 또한, 포웰 유니폼은 고객들의 특정 디자인 요청에 따라 소량 또는 대량 발송을 처리할 수 있습니다.

Read a text aloud

SET 8

Q1

Attention, (→) / all passengers. (↘) // We have safely landed (→) / at Yorktown International Airport. (↘) // Please ensure that your seat belts are fastened, (↗) / phones are turned off, (↗) / and seats are in the upright position (→) / until we have come to a complete stop. (↘) // Once we have arrived, (→) / a flight attendant (→) / will be available to assist you (→) / with disembarking the plane. (↘) // Thank you for choosing to travel with us today, (→) / and welcome to Yorktown. (↘) //

승객 여러분들께 안내 말씀 드립니다. 우리 비행기는 요크타운 국제공항에 안전하게 착륙했습니다. 지금은 완전히 멈출 때까지 안전벨트를 매고, 핸드폰을 끄고, 좌석을 직립 상태로 유지해 주시기를 바랍니다. 도착 후에는 승무원이 비행기에서 하차하는 것을 도와드릴 예정입니다. 오늘 우리와 함께 여행해 주셔서 감사드리며 요크타운에 오신 것을 환영합니다.

Q2

Our next guest for tonight's show (→) / is Julia Kang, (→) / who is renowned for her impressive performances (→) / in numerous movies and television shows. (↘) // Apart from her acting career, (→) / she has also made significant contributions as a writer, (↗) / director, (↗) / and producer (→) / over the years. (↘) // During the show, (→) / she will share her exciting career history (→) / in detail. (↘) // Now, let's give a warm welcome (→) / to Julia Kang (→) / to the stage. (↘) //

오늘 저희 쇼의 다음 게스트는 줄리아 캉입니다. 그녀는 많은 영화와 드라마에서 연기로 유명합니다. 연기 뿐만 아니라 그녀는 작가, 감독 및 프로듀서로도 여러 해 동안 활동해 왔습니다. 이번 쇼에서 그녀는 흥미로운 경력 이야기를 자세히 알려줄 것입니다. 이제, 줄리아 캉을 무대로 따뜻하게 환영해 주시기를 바랍니다.

지문 읽기

SET 9

Q1

Before we commence the meeting, (→) / I have an important announcement (→) / regarding the upcoming team-building activity (→) / scheduled from March third (→) / to July Twentieth. (↘) // Starting from next Saturday, (→) / our team will explore / the visitor center, (↗) / museum, (↗) / and nature trails (→) / at the Westside Mountain Reserve. (↘) // We'll meet at the office building (→) / at 9 A.M. (↘) // If you are interested in participating in hiking during the trip, (→) / please remember to wear / comfortable shoes. (↘) //

회의를 시작하기 전에, 3월 3일부터 7월 20일까지 진행될 팀 단합 활동에 대한 공지가 있습니다. 다음 주 토요일부터 저희 팀은 웨스트사이드 마운틴 보호구역에 위치한 관광 센터, 박물관 및 자연 산책로를 탐험할 예정입니다. 오전 9시에 사무실 건물에서 만나기로 하겠습니다. 여행 중 하이킹에 참여하실 분들은 편안한 신발을 꼭 착용해 주시기를 바랍니다.

Q2

In local news, (→) / a new temporary exhibit (→) / will open at the Sailor Museum (→) / starting next Wednesday. (↘) // The exhibit showcases (→) / a wide array of tools (→) / that have been used (→) / throughout history for (→) / ocean navigation. (↘) // Furthermore, (→) / there will be demonstrations (→) / on how the compass, (↗) / satellites, (↗) / and the radar (→) / are utilized to track ocean routes. (↘) //

지역 뉴스 소식으로, 다음 주 수요일부터 항해 박물관에서 임시 전시회가 개최될 예정입니다. 이 전시회는 역사 속 해양 항법에 사용된 수백 가지 도구들을 선보입니다. 또한, 나침반, 위성 그리고 전파탐지기가 어떻게 해양 경로를 추적하는지에 대한 시연도 진행될 예정입니다.

Read a text aloud

SET 10

Q1

Join us in celebrating summer (→) / at Downtown Exchange, (→) / the largest farmer's market in Bristol City. (↘) // Every Wednesday, (→) / you can find a variety of freshest vegetables, (↗) / meats, (↗) / and cheeses (→) / from local vendors. (↘) // Additionally, (→) / we will be conducting cooking classes (→) / at seven and nine P.M. (↘) // For more information, (→) / please visit our website. (↘) //

브리스톨 시티의 가장 큰 농산물 시장인 농산물 직판장인 다운타운 익스체인지로 여름을 즐기러 오세요. 매주 수요일마다 현지 공급업체로부터 신선한 야채, 고기, 치즈 등 다양한 상품을 구매하실 수 있습니다. 게다가, 7시와 9시에는 요리 수업도 진행될 예정입니다. 더 많은 정보는 저희 웹사이트에서 확인해 주세요.

Q2

Welcome back (→) / to the local news. (↘) // We have exciting news from (→) / the Saint Jones Academic Museum. (↘) // They have recently announced (→) / a new series of educational workshops (→) / suitable for young children, (↗) / teens, (↗) / and adults. (↘) // These workshops (→) / will be held during regular museum hours (→) / and are free of charge. (↘) // However, (→) / the museum kindly requests (→) / that participants register (→) / in advance. (↘) //

지역 뉴스에 다시 오신 것을 환영합니다. 세인트 존스 학술 박물관에서 흥미로운 소식입니다. 그들은 최근 어린이, 청소년 및 성인을 대상으로 한 새로운 교육 워크샵 시리즈를 발표했습니다. 워크샵은 박물관 정상 운영 시간에 진행되며 무료입니다. 그러나 박물관은 사전 등록이 필요합니다.

Questions 3-4

사진 묘사
Describe a picture

사진 묘사하기

SET 1

Q3

장소	This picture is taken in the countryside.	이 사진은 시골에서 찍혔습니다.
중심 대상	What I notice first is four people walking along the road with buffalos.	가장 먼저 눈에 띄는 것은 네 명의 사람들이 버팔로들과 길을 따라 걷는 모습입니다.
	They are wearing summer clothes, and two of them are holding plastic bags.	그들은 여름옷을 입고 있고, 그들 중 두 명은 비닐봉지를 들고 있습니다.
주변 대상	In the background, I can see a rice field, houses, and trees.	뒤에는 논과 집, 나무들이 보입니다.
분위기	Overall, it seems they are heading back home with their buffalos after work.	전반적으로 그들은 일을 마치고 버팔로들을 데리고 집으로 돌아가는 것 같습니다.

💡 **핵심 템플릿**

walking along the road	길을 따라 걷고 있는
heading back home	집으로 돌아가고 있는

Describe a picture

Q4

장소	This picture was taken in a library.	이 사진은 도서관에서 찍혔습니다.
중심 대상	What I notice first is a man and a woman studying together.	가장 먼저 눈에 띄는 것은 함께 공부하고 있는 한 남성과 한 여성입니다.
	On the right, the woman is pointing at a book with her pen.	오른쪽에, 여성이 펜으로 책을 가리키고 있습니다.
	Next to her, the man is looking at the page where she is pointing to.	그녀 옆에서, 남성은 여성이 가리키는 페이지를 보고 있습니다.
주변 대상	In the background, there are many books and chairs.	뒤에는 많은 책들과 의자들이 보입니다
분위기	Overall, it seems the woman is teaching him something in the library.	전반적으로 여성이 도서관에서 남성에게 뭔가를 가르치고 있는 것 같습니다.

💡 핵심 템플릿

| studying together | 함께 공부하고 있는 |
| teaching him something | 그에게 무언가를 가르치는 |

사진 묘사하기

SET 2

Q3

장소	This picture was taken in a shoe store.	이 사진은 신발 가게에서 찍혔습니다.
중심 대상	What I notice first is a clerk and a customer.	가장 먼저 눈에 띄는 것은 점원 한 명과 손님 한 명입니다.
	On the left, the clerk is handing a shopping bag to the customer.	왼쪽에서 점원이 쇼핑백을 고객에게 건네고 있습니다.
	On the right, the customer is receiving it from the clerk.	오른쪽에는 고객이 점원으로부터 그것을 받고 있습니다.
주변 대상	In the background, I can see many shoes on display.	뒤에는 많은 신발들이 진열되어 있는 것을 볼 수 있습니다.
분위기	Overall, it seems like the customer has made a purchase from the store.	전반적으로 고객이 매장에서 신발을 구매한 것 같습니다.

💡 **핵심 템플릿**

| handing a shopping bag to the customer | 고객에게 쇼핑백을 건네고 있는 |
| receiving it from the clerk | 점원으로부터 그것을 받고 있는 |

Describe a picture

Q4

장소	This picture was taken at a cafe.	이 사진은 카페에서 찍혔습니다.
중심 대상	What I notice first is two customers and a clerk.	가장 먼저 눈에 띄는 것은 두 명의 손님과 한 명의 점원입니다.
	On the left, the male customer is handing a bill to the clerk.	왼쪽에서 남성 고객이 점원에게 돈을 건네고 있습니다.
	Next to him, the female customer is holding a piece of paper and laughing.	그 남성 옆에, 여성 고객이 종이를 들고 웃고 있습니다.
주변 대상	On the right, the clerk is receiving the bill with a smile.	오른쪽에서, 점원은 미소를 띤 채 돈을 받고 있습니다.
분위기	Overall, it seems like the cafe is filled with laughter.	전반적으로 카페가 웃음으로 가득 찬 것처럼 보입니다.

💡 **핵심 템플릿**

handing a bill to the clerk	점원에게 돈을 건네고 있는
receiving the bill	돈을 받고 있는

사진 묘사하기

SET 3

Q3

장소	This picture was taken at the construction site.	이 사진은 건설 현장에서 찍혔습니다.
중심 대상	What I notice first is two workers talking to each other.	가장 먼저 눈에 띄는 것은 서로 대화를 하고 있는 두 명의 작업자들입니다.
	The worker on the right is explaining something, and the other man is listening attentively.	오른편의 작업자는 무언가를 설명하고 있고, 다른 작업자는 그의 얘기를 경청하고 있습니다.
	Both workers are wearing safety helmets.	그들은 안전모를 쓰고 있습니다.
주변 대상	In the background, I can see that construction is in progress.	배경에는 공사가 진행 중인 것이 보입니다.
분위기	Overall, it's a typical scene of the construction site.	전반적으로 전형적인 건설 현장의 장면입니다.

💡 **핵심 템플릿**

talking to each other	서로 대화를 하고 있는
explaining something	무언가를 설명하고 있는

Describe a picture

Q4

장소	This picture was <u>taken in the restaurant</u>.	이 사진은 식당에서 찍은 사진입니다.
중심 대상	What I notice first is an old couple and a server.	가장 먼저 눈에 띄는 것은 노부부와 서버 한 명입니다.
	On the right, <u>the couple is seated</u>, while the server on the left is <u>pouring a drink into a glass</u>.	오른쪽엔 부부가 앉아있고, 왼쪽에는 종업원이 잔에 음료를 따르고 있습니다.
주변 대상	On the table, I can see empty plates, forks, and the menu.	테이블 위에는 빈 접시, 포크, 그리고 메뉴판이 보입니다.
분위기	Overall, it seems like the old couple is <u>waiting for their meals</u> at the restaurant.	전반적으로 노부부가 식당에서 식사를 기다리는 것 같습니다.

💡 핵심 템플릿

pouring a drink into a glass	잔에 음료를 따르고 있는
waiting for their meals	식사를 기다리고 있는

사진 묘사하기

SET 4

Q3

장소	This picture was taken in the outdoor seating area of a pub.	이 사진은 주점 야외석에서 찍힌 사진입니다.
중심 대상	What I notice first is three women having beer.	가장 먼저 눈에 띄는 것은 맥주를 마시고 있는 세 명의 여성입니다.
	The woman on the left is talking and the others are listening to her.	왼쪽의 여성은 이야기하고 있고, 다른 두 명은 그녀의 이야기를 듣고 있습니다.
	I think they are close friends, as the atmosphere is quite comfortable.	분위기가 아주 편안하기 때문에 제 생각에 그들은 친한 친구인 것 같습니다.
주변 대상	In the background, I can see a fan, windows, and lights inside the restaurant.	배경에서는 선풍기, 창문, 그리고 식당 내부의 조명을 볼 수 있습니다.
분위기	Overall, it seems like they are having a joyful conversation.	전반적으로, 그들은 즐거운 대화를 나누고 있는 것 같습니다.

💡 **핵심 템플릿**

| having beer | 맥주를 마시고 있는 |
| having a joyful conversation | 즐거운 대화를 나누고 있는 |

Describe a picture

Q4

장소	This picture was taken on the street.	이 사진은 길에서 찍혔습니다.
중심 대상	What I notice first is two women taking a cab.	가장 먼저 눈에 띄는 것은 택시를 잡고 있는 두 여성입니다.
	They are holding shopping bags and smiling.	그들은 쇼핑백들을 들고 있으며 웃고 있습니다.
	Also, the woman on the left is raising her hand and saying something.	또한, 왼쪽에 있는 여성은 손을 들고 무언가를 말하고 있습니다.
주변 대상	In the background, I can see vehicles on the road.	뒤편에, 도로 위의 차들이 보입니다.
분위기	Overall, it seems like they have just finished shopping.	전반적으로, 그들은 쇼핑을 막 끝낸 것 같습니다.

💡 **핵심 템플릿**

| taking a cab | 택시를 잡고 있는 |
| they have just finished shopping | 그들은 쇼핑을 막 끝냈습니다 |

사진 묘사하기

SET 5

Q3

장소	This picture was taken in a conference room.	이 사진은 회의실에서 찍혔습니다.
중심 대상	What I notice first is some office workers having a meeting.	가장 먼저 눈에 띄는 것은 회의를 하고 있는 사무직 종사자들입니다.
	In the center, a man is giving a presentation.	중앙에 한 남성이 발표를 하고 있습니다.
	The others are listening to him.	다른 사람들은 그의 발표를 듣고 있습니다.
	On the left, a woman is raising her hand to ask a question.	왼쪽에는 한 여성이 질문을 하기 위해 손을 들고 있습니다.
주변 대상	On the table, there are laptops, notes, and drinks.	테이블 위에는 노트북, 메모장, 음료가 놓여 있습니다.
분위기	Overall, it is a typical scene of the office.	전반적으로, 이는 사무실의 흔한 장면입니다.

💡 **핵심 템플릿**

| giving a presentation | 발표를 하고 있는 |
| raising one's hand to ask question | 질문을 하기 위해 손을 들고 있는 |

Describe a picture

Q4

장소	This picture was taken in a conference room.	이 사진은 회의실에서 찍힌 것입니다.
중심 대상	What I notice first is three people.	가장 먼저 눈에 띄는 것은 세 명의 사람들입니다.
	On the left, there is a man using his phone and grabbing a drink.	왼쪽에는 한 남성이 휴대폰을 사용하면서 음료를 잡고 있습니다.
	On the right, another man is wearing headphones and working on his computer.	오른쪽에는 다른 남성이 헤드폰을 착용하고 컴퓨터로 일하고 있습니다.
주변 대상	Behind them, a woman is talking on the phone while looking at her watch.	그들 뒤에는 한 여성이 전화로 이야기를 하면서 시계를 보고 있습니다.
분위기	Overall, it seems like a meeting has just finished.	전반적으로, 회의가 방금 끝난 것으로 보입니다.

💡 **핵심 템플릿**

| using his phone | 그의 휴대폰을 사용하고 있는 |
| a meeting has just finished | 회의가 방금 끝났습니다 |

사진 묘사하기

SET 6

Q3

장소	This picture was taken in the kitchen.	이 사진은 식당의 주방에서 찍혔습니다.
중심 대상	What I notice first is three women.	가장 먼저 눈에 띄는 것은 세 명의 여성입니다.
	They are all wearing green aprons.	그들은 모두 녹색 앞치마를 입고 있습니다.
	In the center, one woman is making sandwiches at the cooking table.	가운데에 한 여성은 조리대 위에서 샌드위치를 만들고 있습니다.
주변 대상	In the background, the other women are focusing on their work.	뒤에는 다른 여성들이 그들의 일에 집중하고 있습니다.
	Also, I can see some trays on the shelves.	또한, 선반 위에는 몇 개의 쟁반들도 보입니다.
분위기	Overall, it seems like they are preparing food.	전반적으로, 이들은 음식을 준비하고 있는 것 같습니다.

💡 **핵심 템플릿**

| making sandwiches | 샌드위치를 만들고 있는 |
| they are preparing food | 그들은 음식을 준비하고 있습니다 |

Describe a picture

Q4

장소	This picture was taken at a store.	이 사진은 가게에서 찍혔습니다.
중심 대상	What I notice first is an employee and some customers.	가장 먼저 눈에 띄는 것은 직원과 손님들입니다.
	On the left, the employee is opening a box.	왼쪽에는 직원이 상자를 열고 있습니다.
	In the center, a female customer is looking around the store.	가운데에는 여성 손님이 가게를 둘러보고 있습니다.
	Behind her, other customers are shopping together.	그녀 뒤에는 다른 손님들이 함께 쇼핑하고 있습니다.
주변 대상	In the background, I can see lots of products on the shelves.	뒤에는 선반에 많은 제품들이 보입니다.
분위기	Overall, it's a common scene of a store.	전반적으로, 이는 가게의 흔한 장면입니다.

💡 **핵심 템플릿**

| opening a box | 상자를 열고 있는 |
| looking around the store | 가게를 둘러보고 있는 |

사진 묘사하기

SET 7

Q3

장소	This picture was taken at an outdoor market.	이 사진은 야외 시장에서 찍혔습니다.
중심 대상	What I notice first is some people.	가장 먼저 눈에 띄는 것은 몇몇 사람들입니다.
	On the left, a merchant is selling food to a man.	왼쪽에는 상인이 남성에게 음식을 판매하고 있습니다.
	Next to him, the man is looking at his products.	그 옆에는, 남성은 제품들을 살펴보고 있습니다.
	On the right, a woman is carrying a heavy item on her head.	오른쪽에는 한 여성이 머리 위에 무거운 물건을 이고 걷고 있습니다.
주변 대상	In the background, there are other shoppers and items.	뒤에는 다른 손님들과 물건들이 보입니다.
분위기	Overall, it's a common scene of an outdoor market.	전반적으로, 이는 야외 시장의 흔한 장면입니다.

💡 **핵심 템플릿**

selling food	음식을 팔고 있는
carrying a heavy item on one's head	머리 위에 무거운 물건을 이고 가고 있는

Describe a picture

Q4

장소	This picture was taken in a restaurant kitchen.	이 사진은 식당의 주방에서 찍혔습니다.
중심 대상	What I notice first is some chefs.	가장 먼저 눈에 띄는 것은 몇몇 요리사들입니다.
	On the left, a man is chopping ingredients at the cooking table.	왼쪽에는 한 남성이 조리대에서 재료를 다지고 있습니다.
	Behind him, the others are focusing on their work.	그의 뒤에는, 다른 요리사들이 그들의 일에 집중하고 있습니다.
주변 대상	In the background, there are many cooking tools.	뒤에는 많은 조리 도구들이 있습니다.
분위기	Overall, it seems like they are preparing food.	전반적으로 이들은 음식을 준비하고 있는 것 같습니다.

💡 핵심 템플릿

| chopping ingredients | 재료를 다지고 있는 |
| preparing food | 음식을 준비하고 있는 |

사진 묘사하기

SET 8

Q3

장소	This picture was taken in a conference room.	이 사진은 사무실에서 찍혔습니다.
중심 대상	What I notice first is some office workers having a meeting.	가장 먼저 눈에 띄는 것은 회의를 하고 있는 사무직 종사자들입니다.
	On the left, a man is talking about something, and the others are listening.	왼쪽에는 한 남성이 뭔가에 대해 말하고 있고, 다른 사람들은 듣고 있습니다.
	On the right, a woman is taking notes and another woman is typing on a computer.	오른쪽에는 한 여성이 메모에 받아 적고 있고 다른 여성은 컴퓨터로 타이핑하고 있습니다.
주변 대상	On the table, there are laptops and folders.	테이블 위에는 노트북과 폴더들이 있습니다.
분위기	Overall, it's a common scene of an meeting.	전반적으로, 이는 사무실의 흔한 장면입니다.

💡 **핵심 템플릿**

talking about something	뭔가에 대해 말하고 있는
taking notes	받아 적고 있는

Describe a picture

Q4

장소	This picture was taken on the street.	이 사진은 길거리에서 찍혔습니다.
중심 대상	What I notice first is a woman and a green car.	가장 먼저 눈에 띄는 것은 한 여성과 초록색 차입니다.
	The car is parked, and the woman is opening the door.	차는 주차되어 있고, 여성은 차 문을 열고 있습니다.
	Behind her, an old man is walking on the street while carrying a basket.	그녀 뒤에는 한 노인이 바구니를 들고 길을 걷고 있습니다.
주변 대상	In the background, I can see stores and other shoppers.	뒤에는, 가게들과 다른 고객들도 보입니다.
분위기	Overall, it seems like the woman is leaving the store after shopping.	전반적으로, 그녀는 쇼핑을 마치고 가게를 떠나는 것 같습니다.

💡 **핵심 템플릿**

| opening the door | 문을 열고 있는 |
| leaving the store after shopping | 쇼핑을 마치고 가게를 떠나고 있는 |

사진 묘사하기

SET 9

Q3

장소	This picture was taken at the square.	이 사진은 광장에서 찍혔습니다.
중심 대상	What I notice first is some people.	가장 먼저 눈에 띄는 것은 몇몇 사람들입니다.
	On the left, a woman is walking down the street.	왼쪽에 한 여성이 거리를 걷고 있습니다.
	On the right, a man is riding a bicycle.	오른쪽에 한 남성은 자전거를 타고 있습니다.
주변 대상	In the background, there are more people hanging around.	뒤에는 더 많은 사람들이 돌아다니고 있습니다.
	Also, I can see yellow parasols, trees, and buildings.	또한, 노란색 파라솔, 나무, 그리고 건물과 같은 것들이 보입니다.
분위기	Overall, it seems peaceful.	전반적으로 평화로워 보입니다.

💡 **핵심 템플릿**

walking down the street	거리를 걷고 있는
riding a bicycle	자전거를 타고 있는

Describe a picture

Q4

장소	This picture was taken at a farm.	이 사진은 농장에서 찍혔습니다.
중심 대상	What I notice first is many farmers.	가장 먼저 눈에 띄는 것은 많은 농부들입니다.
	In the center, one of them is picking up the crops.	가운데에, 그들 중 한 농부는 작물을 줍고 있습니다.
	In the background, the others are focusing on their work.	뒤에는, 다른 농부들이 그들의 업무에 집중하고 있습니다.
	They are all wearing hats and carrying bags.	그들 모두 모자를 쓰고 가방을 들고 있습니다.
주변 대상	Also, I can see the blue sky with clouds.	또한, 구름 낀 푸른 하늘이 보입니다.
분위기	Overall, it seems like they are working hard.	전반적으로 그들은 열심히 일하고 있는 것 같습니다.

💡 **핵심 템플릿**

| picking up the crops | 작물을 줍고 있는 |
| wearing hats and carrying bags | 모자를 쓰고 가방을 들고 있는 |

사진 묘사하기

SET 10

Q3

장소	This picture was taken at a marketplace.	이 사진은 시장에서 찍혔습니다.
중심 대상	What I notice first is a merchant and a customer.	가장 먼저 눈에 띄는 것은 상인과 손님입니다.
	The merchant is giving a box filled with dried fruit, and the customer is receiving it.	상인은 견과류로 가득 찬 상자를 건네고 있고, 손님은 그것을 받고 있습니다.
주변 대상	In the background, there are lots of food items.	뒤에는, 수많은 식제품들이 있습니다.
분위기	Overall, it seems like the customer is buying dried fruit.	전반적으로 손님이 견과류를 구입하고 있는 것 같습니다.

💡 **핵심 템플릿**

| giving a box filled with dried fruit | 견과류가 가득 찬 상자를 건네고 있는 |
| buying dried fruit | 견과류를 구입하고 있는 |

Describe a picture

Q4

장소	This picture was taken at a clothing store.	이 사진은 의류 매장에서 찍혔습니다.
중심 대상	What I notice first is two women.	가장 먼저 눈에 띄는 것은 두 명의 여성입니다.
	In the center, there is a dress on a mannequin.	가운데에는 마네킹에 걸린 원피스가 있습니다.
	The woman on the right is measuring the length of the dress.	오른쪽에는 한 여성이 원피스의 길이를 재고 있습니다.
	The other woman on the left is pinning the clothes.	왼쪽에는 다른 여성이 옷에 핀을 꽂고 있습니다.
주변 대상	In the background, there is a white wall.	뒤에는 하얀 벽이 있습니다.
분위기	Overall, it seems like they are designing a new dress.	전반적으로, 여성들이 새로운 원피스를 만들고 있는 것 같습니다.

💡 **핵심 템플릿**

| measuring the length | 길이를 재고 있는 |
| designing a new dress | 새 원피스를 만들고 있는 |

Questions 5-7

질문에 답하기
Respond to Questions

질문에 답하기

SET 1

🔊 Imagine a lifestyle magazine publisher is conducting research in your area. You have agreed to participate in a telephone interview about traveling.

한 라이프스타일 잡지 출판사가 당신이 사는 지역에서 설문 조사를 하고 있다고 가정해 보세요. 당신은 여행에 대한 전화 인터뷰에 참여하기로 동의했습니다.

Q5

Q When was the last time you took a vacation, and where did you go?

마지막으로 휴가를 간 적은 언제이며, 어디를 다녀왔나요?

A The last time I took a vacation was last month, and I went to Jeju Island in Korea. It was fun and enjoyable.

마지막으로 휴가를 간 적은 지난 달이었으며, 한국의 제주도를 다녀왔습니다. 재밌었고 즐거웠습니다.

Q6

Q If you were traveling, would you be more likely to travel inside of your country, or outside of your country, and why?

여행을 한다면, 국내 여행과 해외 여행 중 무엇을 더 선호하시나요? 그 이유는 무엇인가요?

A I would want to travel outside of my country because I can experience new things and try delicious local food.

저는 해외 여행을 가보고 싶은데 그 이유는 새로운 경험을 할 수 있고 맛있는 현지 음식을 먹어볼 수 있기 때문입니다.

Respond to questions

Q7

Q When you go on a trip, would you prefer to plan for a trip by yourself or through a guided tour, and why?

여행을 갈 때, 당신은 여행을 스스로 계획하는 것과 가이드 투어를 통해 계획하는 것 중 어느 것을 선호하시나요? 그 이유는 무엇인가요?

A When I go on a trip, I would prefer to plan for a trip through a guided tour, and here is why.

First, it's reliable because tour guides know where to go and what to see. So, there is no confusion.

Second, it's convenient because they usually give a ride. So, I don't need to drive by myself.

This is why.

여행을 갈 때, 저는 가이드 투어를 통해 여행을 계획하는 것을 선호합니다. 그 이유는 다음과 같습니다.

첫째, 믿을 수 있습니다. 왜냐하면 투어 가이드들은 어디를 가야 하고 무엇을 볼지 알고 있기 때문에 혼란이 없습니다.

둘째, 편리합니다. 왜냐하면 일반적으로 가이드 투어는 차량을 제공하기 때문에 스스로 운전할 필요가 없습니다.

이것이 그 이유입니다.

질문에 답하기

SET 2

🔊 Imagine a lifestyle magazine is conducting research in your area. You have agreed to participate in a telephone interview about watching television programs using a streaming service that allows you to watch content without downloading it first.

한 라이프스타일 잡지사가 당신이 사는 지역에서 설문 조사를 하고 있다고 가정해 보세요. 당신은 먼저 다운로드하지 않고 콘텐츠를 시청할 수 있는 스트리밍 서비스를 통해 TV 프로그램을 보는 것에 대한 전화 인터뷰에 참여하기로 동의했습니다.

Q5

Q How often do you watch TV at home? How much time do you spend watching TV?

당신은 집에서 얼마나 자주 TV를 시청하시나요? TV 시청에 얼마나 많은 시간을 보내시나요?

A I watch TV almost every day, and I spend a few hours a day watching TV.

저는 거의 매일 TV를 시청하며, 하루에 서너 시간 TV 시청하는 데 씁니다.

Q6

Q Do you use a streaming service? Why or why not?

스트리밍 서비스를 사용하시나요? 그 이유는 무엇인가요?

A Yes, I use Netflix because they offer a lot of content at a low price. So, it's satisfying.

네, 저는 넷플릭스를 사용합니다. 왜냐하면 저렴한 가격에 다양한 콘텐츠를 제공하기 때문에 만족스럽습니다.

Respond to questions

Q7

Q What do you consider the most when choosing a streaming service provider?
- A wide selection of content
- Plans
- Popularity

스트리밍 서비스 업체를 선택할 때 가장 중요하게 고려하는 요소는 무엇인가요?
- 다양한 콘텐츠 선택의 폭
- 요금제
- 인기도

A I consider a wide selection of content the most when choosing a streaming service provider, and here is why.

First, it's nice because there are many options to choose from.

Second, it's satisfying because it's more likely that they offer the content I want. So, I would be happy with that.

This is why.

저는 스트리밍 서비스 업체를 선택할 때 다양한 콘텐츠 선택의 폭을 가장 중요하게 고려합니다. 그 이유는 다음과 같습니다.

첫째, 좋습니다. 왜냐하면 많은 선택지가 있기 때문입니다.

둘째, 만족스럽습니다. 왜냐하면 제가 원하는 콘텐츠를 제공할 가능성이 높기 때문입니다. 따라서 그것에 대해 만족할 것입니다.

이것이 그 이유입니다.

질문에 답하기

SET 3

🔊 Imagine a marketing firm is conducting research in your area. You have agreed to participate in a telephone interview about candy.

한 마케팅 회사가 당신이 사는 지역에서 설문 조사를 하고 있다고 가정해 보세요. 당신은 사탕에 대한 전화 인터뷰에 참여하기로 동의했습니다.

Q5

Q What is your favorite type of candy, and why do you like it?

당신은 가장 좋아하는 종류의 사탕은 무엇이며, 그것을 왜 좋아하시나요?

A My favorite is mint-flavored candy. I like it because it's refreshing and delicious.

저는 민트 맛 사탕을 가장 좋아합니다. 제가 그것을 좋아하는 이유는 상쾌하고 맛있기 때문입니다.

Q6

Q What is the best place to shop for candy in your area, and what makes you choose that place?

당신의 지역에서 사탕을 구매하기에 가장 좋은 장소는 어디이며, 그 장소를 선택하는 이유는 무엇인가요?

A The best place to buy candy in this area is the convenience store next to my house. It is very close and offers various types of candy.

이 지역에서 사탕을 구매하기에 가장 좋은 장소는 제 집 근처의 편의점입니다. 거리가 가깝고 다양한 종류의 사탕을 판매합니다.

Respond to questions

Q7

Q Which of the following would make you visit a candy store the most?
- Advertisement of the store
- Customer reviews of the store
- The availability of a discounted price

다음 중 어떤 사항이 가장 당신을 사탕가게에 방문하도록 할까요?
- 가게의 광고
- 가게에 대한 고객 리뷰
- 할인된 가격의 제공

A I think customer reviews of the store would make me visit the store the most, and here is why.

First, it's reliable because customers frankly talk about the pros and cons of the products. So, I can trust their opinions.

Second, it's trustworthy because those reviews are based on their actual experience.

This is why.

저는 가게에 대한 고객 리뷰가 가장 가게를 방문하게 할 것 같습니다. 그 이유는 다음과 같습니다.

첫째, 믿을 수 있습니다. 왜냐하면 고개들은 제품의 장단점에 대해 솔직하게 얘기하기 때문입니다. 그래서 저는 그들의 의견을 믿을 수 있습니다.

둘째, 신뢰할 수 있습니다. 왜냐하면 그 리뷰는 그들의 실제 경험에 기반하고 있기 때문입니다.

이것이 그 이유입니다.

질문에 답하기

SET 4

🔊 Imagine a marketing firm is conducting research in your area. You have agreed to participate in a telephone interview about texting on a mobile phone.

한 마케팅 회사가 당신이 사는 지역에서 설문 조사를 하고 있다고 가정해 보세요. 당신은 휴대폰 문자에 대한 전화 인터뷰에 참여하기로 동의했습니다.

Q5

Q How often do you receive text messages, and where are they usually from?

당신은 문자 메시지를 얼마나 자주 받나요? 그리고 그 메시지들은 보통 어디서 오는 건가요?

A I receive text messages quite often every day, and they are usually from companies advertising their products.

저는 매일 꽤 자주 문자 메시지를 받습니다. 그리고 그 메시지들은 주로 제품을 광고하는 회사들로부터 옵니다.

Q6

Q Do you want to receive advertisements via text message? Why or why not?

문자 메시지를 통해 광고를 받기를 원하시나요? 그 이유는 무엇인가요?

A Yes, I do because those advertisements often offer discount coupons or promotion information.

네, 원합니다. 왜냐하면 그 광고들은 종종 할인 쿠폰이나 프로모션 정보를 제공하기 때문입니다.

Respond to questions

Q7

Q What are the advantages of texting compared to talking on the phone?

전화 통화와 비교했을 때 문자 메시지의 장점은 무엇인가요?

A There are some advantages of texting.

First, it's convenient because I can text anytime, anywhere. So, I can communicate by text at my convenience.

Second, it's efficient because I can multitask while texting, such as working, studying, and many others.

These are the advantages.

문자 메시지에는 몇 가지 장점이 있습니다.

첫째, 편리합니다. 왜냐하면 언제 어디서든 문자를 보낼 수 있기 때문입니다. 그래서 제가 편한 시간에 문자로 의사소통할 수 있습니다.

둘째, 효율적입니다. 왜냐하면 문자 메시지를 하면서 일을 하거나 공부 등 다른 작업을 동시에 할 수 있습니다.

이것들이 장점입니다.

질문에 답하기

SET 5

🔊 Imagine a marketing firm is conducting research in your area. You have agreed to participate in a telephone interview about hotels.

한 마케팅 회사가 당신이 사는 지역에서 설문 조사를 하고 있다고 가정해 보세요. 당신은 호텔에 대한 전화 인터뷰에 참여하기로 동의했습니다.

Q5

Q In the past year, how many times did you stay at a hotel?

지난 일 년 동안 호텔에서 몇 번 묵었나요?

A In the past year, I stayed at a hotel once in Busan. I was satisfied with the stay because the hotel had good amenities.

지난 일 년 동안 저는 부산에서 한 번 호텔에서 묵었습니다. 그 호텔에 편의 시설이 좋아서 만족스러웠습니다.

Q6

Q Do you prefer making a hotel reservation online or over the phone? Why?

호텔 예약을 온라인으로 하는 것과 전화로 하는 것 중 어떤 것을 선호하시나요? 그 이유는 무엇인가요?

A I prefer making a hotel reservation online because I can get discounts or special promotions. Those benefits save my money.

저는 호텔 예약을 온라인으로 하는 것을 선호합니다. 왜냐하면 저는 할인 혜택이나 특별 프로모션을 받을 수 있기 때문입니다. 이러한 혜택으로 돈을 절약할 수 있습니다.

Respond to questions

Q7

Q What are the advantages of staying at a friend's or relative's house rather than staying at a hotel?

호텔에 머무르는 것 대비, 친구나 친척의 집에 머무르는 것의 장점은 무엇인가요?

A There are some advantages of staying at a friend's or relative's house.

First, it's nice because I can spend quality time with my close people. The stay will be enjoyable since I have an intimate relationship with them.

Second, it's cost-effective because I don't need to pay for the hotel room. So, I can save money.

These are the advantages.

친구나 친척의 집에 머무르는 것에는 몇 가지 장점이 있습니다.

첫째, 좋습니다. 왜냐하면 가까운 사람들과 함께 좋은 시간을 보낼 수 있기 때문입니다. 저는 그들과 친밀한 관계를 가지고 있기 때문에 머무는 동안 즐거운 시간을 보낼 수 있을 것입니다.

둘째, 비용 효율적입니다. 왜냐하면 호텔 객실을 위해 돈을 지불하지 않아도 되기 때문입니다. 따라서 돈을 절약할 수 있습니다.

이것들이 장점입니다.

질문에 답하기

SET 6

🔊 Imagine a marketing firm is conducting research in your area. You have agreed to participate in a telephone interview about doing laundry.

한 마케팅 회사가 당신이 사는 지역에서 설문 조사를 하고 있다고 가정해 보세요. 당신은 세탁에 대한 전화 인터뷰에 참여하기로 동의했습니다.

Q5

Q Who usually does the laundry in your house, and how often is the laundry being done?

당신의 집에서 세탁을 보통 누가 담당하고, 세탁은 얼마나 자주 하시나요?

A I do my laundry by myself because I live alone, and I do that about once or twice a week.

저는 혼자 사는 관계로 스스로 세탁을 하며, 주로 일주일에 한두 번 정도 세탁을 합니다.

Q6

Q If you were to purchase a laundry detergent, where would you buy it?

세탁세제를 구입한다면 어디에서 구매하실 건가요?

A I would buy a detergent on the Internet because I can find the lowest price quickly. Also, there are many options to choose from.

저는 인터넷에서 세탁세제를 구매할 것입니다. 왜냐하면 최저가를 빠르게 찾을 수 있기 때문입니다. 또한 선택할 수 있는 옵션이 많습니다.

Respond to questions

Q7

Q Which of the following is the most important consideration when buying a washing machine?
- Size
- Brand
- New technology

다음 중 세탁기를 구매할 때 가장 중요하게 고려하는 사항은 무엇인가요?
- 크기
- 브랜드
- 새로운 기술

A In that case, I consider the brand the most, and here is why.

First, it's trustworthy because a well-known brand is more likely to sell high-quality products.

Second, it's safe because good brands usually provide satisfying customer support when needed.

This is why.

이 경우엔, 저는 브랜드를 가장 중요하게 생각하며, 그 이유는 다음과 같습니다.

첫째, 신뢰할 수 있습니다. 왜냐하면 잘 알려진 브랜드는 좋은 품질의 제품을 판매할 가능성이 높기 때문입니다.

둘째, 안전합니다. 왜냐하면 좋은 브랜드는 보통 필요할 때 만족스러운 고객 지원을 제공하기 때문입니다.

이것이 그 이유입니다.

질문에 답하기

SET 7

🔊 Imagine a marketing firm is conducting research in your area. You have agreed to participate in a telephone interview about your town.

한 마케팅 회사가 당신이 사는 지역에서 설문 조사를 하고 있다고 가정해 보세요. 당신은 당신의 동네에 대한 전화 인터뷰에 참여하기로 동의했습니다.

Q5

Q How long have you lived in your town, and how much do you know about it?

당신은 지금 사는 동네에서 얼마나 오래 살았고 그곳에 대해 얼마나 알고 있나요?

A I have lived in my town for about 12 years, so I know a lot about it.

저는 지금 사는 동네에서 약 12년 동안 살고 있어서 이 동네에 대해 많이 알고 있습니다.

Q6

Q How far is your home from your school or workplace, and how many peers or coworkers live near your home?

당신의 집은 학교나 직장으로부터 얼마나 떨어져 있고, 주변에는 몇 명의 친구들 또는 동료들이 살고 있나요?

A Actually, the distance between my home and work is quite far. It takes about 1 hour and 30 minutes, so only a few of my coworkers live near my town.

사실, 제 집과 직장 사이의 거리는 꽤 멀어요. 약 1시간 30분 정도 걸리기 때문에, 제 동료들 중에는 제 동네에 살고 있는 사람은 몇 명밖에 없어요.

Respond to questions

Q7

Q Do you like living in your town? Why or why not?

당신은 당신의 동네에서 사는 것을 좋아하시나요? 그 이유는 무엇인가요?

A Yes, I like living in my town, and here is why.

First, it's nice because there are many facilities such as shopping malls, theaters, and many others. So, I can enjoy my after-work life.

Second, it's convenient because they have a good transportation system. So, getting around is easy.

This is why.

네, 저는 여기에서 사는 것이 좋습니다. 그 이유는 다음과 같습니다.

첫째, 좋습니다. 왜냐하면 쇼핑몰이나 극장과 같은 다양한 시설이 많기 때문입니다. 그래서 퇴근 후에 즐거운 시간을 보낼 수 있어요.

둘째, 편리합니다. 왜냐하면 교통 시스템이 잘 되어 있기 때문입니다. 그래서 이동하기가 쉬워요.

이것이 그 이유입니다.

질문에 답하기

SET 8

🔊 Imagine a marketing firm is conducting research in your area. You have agreed to participate in a telephone interview about eating breakfast.

한 마케팅 회사가 당신이 사는 지역에서 설문 조사를 하고 있다고 가정해 보세요. 당신은 아침 식사에 대한 전화 인터뷰에 참여하기로 동의했습니다.

Q5

Q Do you usually eat breakfast? What kind of meal do you eat?

보통 아침 식사를 하시나요? 어떤 음식을 드시나요?

A I eat breakfast almost every day and usually eat a sandwich or fruit.

저는 거의 매일 아침 식사를 하고, 보통 샌드위치나 과일을 먹습니다.

Q6

Q What time do you usually eat breakfast, and who do you eat with?

보통 몇 시에 아침 식사를 하시고, 누구와 함께하시나요?

A I eat breakfast around 8:00 A.M. I usually have it with my coworkers at work.

저는 보통 오전 8시쯤에 아침 식사를 하고, 직장에서 동료들과 함께 먹습니다.

Respond to questions

Q7

Q If you were to eat breakfast, would you prefer eating at home or eating outside?

아침 식사를 하게 된다면, 집에서 드시는 것과 외부에서 드시는 것 중 어느 것을 선호하시나요?

A If I were to eat breakfast, I would prefer eating at work, and here is why.

First, it's convenient because I don't need to cook or clean up after eating. Cooking and washing the dishes is quite a work.

Second, it's nice because I can eat delicious food made by professional chefs.

This is why.

만약 아침 식사를 하게 된다면, 집에서 먹는 것보다 외부에서 먹는 것을 선호할 것입니다. 그 이유는 다음과 같습니다.

첫째, 편리합니다. 왜냐하면 직접 요리하거나 식사를 마친 후 정리할 필요가 없기 때문입니다. 요리와 설거지는 꽤 번거로운 일이죠.

둘째, 좋습니다. 왜냐하면 전문 요리사가 만든 맛있는 음식을 먹을 수 있기 때문입니다.

이것이 그 이유입니다.

질문에 답하기

SET 9

🔊 Imagine a marketing firm is conducting research in your area. You have agreed to participate in a telephone interview about using tablet computers, which are computers without keyboards.

한 마케팅 회사가 당신이 사는 지역에서 설문 조사를 하고 있다고 가정해 보세요. 당신은 키보드가 없는 태블릿 컴퓨터에 대한 전화 인터뷰에 참여하기로 동의했습니다.

Q5

Q When was the last time you used a tablet computer, and what did you do with it?

마지막으로 태블릿 컴퓨터를 사용한 적은 언제이며, 그때 무엇을 하셨나요?

A The last time I used my tablet was this morning, and I shopped online and browsed the Internet.

마지막으로 태블릿을 사용한 적은 오늘 아침이었고, 온라인 쇼핑을 하고 인터넷 서핑을 했습니다.

Q6

Q Do you prefer working with a touch screen or working with a keyboard and a mouse, and why?

터치 스크린으로 작업하는 것과 키보드와 마우스를 사용해 작업하는 것 중 어떤 것을 선호하시나요? 그 이유는 무엇인가요?

A I prefer working with a keyboard and a mouse because I can work faster and more accurately. So, it will increase my work efficiency.

저는 키보드와 마우스를 사용하여 작업하는 것을 선호합니다. 그 이유는 더 빠르고 정확하게 작업할 수 있기 때문입니다. 그래서 업무 효율이 높아질 것입니다.

Respond to questions

Q7

Q When choosing a tablet computer, which of the following is the most important consideration for you and why?
- Battery life
- Screen resolution
- Technical support

태블릿 컴퓨터를 선택할 때, 다음 중 가장 중요하게 고려하는 요소는 무엇인가요? 그리고 그 이유는 무엇인가요?
- 배터리 수명
- 화면 해상도
- 기술 지원

A When choosing a tablet computer, I consider technical support the most, and here is why.

First, it's convenient because a good technical support team will deal with technical difficulties quickly.

Second, it's important because I am not a techie person. So, I need experts to handle software programs and technical updates.

This is why.

태블릿 컴퓨터를 선택할 때, 저는 기술 지원을 가장 중요하게 고려합니다. 그 이유는 다음과 같습니다.

첫째, 편리합니다. 왜냐하면 실력 있는 기술 지원팀이 기술적인 문제를 신속히 처리해 주기 때문입니다.

둘째, 중요합니다. 왜냐하면 저는 기술에 관한 지식이 부족한 편입니다. 그래서 소프트웨어 프로그램이나 기술적인 업데이트를 처리해 줄 전문가들이 필요합니다.

이것이 그 이유입니다.

질문에 답하기

SET 10

🔊 Imagine a marketing firm is conducting research in your area. You have agreed to participate in a telephone interview about jobs and workplaces.

한 마케팅 회사가 당신이 사는 지역에서 설문 조사를 하고 있다고 가정해 보세요. 당신은 직업과 근무 환경에 대한 전화 인터뷰에 참여하기로 동의했습니다.

Q5

Q What was your first job, and how long did you work for it?

당신의 첫 직장은 어디였고, 얼마나 오래 일하셨나요?

A My first job was as an intern at a marketing company, and I worked for it for six months.

제 첫 직장은 마케팅 회사에서의 인턴이었고, 6개월 동안 일했습니다.

Q6

Q Do you prefer working during the daytime or working during the nighttime? Why?

당신은 주간 시간대에 일하는 것과 야간 시간대에 일하는 것 중 어느 것을 선호하시나요? 그 이유는 무엇인가요?

A I prefer working during the daytime because it gives me more time for personal life and self-care. So, I can have a better work-life balance.

저는 주간 시간대에 일하는 것을 선호합니다. 그 이유는 개인 생활과 자기 관리에 더 많은 시간을 할애할 수 있기 때문입니다. 그래서 일과 생활에 더 나은 균형을 유지할 수 있습니다.

Respond to questions

Q7

Q What are the advantages of working in a busy city over a quiet suburb?

한적한 교외보다 번화한 도시에서 일하는 것의 장점은 무엇인가요?

A There are some advantages of working in a busy city over a quiet suburb.

First, it's exciting because the atmosphere of the city is cheering. So, I would work and live harder.

Second, it's fun because there are many facilities, such as shopping malls, theaters, and many others. So, I can enjoy my after-work life.

This is why.

한적한 교외보다 번화한 도시에서 일하는 것에는 몇 가지 장점이 있습니다.

첫째, 흥미롭습니다. 왜냐하면 도시의 분위기가 활력을 주기 때문입니다. 그래서 저는 더욱 열심히 일하고 생활할 것입니다.

둘째, 즐겁습니다. 왜냐하면 쇼핑몰, 극장 등 다양한 편의시설이 있기 때문입니다. 그래서 퇴근 후에 즐길 거리가 많습니다.

이것이 그 이유입니다.

Questions 8-10

제공된 정보를 사용해 질문에 답하기
Respond to questions using information provided

제공된 정보를 사용하여 질문에 답하기

SET 1

Monthly Seminar of Edison Community
Daily rate 50$, Two-day rate 80$

August 19	10:00 - 11:30 A.M.	Opening speech (Keynote speaker: William Garrison)
	11:30 A.M. - 12:30 P.M.	Workshop - New regulations on recycling
	12:30 - 1:30 P.M.	Lunch (no additional charge)
	1:30 - 3:00 P.M.	Lecture - Importance of community events
August 20	9:00 - 10:00 A.M.	Group discussion - How to make our community better
	10:00 - 11:00 A.M.	~~Presentation - new environmental policies in Edison city~~ *Canceled*
	11:00 A.M. - 12:30 P.M.	Workshop - Fundamental qualifications of community leaders

에디슨 커뮤니티 월례 세미나
1일 요금 50달러, 2일 요금 80달러

8월 19일	오전 10:00 - 11:30	개회사 (발표자: 윌리엄 게리슨)
	오전 11:30 - 오후 12:30	워크샵 - 재활용 관련 새로운 규정
	오후 12:30 - 1:30	점심 (추가 비용 없음)
	오후 1:30 - 3:00	강연 - 커뮤니티 행사의 중요성
8월 20일	오전 9:00 - 10:00	그룹 토론 - 커뮤니티를 더 좋게 만드는 방법
	오전 10:00 - 11:00	~~발표 - 에디슨 지역의 새로운 환경 정책~~ *(취소)*
	오전 11:00 - 오후 12:30	워크샵 - 커뮤니티 리더들의 중요한 덕목

Respond to questions using information provided

🔊 Hi, this is Jerome, a member of Edison Community Center. I am supposed to attend its monthly seminar, but I haven't received its schedule. Can I ask a few questions about the seminar schedule?

안녕하세요, 에디슨 커뮤니티 센터 회원인 제롬입니다. 이번 월례 세미나에 참석하기로 되어있는데 아직 일정을 못 받았어요. 세미나 일정에 대해 몇 가지 여쭤봐도 될까요?

Q8

Q How much does it cost to attend the monthly seminar?

월례 회의 참석 비용은 얼마입니까?

A It costs 50 dollars for one day, and 80 dollars for two days to attend the seminar.

세미나 하루 참석 비용은 50달러이고 이틀 참석하시면 80달러입니다.

Q9

Q I heard that all the sessions in this seminar will take place as they planned. Is that right?

제가 듣기로는 모든 세션들이 계획된 대로 진행된다고 들었는데, 맞나요?

A No, actually, a presentation on new environmental policies in Edison city has been canceled. And it was scheduled from 10:00 to 11:00 A.M. on August 20th.

아닙니다. 에디슨 지역의 새 환경규정에 관한 발표가 취소되었습니다. 원래 8월 20일 오전 10시부터 11시까지 진행될 예정이었습니다.

제공된 정보를 사용하여 질문에 답하기

Q10

Q I am planning to attend all the workshops of this seminar. Could you give me all the details of the workshop sessions?

이번 세미나의 모든 워크샵에 참여하고자 합니다. 워크샵과 관련된 세부사항을 모두 알려주실 수 있을까요?

A Sure, there are two workshops.

First, there is a workshop on 'new regulations on recycling' on August 19th from 11:30 A.M. to 12:30 P.M.

Second, there is a workshop on 'fundamental qualifications of community leaders' on August 20th from 11:00 A.M. to 12:30 P.M.

네, 두 개의 워크샵이 있습니다.

첫 번째로, '재활용에 관한 새로운 규정'에 관한 워크샵이 8월 19일 오전 11시 30분부터 오후 12시 30분까지 있습니다.

두 번째로, '커뮤니티 리더들의 중요한 자질'에 관한 워크샵이 8월 20일 오전 11시부터 오후 12시 30분까지 있습니다.

Respond to questions using information provided

SET 2

Monthly conference
- Environmental Groups in Edison City

Location: Edison Community Center (Central Auditorium)
Date: June 12

Time	Event
8:00 - 8:30 A.M.	Opening speech (Keynote speaker: William Garrison)
8:30 - 10:00 A.M.	Presentation: How to preserve old trees (Gilbert Kim)
10:00 A.M. - 12:00 P.M.	Panel discussion: 10 ways to increase community recycling rate
12:00 - 1:00 P.M.	Lunch (purchase food at cafeteria)
1:00 - 2:00 P.M.	Panel discussion: Environmental benefits of green space
2:00 - 3:00 P.M.	Workshop: Updates on garbage collection policies
3:00 - 3:30 P.M.	Closing remarks

* Free for all group members (registration required by June 2)

월례 회의 - 에디슨 지역의 환경 그룹

장소: 에디슨 커뮤니티 센터 (중앙 강당)
날짜: 6월 12일

시간	내용
오전 8:00 - 8:30	개회사 (발표자: 윌리엄 게리슨)
오전 8:30 - 10:00	발표: 오래된 나무들을 보존하는 방법 (길버트 킴)
오전 10:00 - 오후 12:00	패널 토론: 지역 재활용을 늘리는 10가지 방법
오후 12:00 - 1:00	점심 (카페테리아에서 음식 구입)
오후 1:00 - 2:00	패널 토론: 녹지지역의 환경적 이점
오후 2:00 - 3:00	워크샵: 쓰레기 수거 관련 업데이트
오후 3:00 - 3:30	폐회사

* 모든 회원들에게 무료 (6월 2일 전 등록 필수)

제공된 정보를 사용하여 질문에 답하기

🔊 Hi, I am supposed to attend the monthly conference of Environmental Groups in Edison City, but I haven't received its schedule yet. Can I ask a few questions about the conference schedule?

에디슨 지역의 환경 그룹 월례 회의에 참여하기로 했는데, 아직 일정을 못 받았어요. 회의 일정에 대해 몇 가지 여쭤봐도 될까요?

Q8

Q What is the date of the conference and what time will the first session begin?

회의의 날짜는 언제이며, 첫 번째 세션은 몇 시에 시작하나요?

A The date of the conference is June 12th, and the first session will begin at 8:00 A.M.

회의는 에디슨 커뮤니티 센터의 중앙 강당에서 진행되고 첫 번째 세션은 오전 8시에 시작합니다.

Q9

Q I heard that lunch will be offered for free for all attendees, is that right?

제가 듣기로는 모든 참석자들에게 점심이 무료로 제공된다던데, 맞나요?

A No, actually, lunch is on their own. They can purchase food at the cafeteria for lunch.

아니요, 점심은 각자 구입하셔야 합니다. 참석자들은 카페테리아에서 점심을 구입할 수 있습니다.

Respond to questions using information provided

Q10

Q Last month, I found panel discussions very helpful, so I am planning on attending panel discussions this month as well. Could you give me all the details of the panel discussion sessions?

지난달에 패널 토론이 굉장히 도움이 된다고 느꼈고, 이번 달에도 모든 패널 토론에 참여할 예정입니다. 패널 토론에 관련된 세부사항을 모두 알려주실 수 있을까요?

A Sure, there are two panel discussions.

First, there is a panel discussion on '10 ways to increase community recycling rate' from 10:00 A.M. to 12:00 P.M.

Second, there is a panel discussion on 'environmental benefits of green space' from 1:00 to 2:00 P.M.

네, 두 개의 패널 토론이 있습니다.

첫 번째로, '지역 재활용을 늘리는 10가지 방안'에 관한 패널 토론이 오전 10시부터 오후 12시까지 있습니다.

두 번째로, '녹지공간의 환경적 이점'에 관한 패널 토론이 오후 1시부터 2시까지 있습니다.

제공된 정보를 사용하여 질문에 답하기

SET 3

Annual Photography Conference
Location: Sampson Hotel (Grandeur conference center)

May 3	1:00 - 2:00 P.M.	Discussion: Topic person (Kelly Clackson)
	2:00 - 3:30 P.M.	Lecture: How to advertise your photos (Ray Pond)
	3:30 - 5:00 P.M.	Workshop: Basic skills for photography (Teddy Murat) (* all materials provided)
May 4	1:00 - 2:00 P.M.	Discussion: Advanced skills in photography (Ray Pond)
	2:00 - 3:30 P.M.	Lecture: How to choose the best lenses (Chris Brown)
	3:30 - 4:30 P.M.	Workshop: Advanced techniques for photography (Jenny Tailor) (* all materials provided)

** Special exhibition: The Tibetan (held in both days)

연례 사진 학회
장소: 샘슨 호텔 (대회의실)

5월 3일	오후 1:00-2:00	토론: 화제의 인물 (켈리 클락슨)
	오후 2:00-3:30	강연: 사진을 광고하는 방법 (레이 폰드)
	오후 3:30-5:00	워크샵: 사진술 기본 스킬 (테디 무라트) (* 모든 준비물 제공됨)
5월 4일	오후 1:00-2:00	토론: 사진술의 고급 기술 (레이 폰드)
	오후 2:00-3:30	강연: 최고의 렌즈를 고르는 방법 (크리스 브라운)
	오후 3:30-4:30	워크샵: 사진술의 진화된 기술 (제니 테일러) (* 모든 준비물 제공됨)

** 특별 전시회: 티벳 사람들 (2일 모두 전시)

Respond to questions using information provided

🔊 Hi, I am planning to attend the upcoming "Annual Photography Conference" but I haven't got its schedule. Could you answer a few questions about the conference?

안녕하세요, 연례 사진 학회에 참여를 계획 중인데 아직 일정을 못 받았습니다. 학회에 관해 몇 가지 여쭤봐도 될까요?

Q8

Q I am very interested in special exhibitions included in the conference. When can I attend the exhibitions?

저는 회의에 포함된 특별전시회에 굉장히 관심이 많습니다. 언제 그 전시회에 참여할 수 있나요?

A You can attend special exhibitions on May 3rd and 4th. They will take place on both days.

5월 3일, 4일에 특별전시회에 참여하실 수 있고, 이틀 동안 진행됩니다.

Q9

Q I am planning to participate in the workshops and I heard that I need to bring my own materials to attend the workshops. Is that right?

워크샵에 참여할 예정인데 준비물을 개별적으로 챙겨가야 한다고 들었습니다. 맞나요?

A No, actually, when you attend the workshops, all materials will be provided for you. So, you don't need to bring anything. Don't worry.

아니요, 워크샵에 참여하실 때 모든 준비물은 제공될 예정입니다. 아무것도 가져오실 필요가 없으니 걱정하지 마세요.

제공된 정보를 사용하여 질문에 답하기

Q10

Q I heard that Ray Pond has a high reputation in the photography field and I want to attend all the sessions that he will be leading. Could you give me all the details of the sessions led by Ray Pond?

사진 분야에서 레이 폰드 씨가 저명하다고 들었고, 그가 진행하는 세션은 모두 참석하고 싶습니다. 레이 폰드 씨가 진행하는 세션의 세부사항을 모두 알려주실 수 있을까요?

A Sure, there are two sessions led by Ray Pond.

The first one is a lecture on 'how to advertise your photos' on May 3rd from 2:00 to 3:30 P.M.

The second one is a discussion on 'advanced skills in photography' on May 4th from 1:00 to 2:00 P.M.

네, 레이 폰드 씨가 진행하는 세션은 두 개입니다.

첫 번째는 '사진을 광고하는 방법'에 관한 강연이며 5월 3일 오후 2시부터 3시 30분까지 진행될 예정입니다.

두 번째는 '사진술의 고급 기술'에 관한 토론이며 5월 4일 오후 1시부터 2시까지 진행될 예정입니다.

SET 4

Community Health Management Seminar
Greendale Community Center
Saturday, April 5

9:00 - 10:00 A.M.	Welcome speech (David Chang, organizer)
10:00 - 11:00 A.M.	Lecture: Nutritional supplements for children
11:00 A.M. - 12:30 P.M.	Prese ntation: Healthy diet and exercise
12:30 - 1:30 P.M.	Lunch (Tillet dining hall)
1:30 - 2:30 P.M.	Lecture: How to decrease sugar in your food
2:30 - 4:00 P.M.	Group discussion: Fun meals for children
4:00 - 5:30 P.M.	Panel: Q&A session

지역 건강 관리 세미나
그린데일 커뮤니티 센터
4월 5일 토요일

오전 9:00 - 10:00	환영사 (데이비드 창, 설립자)
오전 10:00 - 11:00	강연: 아이들을 위한 영양 보충
오전 11:00 - 오후 12:30	발표: 건강한 식단과 운동
오후 12:30 - 1:30	점심 (틸렛 식당)
오후 1:30 - 2:30	강연: 음식에서 당 줄이는 방법
오후 2:30 - 4:00	그룹 토론: 아이들을 위한 재미있는 식단
오후 4:00 - 5:30	패널: 질의응답 세션

제공된 정보를 사용하여 질문에 답하기

🔊 Hi, I heard that you will hold the 'Health Management Seminar' in your community soon. Since I am very interested in the seminar, I would like to ask a few questions about it.

안녕하세요, 당신 지역에서 '건강 관리 세미나'를 곧 개최한다고 들었습니다. 세미나에 굉장히 관심이 많아 세미나에 관해 몇 가지만 질문하겠습니다.

Q8

Q What is the date of the seminar? Where will it be held?

세미나의 날짜는 언제인가요? 어디서 진행되나요?

A The seminar will take place on April 5th in Greendale community center.

세미나는 4월 5일에 그린데일 커뮤니티 센터에서 진행됩니다.

Q9

Q I heard that a lecture on 'recommendable vegetables for elderly' will be given during the seminar. Could you confirm its specific schedule?

제가 듣기로는 세미나 중에 '어르신들에게 추천하는 채소'에 대한 강연이 있다고 들었습니다. 구체적인 일정을 확인해주실 수 있을까요?

A I am sorry but the lecture you mentioned will not be given during the seminar. I am afraid you heard the wrong information.

죄송하지만, 방금 말씀하신 강연은 진행되지 않을 것입니다. 아마도 잘못된 정보를 들으신 것 같아요.

Respond to questions using information provided

Q10

Q I am very interested in all the sessions related to children's health management. Could you give me all the details of the sessions related to children's health management?

저는 아이들 건강 관리와 관련된 모든 세션에 관심이 많습니다. 아이들 건강 관리 세션의 세부사항을 모두 알려주실 수 있을까요?

A Sure, there are two sessions related to children's health management.

First, there is a lecture on 'nutritional supplements for children' from 10:00 to 11:00 A.M.

Second, there is a group discussion on 'fun meals for children' from 2:30 to 4:00 P.M.

네, 아이들 건강 관리와 관련된 세션이 두 개 있습니다.

첫 번째로, '아이들을 위한 영양보충'이란 강연이 오전 10시부터 11시까지 있습니다.

두 번째로, '아이들을 위한 재미있는 식단'이란 그룹 토론이 오후 2시 30분부터 4시까지 진행됩니다.

제공된 정보를 사용하여 질문에 답하기

SET 5

Faithful Investment Company
Interview Schedule

Position: Investment specialist
January 22, Golden conference room

Time	Applicant	Current Employer	Notes
10:00 A.M.	Irene Carol	Growth Investment	French – Advanced Level
~~11:00 A.M.~~	~~Lindsay Martha~~	~~Supreme Investment~~	*Canceled*
1:00 P.M.	William Chang	Millennium Insurance	Phone interview
2:00 P.M.	Jerry Chandler	True Stocks	Specializes in stock investment
3:00 P.M.	Nathan Lauren	Millennium Insurance	Experience as an insurance manager (12 years)

페이스풀 투자 회사
면접 일정

직위: 투자 전문가
1월 22일, 골든 회의실

시간	지원자	현 근무지	관련사항
오전 10:00	아이린 캐롤	그로스 투자업체	프랑스어 - 고급 레벨
~~오전 11:00~~	~~린자 마사~~	~~슈프림 투자업체~~	*취소됨*
오후 1:00	윌리엄 창	밀레니엄 보험사	전화 면접
오후 2:00	제리 챈들러	트루 주식	주식 투자 전문가
오후 3:00	네이슨 로렌	밀레니엄 보험사	보험 매니저 경력 (12년)

Respond to questions using information provided

🔊 Hi, I'm supposed to interview applicants for the investment specialist position on January 22nd. Can I ask a few questions about the interview schedule?

안녕하세요, 저는 1월 22일에 투자전문가 직무에 지원한 사람들을 면접 볼 예정입니다. 면접 일정에 관해 몇 가지 물어봐도 될까요?

Q8

Q What time does the first interview begin? And where will the interviews take place?

첫 번째 면접은 몇 시에 시작되나요? 그리고 어디에서 진행되나요?

A The first interview will begin at 10:00 A.M. and its location is Golden conference room.

면접은 오전 10시에 시작하고 면접 장소는 골든 회의실입니다.

Q9

Q I need to meet my business partner at 11:00 A.M. but I remember I will interview someone at that time. Do I have to change my schedule with my business partner?

제가 오전 11시에 업무 관련 관계자를 만나야 하는데 그때 제가 누군가의 면접을 본다고 들었습니다. 제가 관계자와 일정을 바꿔야 할까요?

A No, you don't need to change your schedule because the interview at 11:00 A.M. has been canceled. Don't worry.

아니요, 일정 바꾸실 필요는 없습니다. 오전 11시 면접은 취소되었어요. 걱정하지 마세요.

제공된 정보를 사용하여 질문에 답하기

Q10

Q Last year, I remember candidates from Millennium Insurance were excellent. Could you give all the details about the applicants from Millennium Insurance?

작년에 밀레니엄 보험사에서 근무했던 지원자들이 훌륭했던 걸로 기억합니다. 밀레니엄 보험사에서 근무하는 지원자들에 대한 세부사항을 모두 알려주실 수 있을까요?

A Sure, there are two applicants from Millennium Insurance.

First, you will interview William Chang at 1:00 P.M., and it will be a phone interview.

Second, you will interview Nathan Lauren at 3:00 P.M., and he has 12-year experience as an insurance manager.

네, 밀레니엄 보험사에서 근무 중인 지원자는 총 두 명입니다.

첫 번째로, 오후 1시에 윌리엄 창 씨를 면접해 보실 예정이고, 전화 면접입니다.

두 번째로, 오후 3시에 네이슨 로렌 씨를 면접해 보실 예정이고, 그는 12년 동안 보험 매니저로 일한 경력이 있습니다.

Respond to questions using information provided

SET 6

GK Electronics - International conference in Summer
Itinerary for Robert Wesson
(Manager, technical support department)

Depart	Barcelona, Floral Airlines, flight 74	9:35 A.M.	July 22
Arrive	Riga	1:20 P.M.	July 22
Depart	Riga, Euro Airlines, flight 82	12:25 P.M.	July 26
Arrive	Barcelona	4:00 P.M.	July 26
Hotel	Central Green Tree Hotel, Riga	July 22 ~ July 26 (check in 2 P.M., check out 11 A.M.)	

* Presentations at conference (Shuttle provided by hotel to Mega Conference Center)

- July 23	1:35 - 3:00 P.M.	Panel discussion: How to deal with customers' inquiries
- July 25	9:00 - 11:15 A.M.	Workshop: New tablet models with advanced functions

GK 전자 - 하계 국제 회의
로버트 웨슨 님의 여행일정표
(매니저, 기술 지원 부서)

출발	바르셀로나, 플로럴 항공 74편	오전 9:35	7월 22일
도착	리가	오후 1:20	7월 22일
출발	리가, 유로 항공 82편	오후 12:25	7월 26일
도착	바르셀로나	오후 4:00	7월 26일
호텔	센트럴 그린 트리 호텔, 리가	7월 22일 ~ 7월 26일 (체크인 오후 2시, 체크아웃 오전 11시)	

* 회의에서의 발표 내용 (메가 컨퍼런스 센터로 가는 호텔 셔틀버스가 제공될 예정임)

- 7월 23일	오후 1:35 - 3:00	패널 토론: 고객 요청 응대하는 방법
- 7월 26일	오전 9:00 - 11:15	워크샵: 개선된 기능을 선보이는 새로운 태블릿 모델

제공된 정보를 사용하여 질문에 답하기

🔊 Hi, this is Robert Wesson from technical support department. I am supposed to attend the international conference held by GK electronics. But I haven't received my itinerary yet. Could you answer a few questions about my itinerary?

안녕하세요, 기술지원부의 로버트 웨슨입니다. GK전자가 주최하는 국제 회의에 참여해야 하는데 아직 출장 일정을 받지 못했습니다. 제 일정에 대해 몇 가지 물어봐도 될까요?

Q8

Q What time am I arriving in Riga? Also, where will I stay during my trip?

저는 리가에 몇 시에 도착하나요? 그리고 출장기간동안 어디에서 지내게 되나요?

A You will arrive in Riga at 1:20 P.M. on July 22nd and you will stay in Central Green Tree Hotel during your trip.

리가에 7월 22일 오후 1시 20분에 도착 예정이시고, 센트럴 그린 트리 호텔에서 지내실 예정입니다.

Q9

Q I heard that the conference will take place at the place that I will stay. Is that right?

제가 지낼 숙소에서 회의가 진행된다고 들었습니다. 맞나요?

A No, actually, the conference will take place at Mega Conference Center. And a shuttle service to the venue will be provided by the hotel.

아니요, 회의는 메가 컨퍼런스 센터에서 진행될 예정입니다. 호텔에서 회의장으로 가는 셔틀버스가 제공될 예정입니다.

Respond to questions using information provided

Q10

Q Could you give me all the details of my return trip?

돌아오는 일정의 세부사항을 모두 알려 주실 수 있을까요?

A Sure, you will depart from Riga with Euro Airlines, flight 82 at 12:25 P.M. on July 26th.
And, you will arrive in Barcelona at 4:00 P.M. on July 26th. So, this is your return trip.

네, 7월 26일 오후 12시 25분에 리가에서 출발 예정이시며, 유로 항공 82편을 이용하실 예정입니다. 그리고, 7월 26일 오후 4시에 바르셀로나에 도착하실 예정입니다. 이것이 돌아오는 일정입니다.

제공된 정보를 사용하여 질문에 답하기

SET 7

Camden Arts Academy
Drawing and art classes

Dates: July 1 - Sep 25
Time: 5:00 - 6:30 P.M.
Registration deadline: June 22

Basics for drawing (beginner)	Mondays	35$/week
Advanced techniques of Sculpting (advanced)	Tuesdays	55$/week
Making fine sketches (intermediate)	Wednesdays	45$/week
Painting with watercolors (beginner)	Thursdays	65$/week
Lights for photography (advanced)	Fridays	50$/week
Skills of figure painting (intermediate)	Saturdays	25$/week

캠든 미술 학원
그림과 미술 수업

날짜: 7월 1일 - 9월 25일
시간: 오후 5:00 - 6:30
등록 마감일: 6월 22일

그림의 기초 (초급자)	월요일	35달러/주
조각의 고급 기술 (고급)	화요일	55달러/주
세밀한 스케치 만들기 (중급)	수요일	45달러/주
수채화 그림 그리기 (초급자)	목요일	65달러/주
사진을 위한 조명 (고급)	금요일	50달러/주
초상화 기법 (중급)	토요일	25달러/주

Respond to questions using information provided

🔊 Hi, I am very interested in taking drawing and art classes of Camden Arts academy. Can I ask some questions about the classes?

안녕하세요, 캠든 미술학원의 그림과 미술 수업에 관심이 많습니다. 수업에 관해 몇 가지 물어봐도 될까요?

Q8

Q When is the deadline to register? What time will the classes take place?

등록 마감일은 언제인가요? 수업은 몇 시에 진행되나요?

A The registration deadline is June 22nd and classes will take place from 5:00 to 6:30 P.M.

등록 마감일은 6월 22일이며, 수업은 오후 5시부터 6시 30분까지 진행됩니다.

Q9

Q I am very interested in classes related to taking pictures of people or items. But I don't have any experience in studying the art of photography. Are there any photography classes that I can take?

저는 사람이나 사물 사진 찍는 것에 굉장히 관심이 많습니다. 그런데 사진예술을 공부해 본 적이 전혀 없습니다. 혹시 제가 들을 수 있는 사진술 수업이 있나요? 제가 관계자와 일정을 바꿔야 할까요?

A I am afraid not. Although there is a photography class, it's advanced level. So, it's not suitable for you.

죄송하지만 힘들 것 같습니다. 사진 수업이 있으나, 고급반 수업입니다. 그래서 적절하지 않을 것 같습니다.

제공된 정보를 사용하여 질문에 답하기

Q10

Q Recently, I've been on a tight budget, so I want to take classes that cost less than 40 dollars. Could you give me all the details of classes that cost less than 40 dollars?

최근에 돈이 좀 없어서, 40달러 미만인 수업을 듣고 싶습니다. 40달러 미만인 수업에 대한 세부사항을 모두 알려 주실 수 있을까요?

A Sure. First, there is a class "Basics for drawing" for beginners on Mondays. It costs 35 dollars per week.

Second, there is a class "Skills of figure painting" on Saturdays. It's intermediate level and 25 dollars per week.

물론이죠. 첫 번째로, "그림의 기초" 라는 초급반 수업이 월요일에 있습니다. 비용은 주당 35달러입니다.

두 번째로, "초상화 기법"이라는 수업이 토요일에 있습니다. 중급반 수업이고 주당 25달러입니다.

Respond to questions using information provided

SET 8

Virginia High School – Film Festival
New Gibbons Center, November 2

Time	Film	Director	Location
9:00 - 11:00 A.M.	One last stop Landslide	Kelly Clarkson Peter June	Theater A Theater B
11:00 A.M. - 1:00 P.M.	The last thing he told me The therapist	Masimo Dotti Jong Kim	Theater C Theater A
1:00 - 2:30 P.M.	Dreams and Nights Good people	Kelly Clarkson Rosenberg Henderson	Theater B Theater C

버지니아 고등학교 - 영화제
뉴 기본스 센터, 11월 2일

시간	영화 제목	감독	장소
오전 9:00 - 11:00	마지막 정거장 산사태	켈리 클락슨 피터 준	A 극장 B 극장
오전 11:00 - 오후 1:00	그가 나에게 해준 마지막 말 테라피스트	마시모 도티 종 킴	C 극장 A 극장
오후 1:00 - 2:30	꿈과 밤 좋은 사람들	켈리 클락슨 로젠버그 헨더슨	B 극장 C 극장

제공된 정보를 사용하여 질문에 답하기

🔊 Hi, I hope you could answer a few questions about the Virginia High School film festival.

안녕하세요, 버지니아 고등학교 영화제에 대한 몇 가지 질문에 답변 부탁드립니다.

Q8

Q What is the date of the film festival and where will it be held?

영화제의 날짜는 언제이고 어디에서 진행되나요?

A The film festival at Virginia High School will be held at New Gibbons Center on November 2nd.

버지니아 고등학교 영화제는 11월 2일에 뉴 기본스 센터에서 열립니다.

Q9

Q I have an appointment on November 2nd, and I need to leave at 3 P.M. Are there any movies that I will miss?

11월 2일에 약속이 있어서 오후 3시에 가봐야 합니다. 혹시 제가 놓치는 영화가 있을까요?

A If you leave at 3 P.M. you won't miss any movies because the last movie will end at 2:30 P.M.

오후 3시에 가시면, 영화가 오후 2시 30분에 끝나기 때문에 어떤 영화도 놓치지 않으실 겁니다.

Respond to questions using information provided

Q10

Q Could you give me all the details of the movies directed by Kelly Clarkson that will be shown during the festival?

이번 영화제동안 상영될 켈리 클락슨 감독의 영화에 대한 세부사항을 모두 알려주실 수 있을까요?

A Sure, there are two movies directed by Kelly Clarkson.

The first one is 'One last stop' and it will be shown at theater A from 9 to 11 A.M.

The second one is 'Dreams and Nights' and it will be shown at theater B from 1 to 2:30 P.M.

That's all.

물론이죠, 켈리 클락슨 감독의 영화가 두 편 있습니다.

첫 번째는 '마지막 정거장'이며, 오전 9시부터 11시까지 A 극장에서 상영될 예정입니다.

두 번째는 '꿈과 밤'이고 오후 1시부터 2:30까지 B 극장에서 상영될 예정입니다.

이상입니다.

제공된 정보를 사용하여 질문에 답하기

SET 9

Summerville National Park Hiking Trails
Open 8:00 A.M. - 8:00 P.M.

Trail	Difficulty level	Length
Hickory trail	Easy	2 kilometers
Cliffside trail	Easy	3 kilometers
Greensward trail	Intermediate	5 kilometers
Lowland trail	Intermediate	7 kilometers
The Louisville loop trail	Intermediate	9 kilometers
Riparian trail	Difficult	11 kilometers
Humana Grand trail	Difficult	12 kilometers

Parking: Monday-Friday 10$/day, Saturday-Sunday 15$/day

서머빌 국립 공원 등산로
이용 시간 오전 8:00 - 오후 8:00

코스	난이도	길이
힉코리 등산로	초급	2 킬로미터
클리프사이드 등산로	초급	3 킬로미터
그린스왈드 등산로	중급	5 킬로미터
로랜드 등산로	중급	7 킬로미터
루이스빌 루프 등산로	중급	9 킬로미터
리파리안 등산로	고급	11 킬로미터
휴마나 그랜드 등산로	고급	12 킬로미터

주차: 월요일 - 금요일 10달러/일, 토요일 - 일요일 15달러/일

Respond to questions using information provided

🔊 Hi, can I ask a few questions about the Summerville National Park Hiking Trails?

안녕하세요, 서머빌 국립 공원 등산로에 대해 몇 가지 질문을 해도 될까요?

Q8

Q I heard that Summerville National Park requires a parking fee. How much does parking cost?

서머빌 국립 공원은 주차비가 필요하다고 들었어요. 주차비는 얼마인가요?

A The parking fee is 10 dollars from Monday to Friday, and 15 dollars on Saturday and Sunday.

주차비는 월요일부터 금요일까지 10달러이고, 토요일과 일요일은 15달러입니다.

Q9

Q My family wants to start hiking at 7:00 A.M. Will that be a problem?

제 가족은 아침 7시에 등산을 시작하기를 원합니다. 혹시 문제가 될까요?

A Yes, I think you should reschedule your hiking trip because we open from 8:00 A.M. to 8:00 P.M. Please adjust your plan.

네, 저희는 오전 8시부터 오후 8시까지 운영하기 때문에 등산 일정을 조정하셔야 할 것 같습니다.

제공된 정보를 사용하여 질문에 답하기

Q10

Q I want to hike with my children, and I'm looking for easy trails to hike. Could you tell me all the details of the trails that are three kilometers long or shorter?

아이들과 함께 등산을 하고 싶은데 등산하기 쉬운 길을 찾고 있어요. 길이가 3킬로미터 이하인 등산로에 대해 알려주실 수 있을까요?

A Sure, there are two trails that are easy to hike.

The first one is the Hickory trail, which is two kilometers.

The second one is the Cliffside trail, which is three kilometers.

That's all.

물론이죠, 등산하기 쉬운 두 개의 등산로가 있습니다.

첫 번째는 힉코리 코스로, 2킬로미터입니다.

두 번째는 클리프사이드 코스로, 3킬로미터입니다.

이상입니다.

Respond to questions using information provided

SET 10

Sarah's Storage
New Brunswick, Edison Road 19
Open daily all year round for your convenience
9:00 A.M. - 7:00 P.M.

Available storages		
Type	Cost	Size
Small	50$/monthly	75 square meters
Large (temperature controlled)	120$/monthly	170 square meters
Medium	70$/monthly	100 square meters
Small (temperature controlled)	60$/monthly	80 square meters
Large	150$/monthly	150 square meters
Medium	90$/monthly	105 square meters

*10% discount offered with the valid student ID

사라 창고
뉴 브런즈윅, 에디슨 로드 19
편의를 위해 연중 무휴
오전 9시 - 오후 7시

이용 가능한 창고		
종류	비용	크기
소형	50달러/월	75 제곱미터
대형 (온도 조절 가능)	120달러/월	170 제곱미터
중형	70달러/월	100 제곱미터
소형 (온도 조절 가능)	60달러/월	80 제곱미터
대형	150달러/월	150 제곱미터
중형	90달러/월	105 제곱미터

*유효한 학생증 제시할 시 10% 할인 적용

제공된 정보를 사용하여 질문에 답하기

🔊 Hi, I hope you could give me some information about your storages.

안녕하세요, 창고에 대한 정보를 알려 주시면 감사하겠습니다.

Q8

Q On which days do you open your storages and what time do you close?

창고를 무슨 요일에 여시고 몇 시에 닫으시나요?

A We open every day all year round and our closing time is 7 P.M.

저희는 1년 내내 매일 운영하며, 오후 7시에 닫습니다.

Q9

Q I heard that I could get a 30% discount if I bring my student ID. Is that correct?

학생증을 가져가면 30% 할인을 받을 수 있다고 들었는데, 맞나요?

A I am afraid not. If you bring your student ID, we offer you a 10% discount. Please keep that in mind.

죄송하지만 그렇지 않습니다. 학생증을 지참하시면 10% 할인 혜택을 제공해 드립니다. 이 점 참고해 주세요.

Respond to questions using information provided

Q10

Q Could you give me all the details of the available storage spaces that are temperature controlled?

온도 조절이 가능한 창고에 대한 세부사항을 모두 알려주실 수 있나요?

A Sure. We have two temperature-controlled storages.

The first one is a large storage which is 170 square meters. It costs 120 dollars per month.

The second one is a small storage which is 80 square meters. It costs 60 dollars per month.

That's all.

네. 온도 조절이 가능한 창고가 두 개 있습니다.

첫 번째는 대형 창고이고 170제곱미터입니다. 비용은 한 달에 120달러입니다.

두 번째는 소형 창고이고 80제곱미터입니다. 비용은 한 달에 60달러입니다.

이상입니다.

Question 11

의견 말하기
Express an opinion

의견 말하기

SET 1

Q11

Q. Which of the following do you think is a more important qualification for a leader to be effective: Communication skill or a sense of humor?

리더가 효과적이기 위해 의사 소통 능력 혹은 유머 감각 중 어느 자질이 더 중요하다고 생각하시나요?

▣ **Communication skill 답변**

입장문	I think **communication skill** is a more important qualification for a leader to be effective. There are two reasons for this. 저는 리더가 효과적이기 위해 더 중요한 자질은 커뮤니케이션 능력이라고 생각합니다. 여기에는 두 가지 이유가 있습니다.
이유 1 (형용사 템플릿 + 부연설명)	First, it's essential. For example, **good communication skills** help the leader strengthen teamwork. So, all team members can cooperate better. 첫째, 중요합니다. 예를 들어, 좋은 의사소통 기술은 리더가 팀워크를 강화하는 데 도움이 됩니다. 따라서 모든 팀 구성원들이 더 잘 협력할 수 있습니다.
이유 2 (형용사 템플릿 + 부연설명)	Second, it's helpful. For instance, a leader with strong communication skills can resolve conflicts quickly. That way, the team can work harmoniously. 둘째, 도움이 됩니다. 예를 들어, 강력한 의사소통 기술을 가진 리더는 갈등을 신속하게 해결할 수 있습니다. 그렇게 함으로써 팀은 조화롭게 작업할 수 있습니다.
마무리 (올템)	Although it could be different for each occasion, I think it makes sense in general. These are the reasons why I think in this way. 각 상황마다 다를 수 있지만, 일반적으로 이러한 이유가 타당하다고 생각합니다. 이것이 제가 이렇게 생각하는 이유입니다.

Express an opinion

▣ **A sense of humor 답변**

입장문	I think a sense of humor is a more important qualification for a leader to be effective. There are two reasons for this. 저는 리더가 효과적이기 위해 더 중요한 자질은 유머 감각이라고 생각합니다. 여기에는 두 가지 이유가 있습니다.
이유 1 (형용사 템플릿 + 부연설명)	First, it's essential. For example, a sense of humor helps the leader strengthen teamwork. So, all team members can cooperate better. 첫째, 중요합니다. 예를 들어, 유머 감각은 리더가 팀워크를 강화하는 데 도움이 됩니다. 따라서 모든 팀 구성원들이 더 잘 협력할 수 있습니다.
이유 2 (형용사 템플릿 + 부연설명)	Second, it's helpful. For instance, a humorous leader can resolve conflicts quickly. That way, the team can work harmoniously. 둘째, 도움이 됩니다. 예를 들어, 유머러스한 리더는 갈등을 신속하게 해결할 수 있습니다. 그렇게 함으로써 팀은 조화롭게 작업할 수 있습니다.
마무리 (올템)	Although it could be different for each occasion, I think it makes sense in general. These are the reasons why I think in this way. 각 상황마다 다를 수 있지만, 일반적으로 이러한 이유가 타당하다고 생각합니다. 이것이 제가 이렇게 생각하는 이유입니다.

의견 말하기

SET 2

Q11

Q What would you consider more important when choosing a job: A high salary or a flexible schedule?

직장을 선택할 때 높은 급여 혹은 유연한 근무 시간 중 어느 것이 더 중요하다고 생각하시나요?

▣ A high salary 답변

입장문	I would consider a high salary more important when getting a job. There are two reasons for this. 저는 직업을 선택할 때 높은 급여를 더 중요하게 고려합니다. 여기에는 두 가지 이유가 있습니다.
이유 1 (형용사 템플릿 + 부연설명)	First, it's essential. For example, a high salary can reduce stress related to money matters. That means, I can live a more satisfying life. 첫째, 중요합니다. 예를 들어, 높은 급여는 금전적인 문제로 인한 스트레스를 줄일 수 있습니다. 이는 더욱 만족스러운 삶을 살 수 있음을 의미합니다.
이유 2 (형용사 템플릿 + 부연설명)	Second, it's *crucial. For instance, it will improve the quality of life because I can enjoy more things with a high salary. 둘째, 매우 중대합니다. 예를 들어, 높은 급여를 받으면 더 많은 것들을 즐길 수 있기 때문에 삶의 질이 향상됩니다.
마무리 (올템)	Although it could be different for each occasion, I think it makes sense in general. These are the reasons why I think in this way. 각 상황마다 다를 수 있지만, 일반적으로 이러한 이유가 타당하다고 생각합니다. 이것이 제가 이렇게 생각하는 이유입니다.

Express an opinion

◨ **A flexible schedule 답변**

입장문	I would consider a flexible schedule more important when getting a job. There are two reasons for this. 저는 직업을 선택할 때 유연한 근무 시간을 더 중요하게 고려합니다. 여기에는 두 가지 이유가 있습니다.
이유 1 (형용사 템플릿 + 부연설명)	First, it's essential. For example, a flexible schedule can reduce stress related to time management. That means, I can live a more satisfying life. 첫째, 중요합니다. 예를 들어, 유연한 근무 시간은 시간 관리로 인한 스트레스를 줄일 수 있습니다. 이는 더욱 만족스러운 삶을 살 수 있음을 의미합니다.
이유 2 (형용사 템플릿 + 부연설명)	Second, it's *crucial. For instance, it will improve the quality of life because I can enjoy more things with more spare time. 둘째, 매우 중대합니다. 예를 들어, 더 많은 시간 여유를 가지면 더 많은 것들을 즐길 수 있기 때문에 삶의 질이 향상됩니다.
마무리 (올템)	Although it could be different for each occasion, I think it makes sense in general. These are the reasons why I think in this way. 각 상황마다 다를 수 있지만, 일반적으로 이러한 이유가 타당하다고 생각합니다. 이것이 제가 이렇게 생각하는 이유입니다.

*crucial 매우 중대한

의견 말하기

SET 3

Q11

Q Do you agree or disagree with the following statement?
"Time-management skill is a more important quality for a new employee than work-related knowledge."

다음 명제에 동의하시나요, 동의하지 않으시나요?
"시간 관리 기술은 새로운 직원에게 있어 업무 관련 지식보다 더 중요한 요소입니다."

▣ Time management skill 답변

입장문	I agree that **time-management skill** is a more important quality for a new employee than work-related knowledge. There are two reasons for this. 저는 시간 관리 기술이 새로운 직원에게 업무 관련 지식보다 더 중요한 자질이라는 것에 동의합니다. 여기에는 두 가지 이유가 있습니다.
이유 1 (형용사 템플릿 + 부연설명)	First, it's essential. For example, an employee with **time management skills** can *prioritize tasks because that person knows what is more important and urgent. 첫째, 중요합니다. 예를 들어, 시간 관리 기술을 갖춘 직원은 무엇이 더 중요하고 긴급한지 알기 때문에 업무를 우선순위에 매겨 처리할 수 있습니다.
이유 2 (형용사 템플릿 + 부연설명)	Second, it's crucial. For instance, **time management skills** can help reduce mistakes and errors. So, that person can achieve goals faster than others. 둘째, 매우 중대합니다. 예를 들어, 시간 관리 기술은 실수와 오류를 줄이는 데 도움이 됩니다. 그래서 그 사람은 다른 사람보다 목표를 더 빨리 달성할 수 있습니다.
마무리 (올템)	Although it could be different for each occasion, I think it makes sense in general. These are the reasons why I think in this way. 각 상황마다 다를 수 있지만, 일반적으로 이러한 이유가 타당하다고 생각합니다. 이것이 제가 이렇게 생각하는 이유입니다.

Express an opinion

▣ **Work-related knowledge 답변**

입장문	I think work-related knowledge is a more important quality for a new employee than time management skill. There are two reasons for this. 저는 새로운 직원에게 시간 관리 기술보다 업무 관련 지식이 더 중요한 자질이라고 생각합니다. 여기에는 두 가지 이유가 있습니다.
이유 1 (형용사 템플릿 + 부연설명)	First, it's essential. For example, an employee with work-related knowledge can *prioritize tasks because that person knows what is more important and urgent. 첫째, 중요합니다. 예를 들어, 업무 관련 지식을 갖춘 직원은 무엇이 더 중요하고 긴급한지 알기 때문에 업무를 우선순위에 매겨 처리할 수 있습니다.
이유 2 (형용사 템플릿 + 부연설명)	Second, it's crucial. For instance, work-related knowledge can help reduce mistakes and errors. So, that person can achieve goals faster than others. 둘째, 매우 중대합니다. 예를 들어, 업무 관련 지식은 실수와 오류를 줄이는 데 도움이 됩니다. 그래서 그 사람은 다른 사람보다 목표를 더 빨리 달성할 수 있습니다.
마무리 (올템)	Although it could be different for each occasion, I think it makes sense in general. These are the reasons why I think in this way. 각 상황마다 다를 수 있지만, 일반적으로 이러한 이유가 타당하다고 생각합니다. 이것이 제가 이렇게 생각하는 이유입니다.

*prioritize 우선순위를 매기다

의견 말하기

SET 4

Q11

Q Which is a better field trip for students: Visiting a museum or visiting a local company?

학생들에게 더 나은 현장학습은 박물관 방문 혹은 지역 기업 방문 중 어느 것인가요?

▣ Visiting a museum 답변

입장문	I think visiting a museum is a better field trip for students than visiting a local company. There are two reasons for this. 저는 학생들에게 지역 기업 방문보다는 박물관 방문이 더 좋은 현장학습이라고 생각합니다. 여기에는 두 가지 이유가 있습니다.
이유 1 (형용사 템플릿 + 부연설명)	First, it's helpful. Visiting a museum teaches students a lot of things, such as arts, history, and science. So, it's educational. 첫째, 도움이 됩니다. 박물관 방문은 학생들에게 예술, 역사, 과학 등 다양한 것들을 가르쳐 줍니다. 그래서 교육적인 측면에서 도움이 됩니다.
이유 2 (형용사 템플릿 + 부연설명)	Second, it's *worth it. During the field trip, they will have opportunities to see *artifacts or displays. So, they can get valuable experience. 둘째, 가치가 있습니다. 현장 학습 도중에 학생들은 유물이나 전시물을 볼 수 있는 기회를 얻게 됩니다. 그래서 그들은 귀중한 경험을 얻을 수 있습니다.
마무리 (올템)	Although it could be different for each occasion, I think it makes sense in general. These are the reasons why I think in this way. 각 상황마다 다를 수 있지만, 일반적으로 이러한 이유가 타당하다고 생각합니다. 이것이 제가 이렇게 생각하는 이유입니다.

Express an opinion

▣ Visiting a local company 답변

입장문	I think visiting a local company is a better field trip for students than visiting a museum. There are two reasons for this. 저는 학생들에게 박물관 방문보다는 지역 기업 방문이 더 좋은 현장학습이라고 생각합니다. 여기에는 두 가지 이유가 있습니다.
이유 1 (형용사 템플릿 + 부연설명)	First, it's helpful. Visiting a local company teaches students a lot of things, such as *business operations or functions. So, it's educational. 첫째, 도움이 됩니다. 지역 기업 방문은 학생들에게 사업 운영이나 기능 등 다양한 것들을 가르쳐줍니다. 그래서 교육적인 측면에서 도움이 됩니다.
이유 2 (형용사 템플릿 + 부연설명)	Second, it's *worth it. During the field trip, they will have opportunities to see the real workplace. So, they can get valuable experience. 둘째, 가치가 있습니다. 현장 학습 도중에 학생들은 실제 업무 환경을 볼 수 있는 기회를 얻게 됩니다. 그래서 그들은 귀중한 경험을 얻을 수 있습니다.
마무리 (올템)	Although it could be different for each occasion, I think it makes sense in general. These are the reasons why I think in this way. 각 상황마다 다를 수 있지만, 일반적으로 이러한 이유가 타당하다고 생각합니다. 이것이 제가 이렇게 생각하는 이유입니다.

*worth it 가치가 있다
*artifacts 유물
*business operations or functions 사업 운영이나 기능

의견 말하기

SET 5

Q11

Q Which is a more important subject for high school students: Computer-skill class or science class?

고등학생들에게 더 중요한 과목은 컴퓨터 기술 수업 혹은 과학 수업 중 어느 것인가요?

▣ Computer-skill class 답변

입장문	I think the computer-skill class is a more important subject for high school students than the science class. There are two reasons. 저는 고등학생들에게 컴퓨터 기술 수업이 과학 수업보다 더 중요하다고 생각합니다. 여기에는 두 가지 이유가 있습니다.
이유 1 (형용사 템플릿 + 부연설명)	First, it's necessary. For example, computer skills are crucial for everyday life, education, and future careers because almost everything is done by a computer. 첫째, 필수적입니다. 예를 들어, 컴퓨터 기술은 일상생활, 교육, 그리고 미래의 직업에서 매우 중요합니다. 왜냐하면 거의 모든 것이 컴퓨터를 통해 이루어지기 때문입니다.
이유 2 (형용사 템플릿 + 부연설명)	Second, it's essential. For instance, computer skills can *enhance problem-solving skills, and many studies support this idea. So, it's valuable education. 둘째, 중요합니다. 예를 들어, 컴퓨터 기술은 문제 해결 능력을 강화할 수 있으며, 많은 연구가 이를 지지합니다. 따라서, 이는 가치 있는 교육입니다.
마무리 (올템)	Although it could be different for each occasion, I think it makes sense in general. These are the reasons why I think in this way. 각 상황마다 다를 수 있지만, 일반적으로 이러한 이유가 타당하다고 생각합니다. 이것이 제가 이렇게 생각하는 이유입니다.

Express an opinion

▣ Science class 답변

입장문	I think the science class is a more important subject for high school students than the computer-skill class. There are two reasons. 저는 고등학생들에게 과학 수업 수업이 컴퓨터 기술보다 더 중요하다고 생각합니다. 여기에는 두 가지 이유가 있습니다.
이유 1 (형용사 템플릿 + 부연설명)	First, it's necessary. For example, science is crucial for everyday life, education, and future careers because almost everything is based on science. 첫째, 필수적입니다. 예를 들어, 과학은 일상생활, 교육, 그리고 미래의 직업에서 매우 중요합니다. 왜냐하면 거의 모든 것이 과학을 기반으로 이루어지기 때문입니다.
이유 2 (형용사 템플릿 + 부연설명)	Second, it's essential. For instance, science knowledge can *enhance problem-solving skills, and many studies support this idea. So, it's valuable education. 둘째, 중요합니다. 예를 들어, 과학 지식은 문제 해결 능력을 강화할 수 있으며, 많은 연구가 이를 지지합니다. 따라서, 이는 가치 있는 교육입니다.
마무리 (올템)	Although it could be different for each occasion, I think it makes sense in general. These are the reasons why I think in this way. 각 상황마다 다를 수 있지만, 일반적으로 이러한 이유가 타당하다고 생각합니다. 이것이 제가 이렇게 생각하는 이유입니다.

*enhance 강화하다

의견 말하기

SET 6

Q11

Q Do you think every high school student should participate in a sports team at school?

고등학교에서 모든 학생이 스포츠 팀에 참여해야 한다고 생각하시나요?

▣ '모두 스포츠팀에 참여해야 한다' 답변

입장문	I think every high school student should participate in a sports team at school. There are two reasons for this. 저는 모든 고등학생들이 학교의 스포츠 팀에 참여해야 한다고 생각합니다. 여기에는 두 가지 이유가 있습니다.
이유 1 (형용사 템플릿 + 부연설명)	First, it's fun. For example, it *involves lots of movements and activities. Since it's exciting, they could relieve stress. 첫째, 즐겁습니다. 예를 들어, 이는 많은 움직임과 활동을 수반합니다. 이는 신나는 활동이므로, 그들은 스트레스를 해소할 수 있습니다.
이유 2 (형용사 템플릿 + 부연설명)	Second, it's healthy. For instance, every student should exercise regularly at school for their physical and mental health. 둘째, 건강에 좋습니다. 예를 들어, 모든 학생은 신체적, 정신적 건강을 위해 학교에서 규칙적으로 운동해야 합니다.
마무리 (올템)	Although it could be different for each occasion, I think it makes sense in general. These are the reasons why I think in this way. 각 상황마다 다를 수 있지만, 일반적으로 이러한 이유가 타당하다고 생각합니다. 이것이 제가 이렇게 생각하는 이유입니다.

Express an opinion

▣ '모두 스포츠팀에 참여할 필요는 없다' 답변

입장문	I don't think every high school student should participate in a sports team at school. There are two reasons for this. 저는 모든 고등학생들이 학교의 스포츠 팀에 참여해야 한다고 생각하지 않습니다. 여기에는 두 가지 이유가 있습니다.
이유 1 (형용사 템플릿 + 부연설명)	First, it's *too much. For example, it *involves lots of movements and activities. Since not everyone likes these, they could get stressed. 첫째, 부담스럽습니다. 예를 들어, 이는 많은 움직임과 활동이 수반합니다. 모든 사람들이 이를 좋아하지 않기 때문에, 스트레스를 받을 수 있습니다.
이유 2 (형용사 템플릿 + 부연설명)	Second, it's *unfair. For instance, *not every student should exercise regularly at school because it's their choice. 둘째, 이는 정당하지 않습니다. 예를 들어, 모든 학생이 학교에서 규칙적으로 운동해야 할 필요는 없습니다. 왜냐하면 이는 개인이 결정해야 하기 때문입니다.
마무리 (올템)	Although it could be different for each occasion, I think it makes sense in general. These are the reasons why I think in this way. 각 상황마다 다를 수 있지만, 일반적으로 이러한 이유가 타당하다고 생각합니다. 이것이 제가 이렇게 생각하는 이유입니다.

*too much 부담스러운
*involves 수반하다
*unfair 정당하지 않은
*not every student should 모든 학생이 ~할 필요는 없다

의견 말하기

SET 7

Q11

Q Which is a more effective way to communicate at work: Having a face-to-face meeting or sending an email?

직장에서 효과적인 의사소통 방법은 대면 회의를 하는 것 혹은 이메일을 보내는 것 중 어느 것인가요?

▣ Having a face-to-face meeting 답변

입장문	I think having a face-to-face meeting is a more effective way to communicate at work than sending an email. There are two reasons for this. 저는 직장에서 대면 회의를 하는 것이 이메일을 보내는 것보다 더 효과적인 의사소통 방법이라고 생각합니다. 여기에는 두 가지 이유가 있습니다.
이유 1 (형용사 템플릿 + 부연설명)	First, it's efficient. For example, a face-to-face meeting helps solve problems quickly because people can share ideas in *real-time. 첫째, 효율적입니다. 예를 들어, 대면 회의는 실시간으로 아이디어를 공유할 수 있기 때문에 문제를 빠르게 해결하는 데 도움이 됩니다.
이유 2 (형용사 템플릿 + 부연설명)	Second, it's clear. For instance, people can see each other when having a meeting in person. So, there is less miscommunication. 둘째, 명확합니다. 예를 들어, 직접 대면하여 회의를 진행할 때 사람들은 서로를 볼 수 있습니다. 그래서 의사소통 오류가 적습니다.
마무리 (올템)	Although it could be different for each occasion, I think it makes sense in general. These are the reasons why I think in this way. 각 상황마다 다를 수 있지만, 일반적으로 이러한 이유가 타당하다고 생각합니다. 이것이 제가 이렇게 생각하는 이유입니다.

Express an opinion

▣ Sending an email 답변

입장문	I think sending an email is a more effective way to communicate at work than having a face-to-face meeting. There are two reasons for this. 저는 직장에서 이메일을 보내는 것이 대면 회의를 하는 것보다 더 효과적인 의사소통 방법이라고 생각합니다. 여기에는 두 가지 이유가 있습니다.
이유 1 (형용사 템플릿 + 부연설명)	First, it's efficient. For example, emailing helps solve problems quickly because people can *organize thoughts before sharing. 첫째, 효율적입니다. 예를 들어, 이메일은 공유하기 전에 생각을 정리할 수 있기 때문에 문제를 빠르게 해결하는 데 도움이 됩니다.
이유 2 (형용사 템플릿 + 부연설명)	Second, it's clear. For instance, people can see records and texts in emails. So, there is less miscommunication. 둘째, 명확합니다. 예를 들어, 사람들은 이메일로 기록과 텍스트를 확인할 수 있습니다. 그래서 의사소통 오류가 적습니다.
마무리 (올템)	Although it could be different for each occasion, I think it makes sense in general. These are the reasons why I think in this way. 각 상황마다 다를 수 있지만, 일반적으로 이러한 이유가 타당하다고 생각합니다. 이것이 제가 이렇게 생각하는 이유입니다.

*real-time 실시간
*organize thoughts before sharing 공유하기 전에 생각을 정리하다

의견 말하기

SET 8

Q11

Q If you learned a new hobby, would you learn about it from your friend or from the Internet?

만약 새로운 취미를 배운다고 한다면, 친구로부터 배우실 건가요 아니면 인터넷에서 배우실 건가요?

▣ Learning from a friend 답변

입장문	I think learning a new hobby from a friend is better than learning from the Internet. There are two reasons for this. 저는 새로운 취미를 배울 때 친구로부터 배우는 것이 인터넷에서 배우는 것보다 낫다고 생각합니다. 여기에는 두 가지 이유가 있습니다.
이유 1 (형용사 템플릿 + 부연설명)	First, it's easy. For example, *all I need to do is ask my friend and learn new skills. So, it's a more effective way to learn a new hobby. 첫째, 쉽습니다. 예를 들어, 저는 친구에게 물어보고 새로운 기술을 배우기만 하면 됩니다. 따라서 새로운 취미를 배우는 데에 더 효과적인 방법입니다
이유 2 (형용사 템플릿 + 부연설명)	Second, it's more fun. For instance, learning from a friend is more enjoyable because I can spend quality time while learning about it. 둘째, 더 재미있습니다. 예를 들어, 친구로부터 배우는 것은 더 즐거운데, 왜냐하면 그것을 배우면서 좋은 시간을 보낼 수 있기 때문입니다.
마무리 (올템)	Although it could be different for each occasion, I think it makes sense in general. These are the reasons why I think in this way. 각 상황마다 다를 수 있지만, 일반적으로 이러한 이유가 타당하다고 생각합니다. 이것이 제가 이렇게 생각하는 이유입니다.

Express an opinion

▣ Learning from the Internet 답변

입장문	I think learning a new hobby from the Internet is better than learning from a friend. There are two reasons for this. 저는 새로운 취미를 배울 때 인터넷에서 배우는 것이 친구로부터 배우는 것보다 낫다고 생각합니다. 여기에는 두 가지 이유가 있습니다.
이유 1 (형용사 템플릿 + 부연설명)	First, it's easy. For example, all I need to do is browse the Internet and learn new skills. So, it's a more effective way to learn a new hobby. 첫째, 쉽습니다. 예를 들어, 저는 인터넷을 검색하고 새로운 기술을 배우기만 하면 됩니다. 따라서 새로운 취미를 배우는 데에 더 효과적인 방법입니다.
이유 2 (형용사 템플릿 + 부연설명)	Second, it's more fun. For instance, learning from the Internet is more enjoyable because I can *go through lots of information while learning about it. 둘째, 더 재미있습니다. 예를 들어, 인터넷에서 배우는 것은 더 즐거운데, 왜냐하면 그것을 배우면서 많은 정보를 살펴볼 수 있기 때문입니다.
마무리 (올템)	Although it could be different for each occasion, I think it makes sense in general. These are the reasons why I think in this way. 각 상황마다 다를 수 있지만, 일반적으로 이러한 이유가 타당하다고 생각합니다. 이것이 제가 이렇게 생각하는 이유입니다.

*all I need to do is~ 저는 ~하기만 하면 됩니다
*go through 살펴보다

의견 말하기

SET 9

Q11

Q Do you think using social media is a waste of time?

소셜 미디어를 사용하는 것은 시간 낭비라고 생각하시나요?

▣ 'SNS 사용은 시간 낭비다' 답변

입장문	I think using social media is a waste of time. There are two reasons for this. 저는 소셜 미디어를 사용하는 것은 시간 낭비라고 생각합니다. 여기에는 두 가지 이유가 있습니다.
이유 1 (형용사 템플릿 + 부연설명)	First, it's harmful. For example, social media can be addictive and time-consuming. So, it could decrease our productivity and *concentration. 첫째, 해롭습니다. 예를 들어, 소셜 미디어는 중독성이 있고 시간을 많이 소요할 수 있습니다. 그러므로 생산성과 집중력을 저하시킬 수 있습니다.
이유 2 (형용사 템플릿 + 부연설명)	Second, it's *tricky. For instance, there is a lot of *misinformation on social media, such as fake news or false Ads. 둘째, 교묘합니다. 예를 들어, 소셜 미디어에는 가짜 뉴스나 거짓 광고와 같은 오 정보가 많이 있습니다.
마무리 (올템)	Although it could be different for each occasion, I think it makes sense in general. These are the reasons why I think in this way. 각 상황마다 다를 수 있지만, 일반적으로 이러한 이유가 타당하다고 생각합니다. 이것이 제가 이렇게 생각하는 이유입니다.

Express an opinion

▣ 'SNS 사용은 시간 낭비가 아니다' 답변

입장문	I don't think using social media is a waste of time. There are two reasons for this. 저는 소셜 미디어를 사용하는 것은 시간 낭비라고 생각하지 않습니다. 여기에는 두 가지 이유가 있습니다.
이유 1 (형용사 템플릿 + 부연설명)	First, it's beneficial. For example, social media can be entertaining and enjoyable. So, it could decrease our stress or *depression. 첫째, 유익합니다. 예를 들어, 소셜 미디어는 즐거움을 제공할 수 있습니다. 그래서 우리의 스트레스나 우울함을 감소시킬 수 있습니다.
이유 2 (형용사 템플릿 + 부연설명)	Second, it's helpful. For instance, there is a lot of useful information on social media, such as news on current events. 둘째, 도움이 됩니다. 예를 들어, 소셜 미디어에는 현재 소식에 대한 뉴스와 같이 유용한 정보가 많이 있습니다.
마무리 (올템)	Although it could be different for each occasion, I think it makes sense in general. These are the reasons why I think in this way. 각 상황마다 다를 수 있지만, 일반적으로 이러한 이유가 타당하다고 생각합니다. 이것이 제가 이렇게 생각하는 이유입니다.

*concentration 집중력
*tricky 교묘한
*misinformation 오 정보
*depression 우울함

의견 말하기

SET 10

Q11

Q Which do you think is a better way to reduce stress: Playing a video game or listening to music?

스트레스를 줄이는 데 비디오 게임을 하는 것 혹은 음악을 듣는 것 중 어느 방법이 더 좋다고 생각하시나요?

▣ Playing a video game 답변

입장문	I think playing a video game is a better way to reduce stress than listening to music. There are two reasons for this. 저는 음악을 듣는 것보다 비디오 게임을 하는 것이 스트레스를 줄이는 더 좋은 방법이라고 생각합니다. 여기에는 두 가지 이유가 있습니다.
이유 1 (형용사 템플릿 + 부연설명)	First, it's *escaping. For example, when playing a video game, we *dive into a *virtual world, and those moments relieve our stress. 첫째, 탈출할 수 있습니다. 예를 들어, 비디오 게임을 하는 동안 우리는 가상 세계에 빠져들며, 그 순간들은 우리의 스트레스를 해소시켜줍니다.
이유 2 (형용사 템플릿 + 부연설명)	Second, it's nice. For instance, *upbeat and energetic games can improve our mood. So, it gives us *vitality. 둘째, 좋습니다. 예를 들어, 신나고 에너지 넘치는 게임은 우리의 기분을 좋게 해줄 수 있습니다. 그래서 우리에게 활력을 줍니다.
마무리 (올템)	Although it could be different for each occasion, I think it makes sense in general. These are the reasons why I think in this way. 각 상황마다 다를 수 있지만, 일반적으로 이러한 이유가 타당하다고 생각합니다. 이것이 제가 이렇게 생각하는 이유입니다.

Express an opinion

▣ **Listening to music 답변**

입장문	I think listening to music is a better way to reduce stress than playing a video game. There are two reasons for this. 저는 비디오 게임을 하는 것보다 음악을 듣는 것이 스트레스를 줄이는 더 좋은 방법이라고 생각합니다. 여기에는 두 가지 이유가 있습니다.
이유 1 (형용사 템플릿 + 부연설명)	First, it's *escaping. For example, when listening to music, we dive into another world, and those moments relieve our stress. 첫째, 탈출할 수 있습니다. 예를 들어, 음악을 듣는 동안 우리는 또 다른 세계에 빠져들며, 그 순간들은 우리의 스트레스를 해소시켜줍니다.
이유 2 (형용사 템플릿 + 부연설명)	Second, it's nice. For instance, *upbeat and energetic music can improve our mood. So, it gives us *vitality. 둘째, 좋습니다. 예를 들어, 신나고 에너지 넘치는 음악은 우리의 기분을 좋게 해줄 수 있습니다. 그래서 우리에게 활력을 줍니다.
마무리 (올템)	Although it could be different for each occasion, I think it makes sense in general. These are the reasons why I think in this way. 각 상황마다 다를 수 있지만, 일반적으로 이러한 이유가 타당하다고 생각합니다. 이것이 제가 이렇게 생각하는 이유입니다.

*escaping 탈출/탈출하는
*dive into 빠져들다
*virtual 가상의
*upbeat 신나는
*improve our mood 우리의 기분을 좋게 해주다
*vitality 활력

1-3

기출유형 모의고사
ACTUAL TEST

모범답변 및 해설/해석

기출유형 모의고사 01

Read a Text Aloud

Q1

Thank you for calling our San Bernadino Service Center. If you have questions about our products and services, please press "one". If you are seeking information about business hours, location, and upcoming discount events, please press "two". If you need assistance with something else, please press "zero" to speak with a representative.

저희 샌버나디노 서비스 센터에 전화해 주셔서 감사합니다. 저희 제품과 서비스에 대한 질문이 있으시다면 "1"번을 눌러주세요. 영업 시간, 위치 및 곧 있을 할인 행사에 대한 정보를 원하시면 "2"번을 눌러주세요. 다른 문의 사항이 있어 상담원과 통화하시려면 "0"번을 눌러주세요.

Q2

Welcome, everyone, to our walking tour in Olympia. Our tour will commence at the entrance of Olympia Park. Following the park, we will leisurely explore the public garden, city center, and restaurant district. We will conclude the tour with dinner at Saint Peter's, the city's oldest and most renowned restaurant.

올림피아 도보 관광에 오신 여러분, 환영합니다. 우리 관광은 올림피아 공원 입구에서 시작될 것입니다. 공원 이후로는 공공 정원, 시내 중심지, 그리고 레스토랑 거리를 돌며 산책할 예정입니다. 우리는 도시에서 가장 오래되고 유명한 레스토랑인 세인트 피터스에서 저녁식사를 하며 마무리 지을 예정입니다.

기출유형 모의고사 01

Describe a Picture

Q3

장소	This picture was taken at the dock.	이 사진은 부두에서 찍혔습니다.
중심 대상	On the left, a man is taking a photo of the sea with a camera.	왼쪽에는 한 남자가 카메라로 바다를 찍고 있습니다.
	On the right, there is a boat.	오른쪽에는 배가 있습니다.
주변 대상	In the background, I can see a wall with a whale drawing, buildings, and trees.	배경에는 고래 그림이 그려진 벽, 건물 및 나무들이 보입니다.
분위기	Overall, it seems that the man is enjoying his time.	전반적으로 남자는 개인 시간을 즐기고 있는 것으로 보입니다.

Q4

장소	There are two women and a child sitting at the table.	테이블에 두 명의 여성과 한 명의 아이가 앉아 있습니다.
중심 대상	The woman in the center is pouring a drink for the woman on the right.	중앙의 여성이 오른쪽 여성을 위해 음료를 따르고 있습니다.
	The child on the left is looking at them.	왼쪽에 있는 아이는 그들을 바라보고 있습니다.
주변 대상	On the table, there are glasses, candles, and food.	테이블 위에는 유리잔, 양초 및 음식이 있습니다.
분위기	Overall, it seems that a family is having dinner outdoors.	전반적으로 가족이 야외에서 식사를 즐기고 있는 것으로 보입니다.

기출유형 모의고사 01

Respond to Questions

🔊 Imagine a marketing firm conducting research about hotels. You have agreed to participate in a telephone interview about it.

마케팅 회사가 호텔에 관해 조사를 하고 있다고 가정해 보세요. 당신은 호텔에 대한 전화 인터뷰에 참여하기로 동의했습니다.

Q5

Q When was the last time you visited a hotel, and how long did you stay there?

당신이 마지막으로 호텔을 방문했던 적은 언제였고, 그곳에 얼마나 머무셨나요?

A I visited a hotel about three months ago in Jeju, and I stayed there for two nights.

마지막으로 호텔에 방문한 것은 제주도에서 약 3달 전이고, 그곳에서 2박을 머물렀습니다.

Q6

Q Do you prefer a big chain hotel or a small privately owned hotel? Why?

당신은 큰 체인 호텔과 작은 개인 소유 호텔 중 어느 것을 선호하시나요? 이유는 무엇인가요?

A I prefer a small privately owned hotel because it is cheaper than a big chain hotel. This allows me to save money and do more activities while traveling.

저는 큰 체인 호텔보다는 저렴한 작은 개인 소유 호텔에 머무는 것을 선호합니다. 이는 제가 돈을 절약하고 여행하는 동안 더 많은 활동을 할 수 있게 해줍니다.

Q7

Q Which do you think is the most important quality for a hotel to have?

- The laundry service
- The availability of vending machines
- The transportation service from the airport

호텔이 갖춰야 할 가장 중요한 요소는 무엇이라고 생각하십니까?

- 세탁 서비스
- 자동판매기 설치 여부
- 공항에서 오는 교통 서비스

A I think the transportation service from the airport is the most important quality of a hotel, and here is why.

First, it's satisfying because it saves guests' money.

Second, it's nice because a free shuttle makes their traveling easy. Since most travelers have heavy luggage, this service will give them pleasant experience.

This is why.

공항에서 오는 교통 서비스가 호텔의 가장 중요한 요소라고 생각하는데, 그 이유가 여기에 있습니다.

첫째, 손님들의 돈을 절약할 수 있어서 만족스럽습니다.

둘째, 무료 셔틀로 이동을 쉽게 할 수 있어서 좋습니다. 대부분의 여행객들은 무거운 짐을 가지고 있기 때문에 이 서비스는 고객들에게 좋은 경험을 줄 것입니다.

이것이 그 이유입니다.

기출유형 모의고사 01

Respond to Questions Using Information Provided

New Media Seminar
Rendon Conference Center

August 1, Monday	10:00 - 11:30 A.M.	Creating Professional Videos, Faith Dey
	1:00 - 2:30 P.M.	Social Media Marketing World, Anne Courtney
	3:00 - 5:00 P.M.	Print Media, Gina Lossi
	5:30 - 7:00 P.M.	Advertising in Africa, Diana Fox
August 2, Tuesday	9:00 - 10:30 A.M.	Engaging with Online Reviews, Anthony Clark
	11:00 A.M. - 12:00 P.M.	Marketing your Organization, Gina Lossi
	1:00 - 2: 30 P.M.	Advertising in Europe, Diana Fox
	3:00 - 4:00 P.M.	Having Virtual Meetings, John Chen

🔊 Hi, can I ask a few questions about the New Media Seminar?

안녕하세요, 뉴 미디어 세미나에 대해 몇 가지 여쭤봐도 될까요?

Q8

Q What are the dates of the seminar, and what time does it start on the first day?

세미나 날짜는 언제이며, 첫날은 몇 시부터 시작하나요?

A The seminar will be held on August 1st, Monday and August 2nd, Tuesday, and it will start at 10:00 A.M. on the first day.

세미나는 8월 1일 월요일과 8월 2일 화요일에 열리며, 첫날 오전 10시에 시작합니다.

Q9

Q I heard that the conference will be held in Nox Conference Center, is that correct?

제가 듣기론 회의가 녹스 컨퍼런스 센터에서 열린다고 하던데, 맞나요?

A I am sorry, but I think you got the wrong information. The conference will be held in the Rendon Conference Center. Please keep that in mind.

죄송하지만, 잘못된 정보를 알고 계신 것 같습니다. 회의는 랜던 컨퍼런스 센터에서 개최됩니다. 참고 하시길 바랍니다.

Q10

Q I am very interested in the sessions led by Diana Fox. Could you give me all the information about the sessions that Diana Fox will lead during the seminar?

저는 다이애나 폭스가 진행하는 세션에 매우 관심이 많습니다. 세미나에서 다이애나 폭스가 진행할 세션에 대한 모든 정보를 주시겠습니까?

A Sure, there are two sessions led by Diana Fox.

The first session is 'Advertising in Africa'. It will be on August 1st, from 5:30 to 7:00 P.M.

The second session is 'Advertising in Europe'. It will be on August 2nd, from 1:00 to 2:30 P.M.

That's all.

네, 다이애나 폭스가 진행하는 세션은 두 개입니다.

첫 번째 세션은 '아프리카의 광고'입니다. 8월 1일 오후 5시 30분부터 7시까지입니다.

두 번째 세션은 '유럽의 광고'입니다. 8월 2일 오후 1시부터 2시 30분까지입니다.

이상입니다.

기출유형 모의고사 01

Express an Opinion

Q11

Q Do you agree or disagree with the following statement?
"Attending a good university is more important these days than it was in the past."

다음 문장에 동의하십니까, 반대하십니까?
"좋은 대학에 다니는 것이 예전보다 더 중요합니다."

[답변]

입장문	I disagree that attending a good university is more important than before. There are two reasons for this. 좋은 대학에 다니는 것이 예전보다 더 중요하다는 것에 동의하지 않습니다. 이에 대한 이유가 두 개 있습니다.
이유 1 (형용사 템플릿 + 부연설명)	First, it's changing. For example, many industries consider practical skills and experience more important than a college degree or knowledge from books. So, real-world abilities are more valued and emphasized these days. 첫째, 변화하고 있습니다. 예를 들어, 많은 산업들이 대학 학위나 책에서 얻은 지식보다 실용적인 기술과 경험을 더 중요하게 생각하기 때문에 요즘에는 실제적인 능력이 더 중요하고 강조되고 있습니다.
이유 2 (형용사 템플릿 + 부연설명)	Second, it's an option. For instance, going to college is not the only way to get a degree because there are many alternatives, such as online academies or private institutes. 둘째, 그것은 선택 사항입니다. 예를 들어, 온라인 학원이나 사설 기관과 같은 많은 대안들이 있기 때문에 대학에 가는 것이 학위를 받는 유일한 방법은 아닙니다.
마무리 (올템)	Although it could be different for each occasion, I think it makes sense in general. These are the reasons why I think in this way. 각 경우에 따라 다를 수 있지만, 일반적으로 일리가 있다고 생각합니다. 이것이 제 의견에 대한 이유입니다.

기출유형 모의고사 02

Read a Text Aloud

Q1

Before we begin our meeting, I would like to express my gratitude to Alexa Madison for volunteering to organize our company's picnic. This picnic will be a significant collaborative project, and we have full confidence that she will excel in this role. In the upcoming week, she will be seeking individuals who can assist in planning activities, purchasing food, and gathering donations.

회의를 시작하기에 앞서, 저희 회사의 야유회를 기획해주신 알렉사 매디슨에게 감사의 말씀을 전하고 싶습니다. 이 야유회는 협력을 위한 큰 프로젝트가 될 것이며, 우리는 그녀가 이 역할을 훌륭하게 해낼 거란 자신감이 있습니다. 다가오는 이번 주에는 그녀가 활동 계획을 세우고 음식을 구매하며 기부금을 모을 사람들을 찾을 예정입니다.

Q2

Hello, everyone. This is 'The Book in Your Pocket', a podcast that introduces new literature for use in your classroom. If you are a middle school English teacher, this episode will be very helpful to you. We will be reviewing literature that is exciting, interesting, and fun for students. But before we begin, let's hear a message from our sponsor.

여러분, 안녕하세요. 여기는 여러분의 교실에서 사용할 새로운 문학작품을 소개하는 팟캐스트인 '주머니 속 책'입니다. 만약 여러분이 중학교 영어 선생님이라면, 이번 에피소드가 매우 도움이 될 것입니다. 우리는 학생들에게 흥미로운, 재미있는 문학작품들을 리뷰할 예정입니다. 그 전에, 우리의 후원사로부터 전달되는 메시지를 들어보겠습니다.

기출유형 모의고사 02

Describe a Picture

Q3

장소	There are two women cleaning a room.	방을 청소하고 있는 여자가 두 명 있습니다.
중심 대상	On the left, the woman wearing sweatpants is making the bed.	왼쪽은 운동복 바지를 입은 여자가 침대 정리를 하고 있습니다.
	On the right, the other woman wearing a white shirt is sweeping the floor.	오른쪽은 하얀 셔츠를 입은 다른 여자가 바닥을 쓸고 있습니다.
주변 대상	In the background, there is a white wall and I can see many decorations on it.	배경에는 하얀 벽과, 벽 위에 여러 장식들이 보입니다.
분위기	Overall, it seems like they are tidying up the room.	전체적으로 그들은 방을 정리하고 있는 것 같습니다.

Q4

장소	There are three people having a meeting in the office.	사무실에 세 명이 회의 중입니다.
중심 대상	On the right, a woman is holding a tablet while talking.	오른쪽은 한 여성이 태블릿을 들고 이야기를 하고 있습니다.
	On the left, a man is taking a note while listening.	왼쪽은 한 남성은 얘기를 들으면서 메모를 하고 있습니다.
	In the center, the other woman is typing on her laptop.	가운데는 다른 여성이 노트북으로 타이핑을 하고 있습니다.
주변 대상	On the table, there are coffee cups, documents, and pens.	테이블 위에는 커피 컵과 서류, 펜이 놓여 있습니다.
분위기	Overall, it seems serious.	전체적으로 진지해 보입니다.

기출유형 모의고사 02

Respond to Questions

🔊 Imagine a marketing firm is conducting research about shopping for bags. You have agreed to participate in a telephone interview about it.

마케팅 회사가 가방 쇼핑에 대한 조사를 하고 있다고 상상해 보세요. 당신은 그것에 대한 전화 인터뷰에 참여하기로 동의했습니다.

Q5

Q When was the last time you bought a bag such as a briefcase, shoulder bag, or a backpack?

서류 가방, 숄더백 또는 백팩과 같은 가방을 마지막으로 구입한 것은 언제입니까?

A The last time I bought a backpack was about two months ago. I bought it as a present for my friend.

마지막으로 배낭을 산 건 두 달 전쯤입니다. 친구에게 줄 선물로 구입했습니다.

Q6

Q What do you think is the most important factor when buying a bag?

가방을 살 때 가장 중요한 요소는 무엇이라고 생각하십니까?

A I think the most important factor when buying a bag is its durability. If a bag is durable, I can use it for a long time. So, it's cost-effective.

가방을 살 때 가장 중요한 요소는 내구성이라고 생각합니다. 가방이 내구성이 좋으면 오래 쓸 수 있고, 가성비가 좋습니다.

Q7

Q Where is the best place to buy a bag in your area, and why?

당신의 지역에서 가방을 사기에 가장 좋은 장소는 어디이며, 그 이유는 무엇입니까?

A I think the best place to buy a bag in my area is the City department store, and here is why.

First, it's nice because they have many options to choose from. The department store is large, and it includes many bag stores.

Second, it's recommendable because it has a good location near the subway station.

This is why.

저희 지역에서 가방을 사기에 가장 좋은 곳은 시티 백화점이며, 이유는 이것입니다.

첫 번째는 다양한 선택지가 있어서 좋아요. 그 백화점은 크고, 가방 매장도 많아요.

두 번째는 지하철역 근처로 위치가 좋아서 추천해요.

이것이 이유입니다.

기출유형 모의고사 02

Respond to Questions Using Information Provided

Visit San Francisco
Message: Summer will be surprisingly cold! Bring your jacket

Date	Notes
DAY1 (July 13)	1:30 P.M. - Bay Cruise
DAY2 (July 14)	9:00 A.M. - Muir Woods 5:00 P.M. - Dinner in Koreatown
DAY3 (July 15)	1:00 P.M. - Fresh Seafood Lunch 3:00 P.M. - Silicon Valley Tour
DAY4 (July 16)	8:30 A.M. - Napa and Sonoma Wine Country Tour 3:30 P.M. - Basketball Game

🔊 Hi, can I ask a few questions about your package trip in San Francisco?

안녕하세요, 운영하고 계신 샌프란시스코 패키지 여행에 대해 몇 가지 질문을 드려도 될까요?

Q8

Q What do we do on the first day of the tour, and what time does it start?

투어 첫날에는 무엇을 하고 몇 시에 시작합니까?

A On the first day which is July 13th, we will be going on a Bay Cruise, and it starts at 1:30 P.M.

첫날인 7월 13일에 베이 크루즈 여행을 하게 되시며, 오후 1시 30분에 출발합니다.

Q9

Q I heard that we will be watching a hockey game on the last day, is that correct?

마지막 날에 하키 경기를 본다고 들었는데 맞나요?

A No, actually, we will watch a basketball game at 3:30 P.M. on the last day, but not a hockey game. Please keep that in mind.

아니요, 마지막 날 오후 3시 30분에는 하키 경기가 아닌 농구 경기를 볼 예정입니다. 참고해 주세요.

Q10

Q I am really excited with eating delicious food. Can you give me all the information about meals provided in your package tour?

저는 맛있는 음식을 먹는 것에 매우 기대가 됩니다. 패키지 여행에서 제공되는 식사에 대한 모든 정보를 주실 수 있나요?

A Sure, this tour includes two meals.

First, you will have dinner in Koreatown. This meal is scheduled on the second day, July 14th, at 5:00 P.M.

Second, you will have fresh seafood lunch, and it is scheduled on the third day, July 15th, at 1:00 P.M.

That's all.

네, 이 투어는 두 끼 식사가 포함되어 있습니다.

첫 번째로, 코리아타운에서 저녁 식사를 하십니다. 이 식사는 둘째 날인 7월 14일 오후 5시에 예정되어 있습니다.

두 번째로, 신선한 해산물 점심 식사를 하게 되시며, 이 식사는 셋째 날인 7월 15일 오후 1시에 예정되어 있습니다.

이상입니다.

기출유형 모의고사 02

Express an Opinion

Q11

Q Do you agree or disagree with the following statement?
"If you confront several tasks, it is better to do the difficult tasks first."

다음 명제에 대해 동의하시나요, 동의하지 않으시나요?
"여러 가지 과제에 직면한다면, 어려운 과제를 먼저 하는 것이 좋습니다."

[답변]

입장문	I disagree with the statement that it is better to do the difficult tasks first when confronting several tasks. There are two reasons for this. 여러 가지 과제에 직면했을 때 어려운 과제를 먼저 하는 것이 좋다는 말에 동의하지 않습니다. 그 이유는 두 가지입니다.
이유 1 (형용사 템플릿 + 부연설명)	First, it's stressful. For example, dealing with a challenging task right away could increase stress and anxiety. This would have a negative impact on my work performance. 첫째, 스트레스를 받습니다. 예를 들어, 어려운 일을 바로 처리하는 것은 스트레스와 불안을 증가시킬 수 있습니다. 이것은 제 업무 성과에 부정적인 영향을 미칠 것입니다.
이유 2 (형용사 템플릿 + 부연설명)	Second, it's inefficient. For instance, if I start a day with a difficult task, I would easily lose motivation and confidence. This situation could reduce overall productivity and disturb the rest of my day. 둘째, 비효율적입니다. 예를 들어, 어려운 일로 하루를 시작하면 쉽게 동기와 자신감을 잃을 수 있습니다. 이러한 상황은 전반적인 생산성을 떨어뜨리고 남은 하루를 방해할 수 있습니다.
마무리 (올템)	Although it could be different for each occasion, I think it makes sense in general. These are the reasons why I think in this way. 각 경우에 따라 다를 수 있지만, 일반적으로 일리가 있다고 생각합니다. 이것이 제 의견에 대한 이유입니다.

기출유형 모의고사 03

Read a Text Aloud

Q1

Thank you for participating in the Freeman Historical Society Outing. During today's tour, we will be visiting the famous districts of downtown Freeman. Our itinerary includes stops at the post office, the courthouse, and the fire station. If you have any questions about the places we will be visiting, please feel free to ask.

프리먼 역사 협회 행사에 참석해 주셔서 감사합니다. 오늘의 투어에서는 프리먼 시내의 유명한 지구를 방문할 예정입니다. 우리는 우체국, 법원, 그리고 소방서를 방문할 것입니다. 우리가 방문하는 장소에 대해 궁금한 점이 있으면 자유롭게 질문해 주세요.

Q2

Welcome to tonight's episode of "Sergio's Healthy Diet," our country's most popular cooking program. Today's topic is about frying food with less oil to avoid negative health consequences. We are going to demonstrate how to cook delicious vegetable, chicken, and tofu fries with little oil. After today's show, we will post additional recipes online, so feel free to check them out.

우리나라에서 가장 인기 있는 요리 프로그램인 "세르히오의 건강 식단"의 오늘 밤 에피소드에 오신 것을 환영합니다. 오늘의 주제는 건강에 부정적인 영향을 피하기 위해 적은 양의 기름으로 음식을 튀기는 방법입니다. 우리는 적은 양의 기름으로 맛있는 채소, 닭고기, 그리고 두부튀김을 요리하는 방법을 보여줄 예정입니다. 오늘의 방송 이후에는 추가 레시피를 온라인에 게시할 것이므로 자유롭게 확인해 보세요.

기출유형 모의고사 03

Describe a Picture

Q3

장소	There are several people working in the office.	사무실에서 여러 직원들이 근무하고 있습니다.
중심 대상	On the right, a man and a woman are having a discussion while looking at a laptop.	오른쪽에는 남성과 여성이 노트북을 보며 대화를 하고 있습니다.
	Next to them, two other women are working separately.	그 옆에는 다른 여성 두 명이 각자 업무를 진행하고 있습니다.
주변 대상	On the left, there are other people working on their own.	왼쪽에는 따로 일하는 다른 사람들이 있습니다.
분위기	Overall, it seems busy and serious.	전체적으로 바쁘고 진지한 것 같습니다.

Q4

장소	There are a man and a woman on a bus.	버스에 한 남자와 한 여자가 타고 있습니다.
중심 대상	On the left, the man is listening to music while texting.	왼쪽에는 남자가 문자를 보내면서 음악을 듣고 있습니다.
	Also, he is holding a drink.	또한, 그는 음료를 들고 있습니다.
	On the right, the woman is reading a book while crossing her legs.	오른쪽에는 여자가 다리를 꼬고 책을 읽고 있습니다.
주변 대상	Next to her, I can see her backpack.	그녀 옆에 그녀의 책가방이 보입니다.
분위기	Overall, it seems quiet and calm.	전체적으로 조용하고 차분해 보입니다.

기출유형 모의고사 03

Respond to Questions

> 🔊 Imagine a marketing firm is conducting research about board games. You have agreed to participate in a telephone interview about it.
>
> 마케팅 회사가 보드게임에 대한 연구를 하고 있다고 상상해 보세요. 당신은 그것에 대한 전화 인터뷰에 참여하기로 동의했습니다.

Q5

Q What is your favorite board game, and when was the last time you played it?

가장 좋아하는 보드게임은 무엇이며, 마지막으로 그 게임을 한 것은 언제입니까?

A My favorite board game is chess and the last time I played it was about one month ago. It was fun.

제가 가장 좋아하는 보드게임은 체스이며, 마지막으로 체스 게임을 한 것은 한 달 전쯤입니다. 재미있었습니다.

Q6

Q Do you play board games more than when you did in the childhood? Why or why not?

당신은 어린 시절보다 보드게임을 더 많이 하시나요? 이유는 무엇입니까?

A No, I spend less time playing boardgames these days because I am busier with work and daily responsibilities.

아니요, 요즘은 업무와 일상 업무가 더 바빠서 보드게임을 하는 시간이 줄었습니다.

Q7

Q Have you ever given a board game to someone as a gift? Why or why not?

당신은 누군가에게 보드게임을 선물해 본 적이 있습니까? 이유는 무엇인가요?

A No, I've never given a boardgame to someone as a gift, and here is why.

First, it's not practical because not everyone enjoys playing a boardgame. So, it's useless to someone who doesn't like to play it.

Second, it's not on a trend because most people play mobile games instead of boardgames these days.

This is why.

아니요, 누군가에게 보드게임을 선물해 본 적이 없으며, 그 이유는 이것입니다.

첫째, 보드게임을 모두 즐기는 것은 아니기 때문에 실용적이지 못합니다. 그래서 좋아하지 않는 사람에게는 쓸모가 없습니다.

둘째, 요즘 대부분의 사람들이 보드게임 대신 모바일게임을 하기 때문에 보드게임은 유행이 아닙니다.

이것이 이유입니다.

기출유형 모의고사 03

Respond to Questions Using Information Provided

Duke's Business School

Fall Semester: August 22 ~ December 10
Registration Deadline: August 10
Cost: 160$ (for each course)

Course	Day / Time
Online Marketing Trends	Mondays / 7:00 P.M. - 9:00 P.M.
Sports Marketing	Tuesdays / 3:00 P.M. - 5:00 P.M.
Marketing in Social Media	Wednesdays / 3:00 P.M. - 5:00 P.M.
The Business in Television	Thursdays / 2:00 P.M. - 4:00 P.M.
Marketing and Advertising	Fridays / 6:00 P.M. - 8:00 P.M.

🔊 Hi, can I ask a few questions about the courses at Duke's Business school in the fall semester?

안녕하세요, 가을학기 듀크스 경영대학원의 과정에 대해 몇 가지 여쭤봐도 될까요?

Q8

Q When does the fall semester start, and how much is each course?

가을학기는 언제 시작되며, 강좌당 가격은 얼마입니까?

A The fall semester will begin on August 22nd, and each course is 160 dollars. I hope this information helps you.

가을학기는 8월 22일부터 시작되며, 각 강좌는 160달러입니다. 이 정보가 도움이 되었으면 좋겠습니다.

Q9

Q I heard that the registration deadline is August 1st, is that correct?

등록 마감일이 8월 1일이라고 들었는데 맞나요?

A I am afraid you got the wrong information. The registration deadline is August 10th. Please keep this information in mind.

잘못된 정보를 알고 계신 것 같습니다. 등록 마감일은 8월 10일입니다. 참고 부탁드립니다.

Q10

Q I have a part-time job so I can take a class after 5:00 P.M. Could you give me all the information about the courses that begin after 5:00 P.M.?

제가 아르바이트를 해서 5시 이후에 수업을 들을 수 있습니다. 5시 이후에 시작하는 강좌에 대한 모든 정보를 주실 수 있나요?

A Sure, there are two courses that begin after 5:00 P.M.

The first one is 'Online Marketing Trends'. It will be on Mondays from 7:00 to 9:00 P.M.

The second one is 'Marketing and Advertising'. It will be on Fridays from 6:00 to 8:00 P.M.

That's all.

네, 5시 이후에 시작하는 강좌가 두 개 있습니다.

첫 번째 강좌는 '온라인 마케팅 트렌드'입니다. 그 수업은 매주 월요일 저녁 7시부터 9시까지 진행됩니다.

두 번째 강좌는 '마케팅 및 광고'입니다. 그 수업은 매주 금요일 6시부터 8시까지 진행됩니다.

이상입니다.

기출유형 모의고사 03

Express an Opinion

Q11

Q Which do you think contributes more to a team's success: An experienced leader or a team member with diverse skills?

경험 많은 리더와 다양한 기술을 가진 팀원 중 어느 것이 팀의 성공에 더 기여한다고 생각하십니까?

[답변]

입장문	I think an experienced leader contributes more to a team's success than a team member with diverse skills. There are two reasons for this. 저는 경험이 많은 리더가 다양한 기술을 가진 팀원보다 팀의 성공에 더 기여한다고 생각합니다. 그 이유는 두 가지입니다.
이유 1 (형용사 템플릿 + 부연설명)	First, it's crucial. For example, a good leader inspires and motivates team members to give their best effort. This leadership can create a positive and passionate working environment. 첫째, 그것은 매우 중요합니다. 예를 들어, 좋은 리더는 팀원들이 최선을 다하도록 영감을 주고 동기를 부여합니다. 이러한 리더십은 긍정적이고 열정적인 근무 환경을 만들 수 있습니다.
이유 2 (형용사 템플릿 + 부연설명)	Second, it is influential. For instance, an experienced leader can make better decisions and manage risks well based on previous experience. As a result, this will reduce trials and errors for the team. 둘째, 영향력이 있습니다. 예를 들어, 경험이 풍부한 리더는 이전의 경험을 바탕으로 더 나은 결정을 내리고 위험을 잘 관리할 수 있습니다. 결과적으로, 팀의 시행착오를 줄일 수 있습니다.
마무리 (올템)	Although it could be different for each occasion, I think it makes sense in general. These are the reasons why I think in this way. 각 경우에 따라 다를 수 있지만, 일반적으로 일리가 있다고 생각합니다. 이것이 제 의견에 대한 이유입니다.

MEMO

MEMO